聯經經典

# 論目的

De Finibus Bonorum et Malorum

西塞羅　著
Marcus Tullius Cicero

徐學庸　譯注

科技部經典譯注計畫

# 目錄

## 《論目的》

# 前言

　　這部譯注是從科技部 101 及 102 年度經典譯注計畫，NSC-101-2410-H-002-204-MY2，的結案成果報告修訂而成，感謝科技部給予這項計畫兩年的經費補助，使得譯注的工作能順利進行。此外部分譯注內容無論是在研究所相關課程中，或是在學術研討會上，皆曾與修課的學生討論及以論文的形式就教於與會學者。感謝他們提供的回饋意見，讓我對譯文及注釋的妥適與否，有進一步思考的機會。再者這部譯注受益於科技部的兩位匿名審查委員的批判及指正，使初稿裡一些論證及翻譯上的不足與錯誤得以避免及獲得修正。最後，感謝陳易沛小姐協助處理這項計畫案的相關行政事務。

徐學庸
台灣大學水源校區
2016 秋

# 縮寫

Diog. L.  Hicks, R. D. (ed. and trans.) (1995). *Diogenes Laertius: Lives of Eminent Philosophers* 2 vols., Cambridge Mass.: Harvard University Press.

DK  Diels, H. and Kranz, W. (eds.) (1961). *Die Fragmente Der Vorsokratiker* 3 vols., Berlin: Druckerei Hildebrand.

LS  Long, A. A. and Sedley, D. N. (eds. and trans.) (2005). *The Hellenistic Philosophers* 2 vols., Cambridge: Cambridge University Press.

ODCW  Roberts, J. (ed.) (2005). *The Oxford Dictionary of the Classical World*, Oxford: Oxford University Press.

TE  Fortenbaugh, W. W. et al. (eds. and trans.) (1991). *Theophrastus of Eresus: Sources for his Life, Writings, Thoughts & Influence* 2 vols., Leiden: Brill.

TEP  Gaskin, J. (trans.) (1995). *The Epicurean Philosophers*, London: Everyman.

TER  Inwood, B and Gerson L. P. (eds. and trans.) (1994). *The Epicurus Reader: Selected Writings and Testimonia*, Indianapolis: Hackett Publishing Company.

# 導論

　　西元前48年歷時年餘的內戰結束，西塞羅（Marcus Tullius Cicero）支持的彭沛烏斯（Magnus Gnaeus Pompeius）被凱撒（Gaius Iulius Caesar）擊潰，羅馬政治進入一人獨裁的時期。儘管如此，一人獨攬大權的凱撒在戰後並未採取報復的立場，藉以肅清政敵；他反而公布敕令，對那些於內戰期間選擇支持彭沛烏斯陣營的政治人物不予追究，就地赦免。西塞羅在得到凱撒的諒解後，返回羅馬，但從此在政治上的影響力日減。西元前46年他與妻子離異，並於同年續弦；隔年西塞羅最疼愛的女兒圖莉雅（Tullia）去世。*De Finibus Bonorum et Malorum*，簡稱 *De Finibus* 這部著作便是在此內外交迫，失志痛心的情況下完成。

　　在敘述此書成書年代及內容前，先扼要處理書名的問題。如上述，本書的拉丁文書名是 *De Finibus Bonorum et Malorum*，Finibus（單數原形Finis）這個字有界限、目的、目標、界線等意義；Bonorum及Malorum分別是複數所有格表示善的事物及惡的事物。西塞羅使用Finibus Bonorum et Malorum這個詞實是受到希臘文的影響，telos agathōn kai kakōn。telos這個希臘字有目的及滿全的意涵，且亞里斯多德在《尼科馬哥倫理學》（The *Nicomachean Ethics*）卷一亦曾言，諸多善的事物間存在一個

結構，關於它們的追求最終會引領我們到至善，即終極目的
（1094a9-b11）；同理亦適用於追求惡事的說明。此書名的選擇顯
示，西塞羅在書中的倫理論述是延續古希臘的倫理學傳統，對人
生終極目的的關懷。事實上Finis與Bonorum及Malorum結合，
形成「至善」與「至惡」的概念，因此這部作品書名可是《論
至善與至惡》；且由於Finibus是複數形，書中討論的是關於至
善及至惡的不同理論。然而西方學界通常以 On Ends 或 On Moral
Ends 來呈現本書標題[1]，故中文書名以《論目的》表現[2]。

　　根據西塞羅於西元前45年6月23日寫給阿提庫斯（Titus
Pomponius Atticus）的信，他曾向布魯圖斯（Marcus Iunius
Brutus）保證，一定會寫《論目的》（Ad Atticum XIII, 12, 3）（在
《論目的》I, iii, 8西塞羅將此書獻給布魯圖斯）。此外在同年6月
29日信中西塞羅提及這是一部由五卷書組成的著作，其中分別
處理伊比鳩魯學派（The Epicureans）、斯多葛學派（The Stoics）
及安提歐庫斯（Antiochus of Ascalon）的倫理學思想。安提歐庫
斯的思想融合柏拉圖學院，逍遙學派及斯多葛學派，西塞羅於信
中特別強調，他據實陳述安提歐庫斯的觀點（quae diligenter a
me expressa acumen habent Antiochi）（XIII, 19, 4-5）。接著在7月
1日的信中，他告訴阿提庫斯，自己正在校訂這部著作卷五的內
容（XIII, 21a, 1）。因此我們或可據此推斷，《論目的》初稿完成
於西元前45年6月，定稿於7月[3]。

---

1　參見Rackham 1999及Woolf 2001。

2　這部譯注原先是以《論善與惡的界限》向科技部申請譯注計畫，感謝本計畫
　　的一位審查委員建議以《論目的》取代原來的書名，讓書名與內容更貼合。

3　不同於柏拉圖及亞里斯多德，西塞羅的哲學作品書寫計畫及進度皆可在其書

　　《論目的》的五卷書包含三組對話錄，分別由不同的對話者對談，對話亦分別在不同的時間與地點舉行。然而值得一提的是，西塞羅將自己寫入這三場對話裡，不只是當對話引言人或觀察者，而是針對這三組對話的討論議題進行批判。他對阿提庫斯提到，此種對話錄的形式不是師法柏拉圖，而是亞里斯多德，亦即對話錄中的對談者皆被作者統攝[4]（quae autem his temporibus scripsi Aristoteleion morem habent, in quo ita sermo inducitur ceterorum ut penes ipsum sit principatus）（XIII, 19, 4）。以下藉一圖表來顯示這三組對話的基本結構：

| 卷次 | I-II | III-IV | V |
|---|---|---|---|
| 對話時間 | 50 BC | 52 BC | 79 BC |
| 場景 | 西塞羅位於庫邁（Cumae）的別墅 | 陸庫路斯（Lucullus）位於圖斯庫倫的別墅 | 雅典，柏拉圖學院的花園 |
| 人物 | 投爾夸圖斯（Lucius Manlius Torquatus）、西塞羅、特里阿里烏斯（Gaius Valerius Teriarius） | 小卡投（Marcus Porcius Cato Uticensis）、西塞羅 | 皮叟（Marcus Pupius Piso Frugi Calpurnianus）、西塞羅、陸奇烏斯・西塞羅（Lucius Tullius Cicero） |
| 議題 | 伊比鳩魯學派的倫理學思想 | 斯多葛學派的倫理學思想 | 安提歐庫斯的倫理學思想 |

---

信裡得到相關訊息，參見Schofield 2013: 73。此外西塞羅的哲學作品深受他早年接受希臘哲學教育的影響，參見Corbeill 2013: 9-10及徐學庸2014: 9-12的論述。

4　根據西塞羅的這段話可知，亞里斯多德曾出版對話錄，但可惜現皆失佚。

就篇幅而言，《論目的》是西塞羅長篇的哲學著作；此外它也是西塞羅最富哲學旨趣的作品，因為它引領讀者進入希臘化時期倫理論辯的核心：什麼是好生活？（Wright 1991: 14）因此這部作品一般被視為理解探究希臘化時期倫理學思想的教科書[5]。

## 伊比鳩魯學派及斯多葛學派

《論目的》卷一及二除了導論外呈現伊比鳩魯學派的倫理學思想，至善是快樂及痛苦的缺乏。西塞羅是以一極具選擇性的方式，來處理伊比鳩魯的倫理學思想。根據卷一可知，他所有關於伊比鳩魯的思想主要來自兩部作品：《給梅奴伊克歐斯的信》（*Letter to Menoeceus*）及《主要學說》（*Principal Doctrines* [PD]）。然而西塞羅只選擇了前者一半的內容及後者六分之一的內容（Mackendrick 1989: 146）。這些內容強調伊比鳩魯的物質主義思想：即萬事萬物的生滅皆可由原子或不可分割者（atomata）的運動解釋說明，而刻意忽略伊比鳩魯重視的寧靜、節制、正義及友誼。西塞羅批評伊比鳩魯缺乏文化及教養，其倫理觀點膚淺，缺乏洞見及不成系統（I, vii, 26-viii, 27）。他對伊比鳩魯不假辭色，其實也是間接批判同期的伊比鳩魯學派哲學家陸克瑞提

---

Schofield 2013: 80認為，一個哲學立場能妥適地呈現，除了需要修辭及邏輯的技巧外，亦需對反立場的協助；這是為什麼西塞羅偏好以對話錄的形式書寫哲學作品的原因。

5　《論目的》的論證要旨，參見《論占卜》（*De Divinatione*）II, I, 2；Schofield 2013: 78強調，哲學對西塞羅而言，根本上是一倫理學的計畫，生活的理性的指導。亦可參見徐學庸 2014:11-12。

烏斯（Titus Lucretius Carus，約98-54 BC）。卷二敘述，「他曾經在心靈上穿越無數的世界及無限的區域，這些區域無疆界及無終點（102），」或許便是引自陸克瑞提烏斯《論萬物的本質》（*De Rerum Natura*）I, 72-74的詩句：「因此靈魂生氣勃勃的力量完全凌駕其上，且前進遠遠超越了世界的火牆，及以心靈與靈魂踏遍不可計數的宇宙。」但西塞羅對伊比鳩魯思想的記述不值得信賴且語帶偏見，此一偏見乃因西塞羅認為，伊比鳩魯的享樂主義對羅馬年輕人，特別是政治人物，會產生敗壞的效果。他們不再視這些事物重要：公平、價值、誠信、正直、德行、公職的尊嚴、羅馬人民的尊嚴，為國家承受一切危難及為國犧牲（II, xxiii, 76）。這對共和國度是致命的傷害[6]。

西塞羅對伊比鳩魯及其學派抱持的負面及批判的態度，亦記載於奧古斯丁（Augustine）的《反對學院哲學家》（*Against the Academicians*）裡，他說西塞羅在其書[7]中呈現了一哲學家及學派的劇場，其中

> 伊比鳩魯，像酒神，從他的花園召集一群醉漢來助他對抗此一屠殺[8]！這群暴民處於醉酒的憤怒中尋找某人以他們的長指甲及野獸般的獠牙將他撕碎。將快樂之名提高至舒適及平靜，仰賴大眾的支持伊比鳩魯熱烈地堅稱，沒有快樂無人可看似幸福。（3.7.16.49-54）

---

6　阿提庫斯建議遠離政治，但西塞羅拒絕（*Ad Atticum*, XIV, 20, 5）；關於羅馬傳統道德及政治的介紹，參見Earl 1984。

7　指的是《學院思想》（*Academica*）。

8　斯多葛學派對伊比鳩魯學派主張快樂是至善的批判。

姑且不論這段引言是否出於西塞羅[9]，但它清楚表達或記載了西塞羅對伊比鳩魯及其學派的倫理學思想的既定成見，此學派主張的快樂是毒蛇猛獸，不但有害於民生社稷，亦無助於個人幸福生命的追求。

　　然而這個批判其實是漠視伊比鳩魯倫理學思想上至少兩個重點[10]：第一，伊比鳩魯雖然主張快樂，但不是所有的快樂皆有同等的價值。他將快樂區分成動態的快樂及靜態的快樂，前者主要與生理需求的滿足有關，後者是指心靈的快樂。此外前者時有時無，但後者一旦擁有就不會失去，這樣的快樂是建立在沉穩的思考（nēphōn logismos），為每一個選擇及避免找尋理由，以排除會攪住靈魂的最大的噪音（《給梅奴伊克歐斯的信》132）。因此實踐智慧或明智（phronēsis）會讓我們瞭解，一個人不可能活得快樂，若他不以有智慧的方式、有勇氣的方式、節制的方式及正義的方式生活，即以有德性的方式生活，因為德性自然從快樂的生命中油然而生（ibid.）。從此可見，雖然都是享樂主義者，伊比鳩魯不同於錫蘭尼學派（The Cyrenaics）的亞里斯提普斯（Aristippus），他所認可的真正的快樂生活是德性生活，不單只是滿足生理欲望的生活。他特別告誡眾人，人不可能沒有欲望，但只需要滿足那些自然且必要的欲望即可，其他自然且不必要及不自然且不必要的欲望可置之不理（PD 29 及《梵諦岡格言》（Vatican Sayings [VS] 59）。明智帶來真正的快樂，哲學化的生活

---

9　H. Rackham 教授認為這不是出於西塞羅之手（2000: 463）。

10　關於西塞羅對伊比鳩魯享樂主義的誤解，是由於後者語言混淆導致前者理解不當的結果，可參見 Stokes 2002 的論述。

也令我們愉悅，伊比鳩魯鼓勵眾人不但要成為哲學家，更要成為真正的哲學家（VS 41, 54），因為這是最自給自足及自由的生活（VS 77；Fr. 70）。

第二，主張快樂不等同於主張不要關心公共事務。西塞羅對伊比鳩魯的批判可能是建立在《主要學說》VI, VII, XIV 及《梵諦岡格言》58 等斷簡殘篇的內容，然而這是否是對後者思想的正確的理解？答案或許是否定的。暫且不論伊比鳩魯本人及其學派的哲學家提供的相關文獻都不支援西塞羅的觀點[11]，從西洋古代原子論的傳統觀之我們也很難得出原子論者反對參與城邦事務。例如西元前五世紀的原子論者德謨克利圖斯（Democritus），雖然在其斷簡殘篇裡有許多關於城邦政治的論述[12]，但他卻未主張每一個人都應積極地參與公共事務，而是提醒我們若想過愉悅和諧的生活，應該知所節制，切忌逐名爭利。勿欽羨他人所有之物，勿執著於他人所享有的名聲，而應關注自己能力範圍所及之事，且滿足於自身所有之物；如此我們才不會因為忌妒及羨慕產生的欲望冒險求取不適合我們的東西（DK 68B191）。將這段敘述置於參與公共事務的議題裡會得出一結論：生活在民主城邦阿伯德拉（Abdera）的德謨克利圖斯不是不鼓勵參政，而是不鼓勵不適合參與公共事務者參政。若只是看見參政者獲得的社會地位及名聲，就興起參政的念頭，且不顧參政是否適合個人，只會給自己帶來痛苦。類似的觀點其實也可適用在伊比鳩魯的思想，不是每一個人在氣質與天賦上都適合參與公共事務，不適合者執意涉足

---

11　相關討論，可參見《論目的》III, xxii, 74 的注釋。

12　相關討論，參見 Hsu 2013: 7-10。

政治只會給城邦，社會及自己徒增困擾。這會使安靜不受干擾的生活離我們愈來愈遠[13]。

除了倫理及政治外，伊比鳩魯對宗教的看法也引起相當的論辯及批判。他認為也是由原子構成的神祇[14]，與世界的發生及運行毫無關係，對這兩件事的理解只需參照自然運行的法則。不同於這個傳統的詮釋，A. A. Long及D. Sedley兩位教授主張，神祇對伊比鳩魯而言，是人類思想的產物，且關於神祇亦有真與假的看法，前者與伊比鳩魯關於宇宙及幸福生命的本質的說明若合符節。因此理解自然能使我們免於對死亡的恐懼，如此我們能有不受干擾的生命（2005: 144-149）。神祇的存在及所處的位置，無論是在伊比鳩魯學派哲學家中，或是在非伊比鳩魯學派哲學家裡，都是具爭議的議題。西塞羅《論神的本質》（De Natura Deorum）對伊比鳩魯的思想提出一系列的問題：神住在哪兒？祂有何活動？祂有何欲求？祂何以是幸福快樂的？若神是人類思想的產物，那祂與我們想到的獨角獸有何區別？（I, xviii-xix, 49-50; I, xxxvii, 103-xxxviii, 107）西塞羅認為伊比鳩魯對這些問題皆無令人滿意的答案。此外西塞羅《論共和國》卷六裡的〈史奇皮歐的夢〉（Somnium Scipionis）是關於靈魂不朽不滅及來世生命的論述，這顯然是針對伊比鳩魯的宗教觀進行批判。

卷三闡述斯多葛學派的理論，此卷論證嚴謹應是全書五卷之最。西塞羅特別讓卡投說：「……我將說明，……，芝諾及斯多葛學派整體的觀點。」（III, iv, 14）。斯多葛學派，如伊比鳩魯學

---

13　關於智者與無知者的對照及節制，參見《論目的》I, xiv, 46-48。

14　亦可參見《論目的》II, xxvi, 88 的注釋。

派，是物質主義的學派。他們主張萬事萬物主要由四個元素，地、水、火及風或氣，組成；這些元素又可區分成主動及被動的，前者是指火與氣，後者是指地與水（LS 47A, D, E）。一個物質實體是穩定存有物及保有本質的原因，主要是因為主動元素在該物中產生的張力（tenor）的維繫。換言之，氣與火使得一物是統一體，且是一物之所以是該物的理由。這個物質主義的理論亦展現在他們的世界魂或神觀上，根據歐里根（Origen）所言，斯多葛學派認為神是一物體，即火，且祂是理性[15]（LS 46H），所以這個世界是出於祂有條不紊的創造，它的秩序也是由祂賦予（LS 46A）。因此神在此意義下變成了世界的張力，世界之所以存在的原因。同理亦適用於小宇宙上，人類的靈魂一如世界魂也是一物質物，氣，它的功能主要有二：一是維繫整個複合物，即靈魂與身體結合的事物；另一個是理性管理的功能（to hēgemonikon），人類的外五官的活動，性慾及言說皆由它管控（LS 53F, H）。

　　卡投所敘述的斯多葛學派的倫理學思想，主要有下列的強調：至善的本質是依循自然而活，且依自然而活是依德性而活，

---

[15] 西塞羅《論神的本質》言及芝諾提出一三段論證論述世界是理性的：「理性之物優於不理性之物；然而無物優於世界；因此世界是理性的。」（III, ix, 22-23）。然而寇塔（Cotta）以批判的口吻認為，這個三段論證可使世界是個演說家，數學家，音樂家及哲學家（23）。此外寇塔認為克呂希普斯（Chrysippus）的論證亦犯了相同的謬誤，即未區分自然與理智之差異。克呂希普斯說：「若任何一存在物是人無法創造的，創造該物者比人優秀；然而人無法創造我們在世上看見的物體；因此有能力這麼做者比人優秀。」（III, ix, 25）。再者火就其為一物質物，需要加材火才能持續，故不是永恆之物。若將世界魂視為火，世界魂不會是永恆之物（III, xiv, 37）。

依德性而活是依理性而活且是幸福生活；至善是絕對的，且除了德性外其他事物皆與至善無關；無關至善的不善不惡之事（diaphora）中有些是較令人喜愛的，如健康，有些是較令人厭惡的，如疾病。然而健康及疾病皆與幸福生命的擁有無關。斯多葛學派的理論引發的實際結果：自殺是適切合宜的行為，愛國主義，私有財產應受保護，公民有參與公共事務的義務及誠實乃最佳政策。值得注意的是，依循自然而活的思想是建立在斯多葛學派的「視為己有」（oikeiōsis）的概念，且這個概念有兩個特質：第一，人類自然地適應以某一方式發展，這引領人類理解德性是唯一的善；第二，人類自然發展出一種利他的動機，父母對子女的愛是最佳的例子；若此動機獲得完全的發展，會產生與人為善的欲望，無論這些他者是否與我們自己有直接的關係[16]（Gill 1995: 78）。

　　不同於伊比鳩魯及其學派的思想，斯多葛學派並未主張，倫理生命的理解需建立在自然及物理知識上，因為根據該學派的分科，物理學的學習是安排在倫理學之後。這使得對斯多葛學派的依循自然而活的觀點的理解，最好是限縮在倫理學的範疇內，不需物理學的協助。一旦一個人在德性養成上已臻完善，進入物理學的學習他自然對世界的形成及運作的方式會有正確的理解；這回過頭可使他理解「依循自然而活」的意義為何。因此由於這兩個理解相輔相成，斯多葛學派不需提出不同的理論說明（Gill 1995: 79）。J. Annas 教授亦提出類似的觀點：「（對斯多葛學派而言）若我相信德性足以獲得幸福，那當我獲得關於宇宙的看法，

---

16　關於「視為己有」的完整討論，可參考 Wright 2002 及丁福寧 2013。

我獲得此想法：這不只是倫理學的論點，而是由宇宙的本質承擔的論點。」（1995: 166）。然而具有宇宙論或物理學的思想，並不會改變一個有德性之人對「德性足以使人獲得幸福」的想法，也不會「強化」他追求德性的動機，因為他已是有德性者。因此斯多葛學派的倫理學思想可以在不訴求物理學的基礎上進行論辯，這可見於西塞羅在《論目的》敘述該學派倫理學思想所採用的方法。

卷四有意地瓦解卷三整體的論述，藉由對斯多葛學派倫理學思想一系列的批判，且批判者就是西塞羅本人。他提出的批判大致有以下幾點：第一，斯多葛學派提出的依據自然而活的思想缺乏原創性，因為這個想法在柏拉圖學院及逍遙學派皆可見；第二，斯多葛學派獨尊德性的思想使得人是靈魂，而不是靈魂加身體的存有，因為德性是靈魂的好狀態。或許第一個批判尚有其道理，但第二個駁斥則有待商榷，因為斯多葛學派未曾主張二元論的人學觀，而認為人的靈魂及身體皆為物質組成。因此當斯多葛學派論及個人認同（personal identity）及自我（self）的議題，他們從未視人的自我是靈魂，而是由靈魂與身體構成的完整統一體。西塞羅於卷四跟隨安提歐庫斯的思想認為，在幸福生命的追求裡，對身體的關照不可偏廢，儘管與靈魂相較它是較不具價值。這與其說是對斯多葛學派思想的批判，不如說是陳述了斯多葛學派的倫理信念。

第三，由於只有德性與幸福生命有關，且只有惡（kakia），即靈魂不好的狀態，與不幸福生命有關，斯多葛學派將其他的事物皆視為與幸福及不幸福生命無關的不善不惡之事（LS 58A）。西塞羅認為斯多葛學派這個思想基本上是出於學院及逍遙學派的

思想，唯一的不同是後者將較令人喜愛的不善不惡之事理解為外在美善事物。因此斯多葛學派的倫理學思想在本質上與其前輩哲學家的思想並無二致，他們，特別是芝諾（Zeno of Citium），只是在玩弄文字遊戲。此外排除外在美善事物為善最明顯的錯誤是，善與惡之間有一不可逾越的鴻溝。因為對斯多葛學派而言，一個人擁有再多的外在美善事物，但沒有完全的德性，他不是幸福之人；一個人有完全的德性，但不擁有任何外在美善事物，例如貧病交迫，他依然是幸福之人。換言之，對芝諾而言一個人只有具有或沒有德性兩個狀態，不會有中間狀態的存在，這使得斯多葛學派的思想無法安置道德進步的概念。再者，若不善不惡之事與幸福及不幸福生命無關，那在這些事物中所犯的錯便無大小輕重之分。特別值得注意的是，西塞羅批評斯多葛學派忽略人具有情緒及生理欲求的事實，應是受中期斯多葛學派哲學家帕奈提烏斯（Panaetius）的影響[17]。

## 安提歐庫斯

研究《論目的》的學者咸認為，卷四及五的內容多出自安提歐庫斯的思想。對台灣學術界來說，此人顯得陌生，但就西洋古代思想發展而論，安提歐庫斯在柏拉圖學院發展的歷程扮演了重要的角色，他終結新學院懷疑主義的立場；此外他深刻引領了羅馬知識階層。安提歐庫斯究竟是何許人也？他的思想特色為何？以致於讓西塞羅對他如此關注。安提歐庫斯來自敘利亞的阿斯卡

---

17　參見《論義務》（*De Officiis*）I, 11, 101, 132; II, 11, 18。

隆，可能是生於西元前130年，他曾赴雅典從學於新學院哲學家菲隆（Philon of Larissa）及斯多葛學派哲學家梅內薩爾庫斯（Mnesarchus）。安提歐庫斯早期的哲學立場承襲前者，採納新學院的懷疑主義，並於西元前88年陪同菲隆至羅馬。隨後他改變哲學立場，轉而採取老學院的獨斷論立場（the dogmatic position）。西元前87年他在亞歷山卓城擔任羅馬將領陸奇烏斯‧陸庫路斯（Lucius Lucullus）的隨從，且於79-78年回到雅典，成為學院的主事者。數年後他又伴隨陸庫路斯前往小亞細亞，不幸於68年在梅索不達米亞去世。

安提歐庫斯在西元前一至二世紀是位受歡迎且極具影響力的哲學家，性格溫和，更重要的是他口若懸河，辯才無礙。西塞羅曾在雅典從學於安提歐庫斯六個月，並在《學院思想》言：安提歐庫斯是他所知的哲學家中，最精緻及最精確的一位（politissimum et acutissimum）（II, xxxv, 113）。因此西塞羅在《學院思想》卷二以陸庫路斯為安提歐庫斯思想代言人，且在《論目的》卷四及五選擇闡述與評論安提歐庫斯的倫理學，便不足為奇。

關於安提歐庫斯在哲學立場上與其師菲隆分道揚鑣一事，西塞羅的記載讓我們得以瞭解其中原委，他說：

當我〔陸庫路斯〕以副財務官身分在亞歷山卓城，和我一起的是安提歐庫斯，在此之前已經在亞歷山卓城的是安提歐庫斯的朋友提里烏斯的赫拉克利圖斯（Heraclitus of Tyrius），他是克利投馬庫斯（Clitomachus）及菲隆的學生已有多年，此人顯然是在那個哲學家學派裡，該學派曾幾近敗亡現

又復甦，是位正直及高貴之士。我過去經常聽他與安提歐庫斯論辯，但雙方皆以溫和的方式。其實那兩本卡圖路斯（Catulus）昨日提及的菲隆的著作，到達亞歷山卓城而且首次來到安提歐庫斯之手；此人在本性上是最溫和的（其實無物能比他更溫和），儘管如此他開始生氣。我感到驚訝，我之前不曾見過；他不斷央求赫拉克利圖斯回憶，並問他那些觀點是出於菲隆，或他曾聽過菲隆或任何一位學院哲學家敘述。他說沒有；然而他認得出菲隆的作品，且這確實無法懷疑，因為我們的朋友們在場，他們是博學之士，普博利烏斯（Publius）及蓋伊烏斯·塞利烏斯（Gaius Selius）、特特里利烏斯·羅古斯（Tetrilius Rogus），他們聽說那些是菲隆的觀點，且菲隆親自抄寫這兩部書。然後安提歐庫斯提出那些卡圖路斯提醒我們的觀點，它們是出於他的父親用菲隆的觀點，其他還有更多，且這並未阻撓他出版一本名為《索蘇斯》（Sosus）的著作反對其師。那因此我認真聆聽赫拉克利圖斯為言反對安提歐庫斯，以及安提歐庫斯反對學院哲學家，我更勤勉地專注在安提歐庫斯，為了我可從他理解整個案件。因此當赫拉克利圖斯及好幾位博學之士與我們為伍數日，其中安提歐庫斯的弟弟阿里斯圖斯（Aristus），還有亞里斯投（Aristo）及迪歐（Dio）也在，此二人他十分重視，僅次於其弟。我們花費大量時間在此單一討論。（《學院思想》II, iv, 11-12）

這段引文顯示，安提歐庫斯與菲隆在思想上分道揚鑣，是在87

或86 BC [18]（Sedley 1981），當他人在亞歷山卓城伴隨陸庫路斯領軍抵抗米斯里達特斯六世（Mithridates VI）入侵。其次菲隆的作品是師徒反目的引爆點，到底菲隆書中表達了什麼觀點，會令溫和的安提歐庫斯勃然大怒。菲隆的觀點是：老學院與新學院思想並無二致。長久以來老學院的獨斷論立場以柏拉圖為起點，新學院的懷疑主義立場則上溯至蘇格拉底。然而無論是克利投馬庫斯或菲隆，都已試著將獨斷論的立場引入新學院的思想[19]，亦即有些事是明確可理解的。這使得學院從阿爾克希拉斯（Arcesilas）發展出的懷疑主義路線與老學院傳統合流。安提歐庫斯的驚訝與憤怒是源於此，因為根據安提歐庫斯的代言人瓦羅（Varro）所述，安提歐庫斯認為柏拉圖學院及亞里斯多德逍遙學之間沒有本質差異，至多是用字的差別；反而老學院與新學院有根本的不同[20]。安提歐庫斯之所以有此觀點，因為他認為此二學派在形上學、邏輯（知識理論）及倫理學皆分享相同的概念。特別是在倫理學上安提歐庫斯受老學院哲學家波雷莫（Polemo）的影響甚鉅，人生的至善是依自然而活，這是兩個學派的共同主張[21]。

從塞克斯圖斯・恩皮里庫斯《皮洛主義大綱》（*Outlines of Pyrrhonism*）可見，安提歐庫斯將斯多葛學派思想引入柏拉圖的

---

18　Glucker 1978: 15-21認為這發生於90 BC年間；Barnes 1997: 68-70主張決裂發生於88 BC以前。

19　參見《學院思想》I, viii, 32主張知識（scientia）存於心中；《學院思想》II, 18指出菲隆採取獨斷論的立場。

20　參見《學院思想》I, iv, 15-18；《論目的》V, iii, 7；《論演說家》（*De Oratore*）III, xviii, 67。

21　參見《論目的》II, xi, 34及V, v, 14。

學院思想，他說：「安提歐庫斯將斯多葛學派引入學院，所以關於他有一確切的說法，他在學院裡實踐斯多葛學派哲學，因為他嘗試顯示斯多葛學派的理論植基於柏拉圖。」（I, 235）。西塞羅《學院思想》更進一步明言，安提歐庫斯雖然是位學院哲學家，但骨子裡是位斯多葛學派哲學家（II, xliii, 132）。此外關於安提歐庫斯認為斯多葛學派與老學院的思想並無太大的歧異，可見於《論法律》（De Legibus）：「因為它們只在一件事上意見不一，在其他的事上超乎尋常的一致（mirifice congruunt）。」（I, xx, 53-54）。再者，安提歐庫斯亦認為，斯多葛學派在語言上看似與逍遙學派的思想迥異，但實質的內容（re）卻立場相同（《論神的本質》I, vii, 16）。因此無論斯多葛學派或逍遙學派，本質上都是柏拉圖思想不同形式的呈現；安提歐庫斯棄新學院就老學院顯示，他願意接受斯多葛學派及逍遙學派。

必須釐清的是，安提歐庫斯雖然融合各家內涵，但並未昧於哲學史發展的事實，誤以為亞里斯多德及芝諾全然接受柏拉圖。事實上，柏拉圖學說的核心，理型論，在安提歐庫斯的論述中不曾現身，且他投注較深的是柏拉圖之後的老學院的主事者，特別是波雷莫。西塞羅《論目的》多次引用波雷莫的思想，例如生物皆有自保的本能（II, xi, 33-34），至善是依德性而活（IV, vi, 14-15）及波雷莫對斯多葛學派芝諾的影響（IV, xviii, 50-51）。此外，再加上安提歐庫斯主張：斯多葛學派的理論與其說是新的哲學思想，不如說是老學院思想的修正（《學院思想》I, xii, 43）。安提歐庫斯何以如此重視波雷莫，因為他正是老學院及斯多葛學派的橋樑（Dillon 2005: 164）。

根據西塞羅《學院思想》的記載，安提歐庫斯的融合哲學包

含了三項傳統的科目，邏輯、物理學及倫理學（II, ix, 29）。知識
的基礎是感官知覺，安提歐庫斯強調，我們不應該像懷疑主義者
不信任感官知覺，因為它們是清晰（clara）及明確的（certa），
但他提醒，不同於伊比鳩魯，他並不主張所有的感官知覺為真。
而是認為應排除一切可能影響或扭曲感官知覺的可能性，如此
才能信賴感官知覺（《學院思想》II, vii, 19）。此外他將印象理
解為觀念（ennoiai 或 prolēpsis），且觀念的形成是出於感官經
驗，有些觀念被我們立即使用，但有些被我們儲存起來形成記憶
（memoria）。因此知識是出於觀念及經驗客體的相互間的相似性
（similitudinibus）（II, x, 30）。更重要的是觀念，因為「知識另一
方面他們認為不存在於任何地方，除了在心靈的觀念（notionibus）
及推理（rationibus）。」（I, viii, 32）。這使得安提歐庫斯的知識
論與斯多葛學派如出一轍，且不同於柏拉圖的理型論，觀念不具
有獨立於心靈之外存在的特質（V, xxi, 59）。

　　倫理學的論述他承襲希臘化時期「何謂至善？」這個問
題[22]，並提出，如《論目的》卷五顯示，至善遵循自然而活。這
基本上是追隨斯多葛學派的思想，該學派主張，德性是一種就其
自身值得選擇的一致的性格狀態（diathesin homologoumenēn），
且幸福在於德性，因為它是被形塑成在整體生命中達至一致
（LS 61A）。這段敘述中值得關注的是「幸福在於德性」，且德性
是靈魂的好狀態，那至善是與靈魂及理智有關，與和身體有關的
外在美善事物無關。然而這種獨尊靈魂的幸福觀不為安提歐庫斯

---

22　在當時不同的學派提供了不同的答案，如伊比鳩魯的快樂、斯多葛學派的德
　　性及懷疑主義的不受干擾（ataraxia）。

接受，因為他認為人是靈魂加身體的存有，且除了德性之外尚有許多事物是人們所鍾愛（cara）及必需的（necessaria）（《學院思想》II, xliii, 134）。安提歐庫斯的思想明顯受到波雷莫的影響，因為老學院哲學家波雷莫雖然強調德性在幸福生活中的核心地位（《論目的》II, xi, 34），但他也強調「藉由德性實踐享受自然所賦予的原初事物」，這些自然賦予的原初事物包含了與身體有關的外在美善事物，所以西塞羅才會說，在波雷莫的至善中德性有一些「附加物」（aliqua accessione）（35）。

值得一提的是，倫理學的融合立場，使得安提歐庫斯出現了幸福具有程度的觀點。《論目的》V, xxiv, 71有言：

> 來現在，我們的陸奇烏斯，在靈魂中建立德性的高度與優越性：你將不會懷疑，擁有德性，以崇高而且正直心靈生活之人總會是幸福之人，他們瞭解運氣的一舉一動，事態及時間的改變將會是無足輕重及微不足道的事，若它與德性競爭的話。我們將與身體有關的善的事物之滿足算成是最幸福的生命，但沒有它們幸福生命也可能存在，因為它們對善的事物的增加是如此微薄稀少，就像星星在太陽光下，因此在德性的光輝中它們無法被識別。

換言之，德性雖足以獲致幸福，但最幸福的生活需要外在美善事物；雖然外在美善事物與德性相較是如此不起眼，但它們還是存在，就像陽光下的星星[23]，並使得人性及人的生命更臻完美。《在

---

23  比較斯多葛學派的看法，參見《論目的》III, xiv, 45，德性之外的事物「銷聲

圖斯庫倫的論辯》（*Disputationes Tusculanarum*）V, viii, 22 不僅提
及幸福有等級程度的概念[24]，也指出大多數的事物擁有其名是出
於組成它們的較大的部分，所以即使有一小部分遺失也不影響。
這遺失的部分（pars abesset）不是指不需要，而是指被遮掩而未
察覺，且少了它們會使幸福生活稍嫌遜色，但瑕不掩瑜。

　　德性在人的倫理生活中扮演極重要的角色，傳統上言及的是
智慧、勇氣、節制及正義四樞德，但由於人是靈魂與身體結合及
統一的存有，除了上述與靈魂有關的德性外，亦應該重視和身體
相關的德性，因為至善是在「靈魂與身體滿是德性的生活」裡
（《論目的》V, viii, 37）。這再次顯現，對安提歐庫斯而言，與身
體有關的外在美善事物不只是可被選擇之物，而是可入德性之
列，如力量、美貌及健康等，標誌身體好狀態；就像四樞德標示
靈魂的好狀態。在論述靈魂的德性時，安提歐庫斯特別強調，德
性之名雖多，但實則是一，他說（藉皮叟之口）：

　　然而關於德性的結合及融合，可藉由一個哲學的理論來區
　　分。由於它們是如此地結合與連繫，所以每一個德性都是一
　　切德性的參與者，且一個德性不可能與另一個德性分離，然
　　而它們各自的特質及義務，如勇氣在辛勞及危險中被識出，
　　節制在忽略快樂中被認出，明智在善與惡的事物的選擇上被
　　識別，正義在分配給每個人應有的事物上被察知。（《論目

---

　　匿跡」及「毀壞敗亡」；然而皮叟認為「較喜愛之事」就意謂較幸福（V,
　　xxix, 88）。

24　類似的觀點，亦可參見《學院思想》I, vi, 22。

的》V, xxiii, 67）

這個「德性不可分」的理論不僅可見於斯多葛學派的思想，亦見於逍遙學派的思想裡。安提歐庫斯藉德性這個概念再次證明，學院、逍遙學派及斯多葛學派只有用字的差別，沒有思想本質的差異[25]。

在《論目的》卷五安提歐庫斯對「我們應該過什麼樣的生活？」提供了下述的建議：

> 因此這其實是明顯的事，我們為活動（ad agendum）而生。然而活動有許多種，在較重要的活動中較不重要的活動被棄置，但有些特別重要的活動，……首先關於天體及那些被自然所掩蔽不顯之事的思慮與思考，理性有能力探究，然後是關於公共事務的管理或與管理有關的知識，再來是與明智，節制，勇氣及正義有關的推敲及其他的德性與符合德性的行為，我們以一個字來含括這一切，即道德；當我們變得強壯時帶頭的自然會領我們到與德性有關的知識與實踐上，……其實德性及幸福生命的光，這是我們應追求的兩件事，較晚出現，甚至更晚才清楚知道它們有何特質。（《論目的》V, xxi, 58）

---

25　參見《學院思想》II, v, 15: 'Peripateticos et Academicos, nominibus differences, res congruentes, a quibus Stoici ipsi verbis magis quam sententiis dissenserunt'。亦可參見西塞羅《論神的本質》I, vii, 16，安提歐庫斯曾於獻給巴爾布斯（Balbus）的書中言及，斯多葛學派與逍遙學派思想無二致；關於反對的意見，參見卡投在《論目的》III, xii, 41 的主張。

鼓勵人們追求德性及默觀並重的生活[26]，完全符合安提歐庫斯的人學思想，人是身體加靈魂的存有。

《論目的》這部著作是關於古希臘倫理學，尤其是希臘化時期的倫理學百科全書，它包含了上述主要哲學學派及哲學家的立論，除了以對話錄的形式呈現各家各派的思想，更藉批判這些思想以展現新學院懷疑主義的論證特質，正反兩方皆可論述。更重要的是，這部作品似乎為西塞羅日後的哲學著作提供了論證的藍圖。

## 延伸閱讀

有興趣繼續深化對西塞羅思想瞭解的讀者，關於他個人生平記述可參考 E. Rawson, *Cicero: A Portrait*（London, 2001）及 T. N. Mitchell, *Cicero: The Senior Statesman*（New Haven, 1991）。對西塞羅的智性成長背景，修辭學與哲學的學習歷程，以及政治發展等議題的全面討論，可參見 Steel 2013；關於他的哲學思想的討論，參見 Powell 2002。關於希臘化時期的哲學思想特色，可參見 Algra, Barnes, Mansfeld, and Schofield 2005，這是一部對該時期哲學思想的完整介紹。此外不同學派的斷簡殘篇 Long and Sedley 2005 有豐富的編譯。關於此時期不同學派在倫理學思想上的論辯，Annas 1995 值得參閱；至於人學思想的討論，可見 Gill 2006。伊比鳩魯學派思想的導讀，可參見 Rist 1977；斯多葛學派思想的導讀，可參見 Brennan 2007；安提歐庫斯的思想介

---

26 參見 V, xxi, 58 的注釋。

紹，可見Glucker 1978, Dillon 1996及Sedley 2012。

　　《論目的》的中文譯文，尚可參考石敏敏，《論至善和至惡》
（中國社科院，2005）的簡體字版。這部譯本是由Rackham 1999
（1914）的拉丁文及英文對照本翻譯而成，是書的拉丁文本部分
已為Reynolds 1998的OCT版本取代；中譯本的導論是由義大利
學者B. Amata撰寫。英文譯本有Rackham 1999，如上述此書是
拉丁文英文對照本，熟悉拉丁文的讀者可在閱讀時兩種語言對
照。惟本書完成於1914年，雖於1931年再版，但譯文稍嫌過
時。Woolf 2001譯本譯筆流暢及合於當代語感，且注釋有助於文
本的理解。Wright 1991雖然也是拉丁文與英文對照，但書中只
處理《論目的》第三卷及《斯多葛學派的悖論》。儘管如此書中
提供對卷三詳細的注釋，對理解該卷內容及斯多葛學派倫理學思
想極有助益。

# 西塞羅生平暨大事年表

西元前

130　安提歐庫斯出生。

118　陸庫路斯出。

110　阿提庫斯出生。

106　1月3日生於阿爾皮農。

95　卡投（Marcus Porcius Cato Utica）出生。

90　穿上鑲紫邊長袍，以示成年。

89　在史特拉寶・彭沛烏斯（Strabo Pompeius）（彭沛烏斯的父親）麾下服役。

88　在羅馬學習文學、政治學與哲學。

87-81　完成《論發明》

85　布魯圖斯出生。

81　發表第一次公共演說，為昆克提烏斯（Quinctius）辯護。

80　發表第一次政治演說，為羅斯奇烏斯（Roscius）辯護。

79-77　在雅典及羅德島研習修辭學。

77　返回羅馬，與特倫緹雅成婚（一說成婚於79 BC）。

75-74　於西西里任財務官，且獲得進入元老院的機會。

70　起訴維瑞斯，成為羅馬著名律師，並開始支持彭沛烏斯。

| | |
|---|---|
| 69 | 西塞羅當選市政官;安提歐庫斯去世。 |
| 67 | 與阿提庫斯首次通信。 |
| 66 | 當選司法官,且支持彭沛烏斯遠征米特里達特斯(Mithridates)。 |
| 65 | 兒子馬庫斯出生;準備參選執政官。 |
| 63 | 阻擋卡特利納選上執政官,起訴卡特利納的同夥。 |
| 61 | 皮叟(Marcus Pupius Piso Frugi)任執政官。 |
| 60 | 對三人執政抱持中立態度。 |
| 58 | 克婁帝烏斯指控西塞羅非法濫刑;西塞羅被迫離開羅馬。 |
| 57 | 被召回羅馬;女兒圖莉雅的第一任丈夫去世。 |
| 56 | 為塞斯提烏斯(Sestius)辯護;女兒再婚,旋即離婚;陸庫路斯去世。 |
| 55 | 未參與政治,但忙於法庭。 |
| 55-52 | 完成《論演說家》。 |
| 54-51 | 完成《論共和國》。 |
| 53 | 任占卜師。 |
| 52 | 為米婁(Milo)辯護失敗;被指派為奇利奇亞的行政首長。 |
| 51-50 | 上任奇利奇亞的行政長官;女兒第三度結婚。 |
| 49 | 凱撒希望得到西塞羅的支持,但他選擇彭沛烏斯陣營;西塞羅個人婚姻出問題。 |
| 48 | 彭沛烏斯戰敗,西塞羅返回義大利,並專心於哲學著述;投爾夸圖斯去世。 |
| 47 | 雖得到凱撒的諒解,但依然在政治上無法有任何作為。 |
| 46 | 與妻子離異,並娶普柏麗麗亞為妻;完成《布魯圖斯》、 |

《演說家》、《論法律》、《斯多葛學派的悖論》；卡投去世。

45　女兒病逝，西塞羅哀痛欲絕。完成《學院思想》、《論目的》、《在圖斯庫倫的論辯》、《論神的本質》、《歐爾天希烏斯》。

44　凱撒被謀殺後，西塞羅趁勢發表演說撻伐安東尼。完成《論占卜》、《論命運》、《論老年》、《論友誼》、《論題》、《論義務》。

43　第二次三人執政形成；西塞羅於12月7日被謀殺。

42　布魯圖斯去世。

32　阿提庫斯去世。

# 哲學學派發展歷程[1]

## 柏拉圖「學院」發展歷程

柏拉圖（約 427-347 BC）：約於 387 BC 成立學院及其追隨者
　　（獨斷論時期）

史沛烏希普斯（約 408-339 BC）：347 BC 成為學院第二任主事者

贊諾克拉特斯（約 396-314 BC）：339 BC 成為學院第三任主事者

波雷莫（C 4-3 BC）：314 BC 成為學院第四任主事者

克拉特斯（卒於 268-264 BC 年間）：270 BC 成為學院第五任主事
　　者

阿爾克希拉斯（約 316-241 BC）：繼承克拉特斯的主事者位置，
　　並將學院思想從獨斷論立場轉變為懷疑論立場；史稱新學院

拉曲德斯（卒於 206 BC）：241 BC 成為新學院主事者

卡爾內阿德斯（214-129 BC）：約 137 BC 從新學院主事者的位置
　　退休

小卡爾內阿德斯（卒於 131 BC）：137 BC 成為新學院主事者

---

1　關於斯多葛學派發展歷程，參見徐學庸 2014: 37-38；希臘化時期學派發展，
　　參見 Algra, Barnes, Mansfeld, and Schofield 2005: 48-54。

塔爾蘇斯的克拉特斯（卒於 127 BC）：131 BC 成為新學院主事者

克利投馬庫斯（約 187-110 BC）：127 BC 成為新學院主事者

菲隆（約 154-84 BC）：110 BC 成為新學院主事者

安提歐庫斯（約 130-68 BC）：約於 90 BC 將新學院的懷疑主義立
　　場轉變回老學院的獨斷論立場


## 逍遙學派發展歷程

亞里斯多德（384-322 BC）：約於 335 BC 在雅典成立逍遙學派

尤德穆斯（C4 BC）

狄凱阿爾庫斯（活躍於 329-296 BC）

阿里斯投克森努斯（C4 BC）

塞歐弗拉斯圖斯（約 370-287 BC）：繼承亞里斯多德成為學派第
　　二任主事者

德梅特里烏斯（約 350-283 BC）

史特拉投（卒於 269 BC）：學派的第三任主事者

李寇（300-226 BC）：學派第四任主事者

亞里斯投（C3 BC）：學派第五任主事者

伊艾洛尼穆斯（C3 BC）：後成為一位折衷主義者

克里投勞斯（C2 BC）：學派主事者；曾於 155 BC 出使羅馬

狄歐都魯斯（C2 BC）；克里投勞斯的學生，但思想上與逍遙學
　　派有別

史塔塞阿斯（C1 BC）：學派主事者

安卓尼庫斯（C1 BC）：學派主事者

克拉提普斯（C1 BC）：學派主事者

# 伊比鳩魯學派發展歷程

伊比鳩魯（341-270 BC）：學派奠基者

波利艾奴斯（約345-285）：伊比鳩魯友人及數學家

梅特羅都魯斯（約331-278 BC）：伊比鳩魯的學生

赫爾馬爾庫斯（約325-250 BC）：學派第二位主事者

寇婁特斯（約310-260 BC）：伊比鳩魯的學生

波利史特拉圖斯（約290-210 BC）：學派第三位主事者

迪歐尼希烏斯（約275-205 BC）：學派第四位主事者

巴西里德斯（約250-175 BC）：學派第五位主事者

菲婁尼德斯（約200-130 BC）：皇家御用伊比鳩魯學派哲學家

阿波婁都魯斯（活躍於125 BC）：學派主事者及芝諾的老師

德梅特里烏斯（約125-75 BC）：哲學家及作家

芝諾（約150-75 BC）：西元前二世紀學派的主事者

阿瑪菲尼烏斯（活躍於125 BC）：將伊比鳩魯的思想引進羅馬

費德魯斯（138-70 BC）：西元前一世紀學派的主事者

菲婁德穆斯（約110-37 BC）：希臘詩人及伊比鳩魯學派哲學家

陸克瑞提烏斯（約98-54 BC）：羅馬詩人及伊比鳩魯思想闡述者

帕特羅（活躍於70 BC）：學派主事者

西羅（活躍於50 BC）：詩人維吉爾的老師

狄歐金尼斯（C 2 AD）：來自小亞細亞的伊比鳩魯學派哲學家

# 關於譯文

中譯文根據 L. D. Reynolds 為牛津大學「牛津經典文叢」（Oxford Classical Texts，縮寫 OCT）所編修的 *M. Tulli Ciceronis De Finibus Bonorum et Malorum Libri Quinque*（1998）的拉丁文本譯成，翻譯過程亦參考 Reid 1925, Wright 1991, Rackham 1999, Bentley 2010 及 Madvig 2010 的拉丁文本。譯文盡可能貼近原文，以求閱讀時能讓不諳拉丁文的閱讀者「間接地」感受拉丁文的神韻，並使自己置身於擬古的情境中，如此或可更親近理解這部經典。為達此效果，有時中譯文的呈現會出現一些較非中文式的表述；然而畢竟拉丁文與中文的語法大相逕庭，在句型結構上中譯文會出現與拉丁文不同的安排。

譯文中的章節分段未依照拉丁文本將節數以編碼示之，而是將之編入譯文之中，方便讀者閱讀時章節段落的辨識。

由於拉丁文有諸多表達欲望或慾望的字詞，在譯文裡以欲求或慾望翻譯 appetitus，以慾求或慾望翻譯 cupiditas 及 libido。此外拉丁文 laudare 及 laudabilis 譯為讚許或讚美；probare 及 probabilis 譯為贊許。

## 符號說明：

譯文中

〔 〕內的文字，拉丁文本編修者認為是出於後人的竄插。

[ ] 內的文字，絕大多數的拉丁文編修者認為是贗造的段落。

（ ）這個符號是由編修者所加，在手抄本中原不存在。

〈 〉內的文字為編修者所加。

# 論目的

# 《論目的》第一卷結構分析

**主旨：西塞羅以投爾夸圖斯為伊比鳩魯及其學派的代言人，敘述該學派的倫理學思想，快樂是人生目的；此外西塞羅個人提出對伊比鳩魯思想的駁斥。**

**1-12　《論目的》通篇導論**

　　1-3　　回應對這部獻給布魯圖斯的作品的批判；哲學的追求雖辛苦，但值得戮力為之。

　　4-6　　處理探究前人的思想，特別是將希臘哲學家的哲學思想以拉丁文呈現，有其價值。

　　7-10　　以拉丁文表達哲學思想布魯圖斯《論德性》已有前例，且拉丁文比希臘文詞藻更豐富。

　　10-12　公餘充實學識是值得鼓勵的活動；西塞羅提議在書中探討善與惡的界限為何，並論及不同的哲學學派對此問題的看法。

**13-16　卷一及卷二的導論**

　　13-16　西塞羅提議先檢視伊比鳩魯的觀點，且強調他對此

位哲學家並無偏見；他曾與伊比鳩魯學派哲學家對談，故熟稔他們的思想。

## 17-26 西塞羅對伊比鳩魯思想的駁斥

17-21 伊比鳩魯的物理學承襲德謨克利圖斯，既缺乏原創亦昧於真理。

22 伊比鳩魯棄置邏輯，忽略定義，不理分類；過度依賴感官經驗對事物進行判斷。

23-25 伊比鳩魯主張快樂應追求，痛苦應避免，但羅馬歷史指出這是昧於事實之言；此外若德性是快樂，且就其自身值得追求，他不會接受此觀點。

26 伊比鳩魯學養不足。

## 26-70 投爾夸圖斯對伊比鳩魯思想的認可

26-42 第一部分的論述

26-29 投爾夸圖斯不滿西塞羅對伊比鳩魯的批判，挺身為伊比鳩魯的倫理學思想辯護。

29-31 從動物的本能可見，快樂是至善。

32-33 伴隨理性追求的快樂不應被拒絕。

34-36 西塞羅先前舉的歷史事例不成立，因為放棄快樂是為了更大的快樂，承受痛苦是為了避免更大的痛苦。

37-39 伊比鳩魯的思想嚴肅，自持及嚴格；最高的快樂是免於痛苦。

40-41 關於幸福與悲慘的極端例子足以證明快樂是

至善。

42　快樂與痛苦是行為動機，亦是正確及值得讚美之事評判的標準。

42-54 第二部分的論述

42　德行不是目的，而是達致快樂的手段。

43-44 智慧使人避免不令人快樂的欲望。

45-46 智慧區辨a)自然且必要的欲望；b)自然且不必要的欲望；c)不自然且不必要的欲望，並保護我們不受欲望、恐懼及運氣的攻擊，使我們能有平靜的生活。

47-48 節制使人享受快樂但不耽溺其中。

49　勇氣使人免於對死亡及痛苦的焦慮。

50-54 正義使人生活無懼無憂；誠實為上策；所有的德行皆以快樂為基礎。

55-57 第三部分的論述

55-57 心靈的快樂及痛苦皆與身體有關，但它們影響更大，因為包含了三個時間向度。

57-61 第四部分的論述

57-61 快樂的生活包含智慧、榮譽及正義，所以它本身也是一德行；斯多葛學派的主張：德性不需快樂，是錯誤。

# 第一卷

[I]（1）我不是沒有意識到，布魯圖斯[1]，我已將極具天賦及有著思路清晰的學說的哲學家們以希臘文所處理的議題置於拉丁文的文獻中，我的這部作品將可能遭致許多不同的批評。對某些人而言，他們其實不是完全地沒受過教育，他們對研究哲學感到十分厭惡。然而有些人並不是那麼地制止，若它以較溫和的方式進行，可是這些人沒想到在哲學中必須投入極大的熱忱及相當多的心力。還有人蔑視拉丁文作品[2]，這些人真的精通希臘文獻，他們說他們寧願花時間閱讀希臘文的作品。最後，我推想將有某些人會要我朝其他的作品發展，這類的著述，即使是優雅的，但他們否認這與〈我的〉性格及身分地位有關。（2）駁斥這些看法我想一切簡而言之。

---

1　布魯圖斯（Marcus Iunius Brutus，約85-42 BC），深受小卡投的影響，於58 BC在塞浦路斯任職於小卡投麾下；他是刺殺凱撒的幫兇之人，與西塞羅交好，他們之間的通信部分留存下來，西塞羅的一部關於演說家的著作以布魯圖斯為書名。

2　在《學院思想》I, v, 18阿提庫斯的談話已告知在此之前有拉丁的哲學著作存在。

　　其實對那些語帶批判的哲學家們在那本書有著足夠的回應[3]，在其中我為哲學辯護而且給予它高度讚美，當歐爾天希烏斯[4]指責及批評它時。這本著作對你及對那些我認為有判斷能力的人而言似乎是可接受的，我已著手從事更多的作品，我擔心我好像激起人們的熱忱，但自己無法維持。

　　然而無論這是多麼令人愉悅之事，有人希望以較節制的方式來進行哲學研究，他們在這件事中要求節制是件難事，因為一旦接受哲學，它不可能被限制及壓抑，所以我幾乎發現那些使我從哲學完全轉向之人比那些在無限的事物上設限，及在愈努力報償愈多的事上欲求節制之人更正確。（3）若智慧是可獲得的，我們不僅應該要擁有它，而且要享受它〔智慧〕[5]；若這是件困難的事，儘管如此，關於真理的探究是無止盡的，除非你發現真理，且在探究中感到疲累是可恥之事，因為所要探究之事是最美的事物。事實上，當我們寫作時若我們感到愉快，有誰具有如此的嫉妒之心，將我們從它那兒帶走？但若我們戮力為之，有誰會對他人的勤勉設限呢？例如特倫斯[6]的克瑞梅斯不是不文明之人，他

---

3　這本書指的是《歐爾天希烏斯》（*Hortensius*），參見《在圖斯庫倫的論辯》II, ii, 4。

4　歐爾天希烏斯（Quintus Hortensius Hortalus, 114-50 BC），羅馬的律師及演說家，早期他與西塞羅在法庭上是敵手，但之後在許多案子上他與西塞羅變成盟友，西塞羅在《布魯圖斯》及《歐爾天希烏斯》中皆提及他；歐爾天希烏斯在《歐爾天希烏斯》中被西塞羅描寫為反對哲學研究的一方，而支持從事哲學的一方是布魯圖斯，惜該書現已失佚。

5　後人竄插。

6　特倫斯（Publius Terentius Afer，約 195-159 BC），原生活於北非，在成為參議員特倫提烏斯・陸卡奴斯（Terentius Lucanus）的奴隸後，接受教育而且

不希望新鄰居

> 掘土、耕地或最後承受某種勞苦

（他其實不是阻止鄰居勤勉，而是使他免於卑下的辛勞），因此那些多管閒事之人，我的工作冒犯他們，我一點都不會感到不愉快。

[II]（4）因此對那些自稱蔑視拉丁文著作的人而言，這更難令他們感到滿意。在這些人中我首先在這件事上感到訝異，因為在最深沉的事情[7]上母語無法令他們感到愉悅，當他們只願意閱讀從希臘文逐字翻譯而成的相同的拉丁文故事。其實有誰對羅馬這個名稱幾乎有那麼大的敵意，他會輕蔑及拒絕艾尼烏斯[8]的《梅蒂雅》或帕庫維烏斯[9]《安提歐帕》，因為他說尤里皮德斯[10]相同的故事令他感到愉快，他討厭拉丁文作品？難道我與其閱讀梅南

---

> 獲得自由。他是著名的拉丁喜劇詩人。這句引言出於《自虐者》（*Heauton Timoroumenos*）69，克瑞梅斯對梅內德穆斯（Menedemus）所說的話。

7　in gravissimis rebus，或最重要、最有意義的事上。

8　艾尼烏斯（Quintus Ennius, 239-169 BC），羅馬詩人，他的名著《年譜》（*Annales*）記述從艾尼亞斯離開特洛伊城到迦太基戰爭開始之間的故事，至於《梅蒂雅》（*Medea*）這部劇作現僅存斷簡殘篇。

9　帕庫維烏斯（Marcus Pacuvius，約220-130 BC），悲劇詩人，艾尼烏斯的外甥，詩作《安提歐帕》（*Antiopa*）是出於改編尤里皮德斯、弗索克雷斯及一些後來希臘劇作家的作品。

10　尤里皮德斯（Euripides，約480-407 BC），希臘悲劇詩人，他的詩向有創新與顛覆傳統的意味，劇作中的人物描寫以寫實為主；上述艾尼烏斯的《梅蒂雅》即為模仿尤里皮德斯的同名著作的作品。

德[11]的這兩部著作其中一部，有人說，不如閱讀凱奇利烏斯[12]的
《年輕同夥》或特倫斯《來自安德洛斯的女人》嗎？（5）有個與
他們極大不同的歧見，雖然索弗克雷斯[13]或許以極佳的手法寫下
《艾蕾克特拉》，但我認為我應該閱讀阿提利烏斯[14]差勁的譯文；
關於此人利奇奴斯[15]說：

> 一位難懂的作家，但是位真正的，我想，作家，
> 所以應被閱讀的作家。

因為在我們的詩作中，完全的粗製濫造是與怠慢懈怠或極為隨性
的吹毛求疵有關。對我而言事實上似乎沒有一位受過足夠教育之
人，會對我們的文學作品無知。不致於

---

11 梅南德（Menander，約344/3-292/1 BC），希臘新喜劇的主要作家，據傳他
　　曾是逍遙學派哲學家塞歐弗拉斯圖斯（參見I, ii, 6的注釋）的學生；他的劇
　　作經常觸及男女情愛之事，且他擅於劇情的安排，企圖引發觀眾在情緒上一
　　種愉悅的感受。

12 凱奇利烏斯（Statius Caecilius, C2 BC早期），生於米蘭，被捉至羅馬為奴，
　　於180 BC恢復自由身，他至少有40部的劇作皆以梅南德的作品為本，他對
　　艾尼烏斯鼓勵甚多而且深受後進的愛戴。

13 索弗克雷斯（Sophocles，約490-406 BC），希臘悲劇詩人，在他的劇作中不斷
　　地透露出人對於真理的盲目無知或理解得不夠透徹，以致於產生悲劇的結果。

14 阿提利烏斯（Marcus Atilius, C2 BC），羅馬喜劇作家，索弗克雷斯劇作的拉
　　丁譯者。

15 這位可能是波爾奇烏斯‧利奇奴斯（Porcius Licinus），2C BC後期的文學評
　　論家及文學史家。

　　*我希望這不是在樹叢中⋯⋯* [16]

　　同樣一句希臘文我們也沒少讀，然而關於柏拉圖討論的活得好及快樂的事 [17]，這無法充分地以拉丁文來說明吧？

　　（6）為什麼？若我不從事翻譯者的工作，而是維持那些我認可之人所表達的看法，且在這些看法上我加上個人的判斷及自己的寫作規則，他們有什麼理由認為希臘文作品比那些敘述出色，又比非從希臘文著作翻譯而成的作品還好呢？但若人們說這些議題在希臘文作品中都已處理過，其實他們沒有理由閱讀他們應該閱讀的那麼多希臘作家的著作。因為在斯多葛學派的思想中，克呂希普斯 [18] 遺漏了什麼？可是我們讀狄歐金尼斯 [19]，安提帕泰爾 [20]，莫內撒爾庫斯 [21]，帕奈提烏斯 [22] 及其他許多人的作品，特別是我們

---

16　這句引言是出於艾尼烏斯的《梅蒂雅》首句。

17　這應該是指《菲利布斯篇》（The Philebus）所討論的主題；至於在此提及柏拉圖或許只是以他做為希臘作家的代表來舉例說明。

18　克呂希普斯（Chrysippus of Soli，約 280-207 BC），斯多葛學派第三位主事者，他以多量的作品為當時深受懷疑主義攻擊的斯多葛學派思想辯護。此外該學派之思想體系，幾由他一人完成。

19　狄歐金尼斯（Diogenes of Babylon，約 240-152 BC），斯多葛學派第五任主事者，他是帕奈提烏斯的老師，在語言哲學及倫理學上發展出特別的觀點。

20　安提帕泰爾（Antipater of Tarsus, C2 BC），繼承狄歐金尼斯在斯多葛學派的職務，他的思想與克呂希普斯相差無幾。

21　莫內撒爾庫斯（Mnesarchus of Athens，約 170-88 BC），帕奈提烏斯的學生。

22　帕奈提烏斯（Panaetius of Rhodes，約 185-109 BC），他於 140 BC 年間移居羅馬，於 129 BC 成為斯多葛學派的主事者，對羅馬的貴族，如史奇皮歐（參見 I, iii, 7 的注釋），有相當的影響；比起其他的斯多葛學派哲學家，他對柏拉圖及亞里斯多德的思想採取較開放的態度；西塞羅在《論義務》（De

的朋友波希東尼烏斯[23]的作品。為什麼？塞歐弗拉斯圖斯[24]令人感到溫和的愉悅，當他處理亞里斯多德之前已處理過的議題嗎？為什麼？伊比鳩魯學派哲學家不致於停止依據他們所熟練的方式書寫伊比鳩魯[25]及前人已經寫過的相同的議題吧？但若希臘人的作品以希臘文來閱讀，當同樣的議題以另一種方式創作時，為什麼我們的作品不是以我們的語言來閱讀？

[III]（7）若我完全翻譯柏拉圖或亞里斯多德的作品，如我們的詩人們翻譯希臘的故事一樣，我相信，我不會獲得來自我的公民同胞的責難，若我將那些神聖的天才轉移至他們的知識上。但其實我至今尚未從事此事，可是我認為我並未被禁止做此事。事實上我將翻譯某些章節，若這是適切的話，尤其是從那些我剛才言及的作家的作品，當此事發生時是能以適切的方式發生，就像艾尼烏斯經常翻譯荷馬作品的章節，阿菲拉尼烏斯[26]經常翻譯

---

*Officiis*）中的思想，帕奈提烏斯的色彩甚鉅。

23　波希東尼烏斯（Posidonius，約133-51 BC），他受教於帕奈提烏斯而且定居於羅德島，於87 BC後期代表羅德島人出使羅馬；許多羅馬貴族，包括西塞羅，皆曾就教於他；不同於克呂希普斯，波希東尼烏斯認為情緒是人心靈中的一股力量，此外他以道德的理論為基礎來解釋歷史事件。

24　塞歐弗拉斯圖斯（Theophrastus of Eresus，約371-287 BC），亞里斯多德的學院繼承人，著作僅剩斷簡殘篇，他延續亞里斯多德的主張，並將之應用於各個領域中。

25　伊比鳩魯（Epicurus），於341 BC生於薩莫斯（Samos），270 BC死於雅典，他於雅典成立伊比鳩魯學派，主張萬事萬物生成毀滅是由原子的聚合離散所形成；在倫理思想方面則崇尚享樂主義。

26　阿菲拉尼烏斯（Lucius Afranius，約100 BC），羅馬喜劇作家，他的劇中故事主要是以當時的中產階級生活為題材，對特倫斯的作品極為讚賞，自己的作品則常被與梅南德的作品比較。

梅南德作品的片段。

　　我真的不會拒絕，如我們的陸奇利烏斯[27]，所有人閱讀我的作品。但願沛爾希烏斯[28]他在！更希望史奇皮歐[29]及魯提利烏斯[30]真的活著；他說因為害怕這些人的評判，他是為了塔倫屯人、空生屯人及西西里人[31]而寫。他以詠諧誇示的方式寫作，在其他作品中也一樣，但沒有如此博學之士會使他費力符合他們的評判，且他的作品較輕鬆，這顯示出極高的機智，但普通一般的學識。(8) 此外，我擔心害怕什麼樣的讀者，當我敢為你寫書，你在哲學上甚至不比希臘人差？你曾親自寄給我《論德性》一書，對我而言受到這本極為令人愉悅之書的激勵我做此事。

---

27　陸奇利烏斯（Gaius Lucilius，約180-102 BC），羅馬諷刺詩詩人，他是史奇皮歐的朋友，並曾於西班牙任職於他的麾下；其詩作的格韻是受艾尼烏斯的影響，但行文口語而且不嚴謹，他藉詩諷刺或攻擊敵人，就如希臘的喜劇作家亞里斯多芬尼斯（Aristophanes）。

28　沛爾希烏斯（Persius），此人生平不詳。西塞羅《論演說家》II, vi, 25曾言，陸奇利烏斯不希望沛爾希烏斯閱讀他的作品，因為後者是羅馬人中最博學的一位，可能會對他的作品多所批評；他也不希望無知之人閱讀，因為讀者一無所知；他希望中等之資者，如賴立烏斯·德庫穆斯（Laelius Decumus），閱讀自己的著作。然而西塞羅則表達，希望最博學的人為讀者。

29　史奇皮歐（Publius Cornelius Scipio Aemilianus Africanus，約185-129 BC），羅馬政治家、軍事將領及哲學與藝術的擁護者，於146 BC徹底摧毀迦太基；他與當時諸多政治人物及哲學家往來密切，形成所謂的「史奇皮歐的夥伴」（Scipionic Circle）。

30　魯提利烏斯（Publius Rutilius Rufus，約160-90 BC），羅馬政治人物、律師及史家，從學帕奈提烏斯，在思想上是個斯多葛學派哲學家，與史奇皮歐交好；於105 BC任執政官。

31　這些民族皆為使用雙語或三語以上的民族。

　　然而就效益而言我認為人們對拉丁文學感到卻步是有某些必要性，因為他們見過某些野蠻及粗鄙的作品，它們從糟糕的希臘文被寫成更拙劣的拉丁文。我同意那些人，只要在相同的作品上他們認為不應該閱讀希臘人的作品。但其實好的作品與格言，在用字遣詞上嚴謹而且優雅，有誰不讀，除非他清楚地希望被稱為希臘人，如史凱渥拉[32]，地方行政官，在雅典向阿爾布奇烏斯[33]打招呼？（9）陸奇利烏斯也以非常具有吸引力及滿是機智的方式〈處理〉這個情況，史凱渥拉以出色的方式對他說：

你喜歡被稱為希臘人，阿爾布奇烏斯，更勝於被稱為羅馬人及沙賓人，
彭圖斯人，特里塔奴斯人，百夫長，
卓越之人及主要的掌旗官的同胞公民。
因此在希臘的雅典身為地方行政官，
你較喜歡此事，我向你打招呼，當你接近我時：
「你好[34]，」我說「提圖斯！」捧持束棒之侍從官，騎兵及步兵皆說：
「你好，提圖斯！」因此阿爾布奇烏斯是我的敵人，因此對我有敵意。

---

32　史凱渥拉（Quintus Mucius Scaevola, C2-1 BC），又名占卜師，羅馬政治人物及法學家，是位斯多葛學派的哲學家，於117 BC任執政官。

33　阿爾布奇烏斯（Titus Albucius, C2 BC），羅馬元老院議員，伊比鳩魯學派的哲學家，對希臘極為友善。

34　chaire是希臘文的招呼語。

（10）穆奇烏斯[35]說的對。然而我的疑惑無法足夠，對於自己國家的作品有如此過度的嫌惡是從何而來的。這裡絕對不是教授此議題的地方，但我是如此認為經常討論，拉丁文不僅〈不〉[36]貧瘠，如人們通常所認為，而且甚至比希臘文更豐富[37]。何時任何關於文體、流暢或優雅的工具從我們身上，或許我應該說從好的演說者及詩人身上消失，至少之後[38]他們有人可模仿？

[IV] 事實上我，在辛勞及危險的公共事務上，認為自己沒有怠忽羅馬人民賦予我的職務，我確實應該盡我一切所能在每件事上戮力而為，所以有必要以我的熱忱及辛勞使我的同胞公民較有學識，且沒有必要以那麼大的心力與那些喜歡閱讀希臘文作品的人起衝突，只要他們讀那些作品，而非裝模作樣，且有必要為那些想要享受這兩種語言的文學作品之人，或若他們有屬於自己的母語的作品，對希臘文作品沒有那麼大欲求之人服務。

（11）然而較喜歡我寫的其他的作品[39]之人應該持平以待，因為所寫的東西很多，事實上我們國中無人寫的更多，或許我會寫更多的作品，若活得夠久的話[40]；此外，有人習慣以勤勉的態

---

35　即史凱渥拉，參見I, iii, 8。

36　Reid 1925: 15認為這個non絕不可少。

37　西塞羅認為拉丁文在譯文上足以充分表達希臘文原典的意涵；例如在《論老年》中的某些章節西塞羅便節譯希臘文的著作，參見第三章第7節及第十七章第59節。

38　這個postea quam（之後）是指，在有些作者展現出拉丁文的豐富性之後。

39　Reid 1925: 17認為這「其他的作品」是指西塞羅的演講稿。

40　西塞羅隨後又完成《在圖斯庫倫的論辯》、《論老年》、《論友誼》及《論義務》等哲學著作。

度閱讀我寫的這些關於哲學的作品，會認為沒有任何一部比這一部書更有可讀之處，因為在生命中什麼事情的追求會比在哲學中所追求的一切事物及在這部書中所追求的事更費心力，什麼是目的，何事是極限，何事是終極，一切與活得好及行得正的思考都要參照此目的，什麼是自然所追求之事，在所欲求的事物中最卓越之事，什麼是自然避免之事，在惡事之中最極致之事？在這件事上在最有學識的人之中存在歧見，有誰認為任何人賦予我在所有的著作中探究什麼是最佳及最真實的生命，是件不符合他的身分之事？（12）在城市中的卓越之士間，普博利烏斯‧史凱渥拉及馬尼烏斯‧馬尼利烏斯[41]，討論女僕所生的子女是否應該被視為是獲利，馬庫斯‧布魯圖斯[42]與他們見解不同[43]（因為這是種尖銳的議題而且對公民們的利益不是無用，我樂於閱讀而且將會一直閱讀這類相同的著作及其他同類的著作），難道要忽略這些包含生命整體的著作[44]嗎？前者或許是較受歡迎，但後者當然是較豐富。嗯，其實那是閱讀者可以判斷之事。此外我認為我正應該在這部書中說明一切與各種至善與至惡有關的問題，在此書中，

---

41 普博利烏斯‧史凱渥拉（Publius Mucius Scaevola, C2 BC），130 BC 任羅馬最高祭司，141 BC 任護民官，133 BC 任職正官，且負責出版羅馬官方的《偉大年表》（*Annales Maximi*）。馬尼烏斯‧馬尼利烏斯（Manius Manilius, C2 BC），於 155 BC 或 154 BC 在西班牙任地方行政官，於 149 BC 任執政官，並於第三次迦太基戰爭圍攻迦太基；他是西塞羅《論共和國》中的一個對話者。

42 馬庫斯‧布魯圖斯（Marcus Iunius Brutus，活躍於 C1 BC），是 I, i, 1 的布魯圖斯的遠親，也是著名的法學家。

43 亦即他對此事在法律上的見解與前兩位不同。

44 西塞羅指的是哲學著作。

我盡力，我不僅追求我所認可之事，也追求個別哲學學派所言之事[45]。

[V]（13）那讓我從最簡單的事開始[46]，首先讓伊比鳩魯的論述公開現身，他的論述最為有名。如你將會瞭解，我所做的說明就像那些認可那個學派的人所做的說明一樣，通常都無法以較精確的方式被解釋，因為我希望發現真理，不是像擊敗某一位敵手。然而陸奇烏斯・投爾夸圖斯[47]，一位博學之士，曾經為伊比鳩魯關於享樂的看法辯護，我來回應他，一起還有蓋伊烏斯・特里阿里烏斯[48]，他是位特別嚴肅而且聰明的年輕人，也現身於討論中。（14）當他們兩人來到我位於庫邁的住所，為了向我問安，首先我們談了一會兒文學，關於此他們兩人皆有極高的熱忱，然後投爾夸圖斯說：「由於我們這次發現你有空閒，我將確實地聽聽看，你對我的老師伊比鳩魯到底有什麼是不討厭的，就像那些不贊同他的人幾乎都會有的作為，但你一定不贊同，我認為他是一位曾看過真理之人[49]，他曾將人們的靈魂從極大的錯誤中釋放出來，且他曾傳承一切屬於活得好與快樂的事。但我認為

---

45　這部對話錄的基本結構及西塞羅抱持的立場，參見導論的分析。

46　這表達出西塞羅對伊比鳩魯及其學派思想的鄙視態度。

47　陸奇烏斯・投爾夸圖斯（Lucius Manlius Torquatus，卒於48 BC），曾任最高行政首長，西塞羅以他為伊比鳩魯思想的代言人。

48　蓋伊烏斯・特里阿里烏斯（Gaius Triarius），西塞羅及布魯圖斯的好友，生平不詳。

49　陸克瑞提烏斯《論萬物的本質》有言：伊比鳩魯是「首位勇於仰起他會朽的雙眼反對它［迷信］而且首位敢反抗它的希臘人，眾神的故事，雷電及帶著威脅嘶吼的穹蒼都無法壓制他，反而他更加激發靈魂的殷切盼望的能力，希望首先衝破自然之門緊閉的門閂。」（I, 66-71）。

你，就像我們的特里阿里烏斯一樣，完全不受到他的吸引，因為他漠視在柏拉圖、亞里斯多德及塞歐弗拉斯圖斯思想中的優異處[50]。其實我無法相信此事：他所認為的看法你並不認為真。」

（15）「看來」，我說「你大錯特錯，投爾夸圖斯。那位哲學家的思想並無觸犯我，因為他以字詞處理他堅信的事而且清楚地說出我所懂的事；然而對一位哲學家我不會心生輕蔑，若他具備口若懸河之才，若他沒有，我一點都不會要求。令我不十分感到滿意的是他的論述的主旨，且是在許多地方。但『有多少人，就有多少看法』；因此我可能是錯的。」

「為什麼，」他說「他就是無法令你滿意呢？因為我認為你是位公正的評判者，只要他所說的觀點你可有正確的瞭解。」

（16）「除非你認為，」我說「費德魯斯[51]或芝諾[52]曾對我說謊，我曾聽說過這兩位[53]，由於他們當然[54]無法對我證明任何一個觀點，除了他們的認真熱忱外，我充分地瞭解伊比鳩魯所有的看法。事實上我提及他們，我經常聽說他們與我的朋友阿提庫斯[55]

---

50　orationis ornamenta 亦可譯為論述上的修飾。

51　費德魯斯（Phaedrus of Athens, 138-70 BC），西塞羅曾於88 BC 在羅馬聽過他的講課。

52　芝諾（Zeno of Sidon，約生於150 BC），他是伊比鳩魯學派的阿波羅都魯斯（Apollodorus）的學生，西塞羅於79-78 BC 在雅典聽過其課，發現他的態度及風格爭強鬥勝。

53　亦即聽過這兩位講的課。

54　sane（當然）這個副詞的使用是西塞羅的反諷。

55　阿提庫斯（Titus Pomponius Atticus, 110-32 BC），西塞羅的摯友及伊比鳩魯思想的追隨者，西塞羅寫給阿提庫斯的信有相當多被保留下來，且西塞羅的《論老年》及《論友誼》等書皆獻給阿提庫斯。

在一起，因為他欽佩這兩位，此外也愛費德魯斯，且每天我們會談論所聽聞之事，我所知的任何事都不曾有過爭議，但我會贊同任何事[56]。」

[VI]（17）「那是什麼事？」他說；「因為我想聽你不贊同之事。」「首先，」我說「在物理學上，這是他特別自負的領域，是完全不具原創性：他陳述德謨克利圖斯[57]的觀點，少有改變，在他想修正那些觀點的程度上，我認為是扭曲。德謨克利圖斯稱那些事物為原子，它是個別的物體，因為它是固體，它在無限的空間中移動，在此空間中沒有最高、最低、中間、最內部及最外圍的部分存在，它以如此的方式運動，所以它們藉由在它們之間的撞擊而結合在一起，從此產生所有可被感知的存在事物[58]；原子的運動不適合以起點來理解[59]，而適合以永恆來理解。

（18）事實上伊比鳩魯，在這些觀點上追隨德謨克利圖斯，幾乎沒有犯錯。可是我在諸多觀點上不贊同他們兩位，特別是在事物的本質這件事上必須問兩個問題[60]，一個是每件事物是從什麼樣的物質產生，另一個是什麼樣的力量產生個別事物，關於物質的事他們已經討論過，他們尚未討論的是產生的力量與原因。但這是他們共通的錯，這些是屬於伊比鳩魯特有的敗壞：他認為

---

56　西塞羅與阿提庫斯在許多事的看法上並無歧見，儘管後者心儀的是伊比鳩魯學派。

57　德謨克利圖斯（Democritus of Abdera，約生於460-457 BC之間），先蘇哲學家，主張萬事萬物的生滅由不可分割的原子之聚合分離構成。

58　參見DK 68A37。

59　亦即原子的運動沒有起點。

60　亦可見於《學院思想》I, vi, 24 ff.。

那些相同的個別而且堅固的物體藉由它的重量[61]以垂直的方式向下運動，這是所有物體的自然的運動。

（19）再者，同時這位智性敏捷之人，說的是錯誤之事，當此事發生，若所有的事物皆以直線的方式向下急衝，如我所言，以垂直的方式，一個原子可能與另一個原子撞擊將不會存在[62]：他說很少有原子會轉向，這發生的可能性微乎其微；以此方式原子之間產生結合、聯結及附著的活動，從此產生世界及存在於世界之中的每一部分[63]。這一切不僅皆為幼稚謬誤的說法，而且無法〈真的〉產生他所要之事。事實上那個轉向[64]是隨興的想像（因為他說原子轉向不帶理由；在物理學中無事會比說某物沒來由的發生更可恥）而且他從原子身上沒理由地剝奪了所有重的事物的那個運動，如他自己所建立的觀點，它們以直線的方式尋求這些較低的位置；然而他沒有掌握這個觀點，為了此觀點所形成

61　參見LS 11B，陸克瑞提烏斯提及原子的運動是由於原子本身的重量，或受到其他原子的撞擊。在德謨克利圖斯的思想裡，原子只具有兩個性質，形狀及大小；伊比鳩魯加上第三個，重量。類似的觀點，亦可參見DK 68A47。因此在前者思想中無法解釋運動產生的問題，在後者中得到了解決。由於原子有重量，所以它們會以垂直方式由上而下運動，西塞羅完全忽略原子論思想發展歷程中所產生的差異。這使他對伊比鳩魯的批判：在物理學上完全不見原創性，有待商榷。

62　參見LS 11H。

63　Reid 1925: 29認為這些部分是指山岳、河川及湖泊等事物。

64　原子轉向（declinatio）是伊比鳩魯用來說明人有自由選擇及為自己選擇負責的能力，參見LS 20B。陸克瑞提烏斯《論萬物的本質》II, 249-250問：「但有誰能夠看到它們（原子）完全不會偏離路徑的正確方向？」對伊比鳩魯而言，一個理論可以為真，只要我們無法看到任何與此理論對反的情事的發生。因此西塞羅的反駁無理，因為他無法提出原子不會轉向的經驗事實。

的這些說法。（20）因為若所有的原子皆轉向，它們不會結合在一起；或者若有些原子轉向，有些原子依其傾向以直線的方式急衝，首先這將會是賦予原子不同的運動領域，以直線急衝，以傾斜[65]的方式急衝，再者，原子們雜亂無章的相遇（德謨克利圖斯也在其中感到茫然不知所以[66]）將無法產生世界的秩序[67]。這其實也是與物理學無關，相信有最小的事物存在[68]，他一定不會有這個想法，若他願意向波利艾奴斯[69]，他的朋友，學習幾何學[70]，更勝於教導他不懂幾何學。德謨克利圖斯認為太陽很大，他當然是位受過教育之人而且在幾何學上有完整的知識，或許有一尺之長，因為他認為看來有多大就是多大，大一點或少一點[71]。（21）因此他改變那些觀點而且破壞它們，這些觀點完全是追隨德謨克利圖斯的思想，原子、空間及他們稱為影子[72]的影像，藉由它們的撞擊我們不僅可看也可思；那個無限，他們稱為不受限定[73]，

---

65　oblique 亦可譯為偏離直線的方式。

66　這句話或許不是說，德謨克利圖斯自己承認及知道有此理論的困難，而是說他不明白自己陷入此困難中，這是為什麼他不曾認為有提出解決方案的必要。

67　ornatum 原意為飾品，但在此它與希臘文的 cosmos（秩序）同義。

68　即原子。

69　波利艾奴斯（Polyaenus of Lampsacus，卒於 271 BC 前），伊比鳩魯初期的學生之一，因受老師影響，將對教學的興趣轉為哲學。

70　伊比鳩魯學派哲學家不從事幾何學的研究，參見《論神的本質》II, xviii, 48。

71　參見 *Diog. L.* II, x, 91，太陽及其他的星體的大小，相對於我們看起來有多大就是那麼大。相同的觀點，亦可參考陸克瑞提烏斯《論萬物的本質》V, 564-591。

72　eidōla；德謨克利圖斯認為人對外在客體的認知是因為眼睛接受到外在客體的影像不斷向外擴散（aporrein）的結果，伊比鳩魯承繼了此思想，參見 LS 15A。

73　指無限的空間（apeiria），如此原子才可運動。

是完全出於德謨克利圖斯的思想,還有無數的世界每日發生與死亡[74]。儘管我完全無法贊同這些觀點,但我不希望受其他人讚美的德謨克利圖斯受到這個只追隨他的人的批評[75]。

[VII](22)現在是關於哲學的另一部分,它是與探究與討論有關,被稱為邏輯(Logikē),你的那位老師,正如我所認為,是完全不設防及困窘。他廢除定義[76],沒有教關於分類及區分之事;他沒有敘述論證是如何形成及結束,他沒有展現以什麼方法駁斥詭辯,以什麼方法釐清含糊不清的觀點;他將對事物的判斷置於感官之中[77],在其中若一旦某個謬誤被認可為真理,他認為所有關於真與假的判斷將被移除。……[78]

(23)……此外[79],他提出非常堅定的主張:自然本身,如他所言,要求[80]而且贊同的事是快樂與痛苦。對他而言,這是關乎一切我們追求及逃避的事。這是屬於亞里斯提普斯及錫蘭尼學派哲學家的觀點[81],它受到較好與較坦誠的辯護,儘管如此我的判

---

74　參見DK 68A40。

75　這個人(hoc)指伊比鳩魯。

76　根據柏拉圖所建立的傳統,隨後斯多葛學派承襲此傳統,一個語詞的使用應可藉由辯證的過程得到解釋,這個推論過程最終會產生定義,但伊比鳩魯擔心這種辯證過程會流於文字遊戲。

77　伊比鳩魯認為感官知覺是知識的判準,參見LS 17A及B。

78　缺漏。

79　這個autem顯示了西塞羅對伊比鳩魯的知識理論的敘述轉成對其倫理學的敘述。

80　sciscare這個拉丁字在此有「命令、規定、要求」等意涵,而非「尋找」或「選擇」。

81　亞里斯提普斯(Aristippus),出生於錫蘭尼(Cyrene),蘇格拉底的追隨者,錫蘭尼學派(Cyrenacis,約C4-3 BC早期)的創建人,主張享樂主義。

斷如下：無人會認為這是較有價值的觀點；其實自然促使及形塑
我們朝向某些更優秀的事，如我所見。可是這是可能發生之事，
我犯錯；然而我是如此確定地認為，那位首先發現投爾夸圖斯[82]
的人沒有拉下屬於敵人的項鍊，為了藉此感受在肉體的快樂，也
沒有在他第三任執政官任職期間為了享樂與拉丁人在維塞里斯開
戰[83]。事實上關於他以斧頭殺了自己的兒子一事，他似乎是失去
很多快樂，因為他將國家及統軍的律法置於自然及父愛之前。

（24）為什麼？提圖斯・投爾夸圖斯，他與格奈烏斯・歐克
塔維烏斯同任執政官[84]，當他以那麼嚴厲的方式對待自己的兒子
時，他放棄兒子，讓德奇烏斯・希拉奴斯[85]收養，在馬其頓的部
隊指揮官們指控他的兒子，因為他們揭發他在外省任行政官時曾
收賄，投爾夸圖斯要求他說明理由，在聽完了雙方的陳述後他宣
布，他的兒子在權位上似乎沒他的先祖們高，他禁止兒子現身眼
前[86]，你是否認為他想到自己的快樂？

但且讓我省略危險，辛勞，甚至任何一位卓越之士都會為了
國家及為了朋友所受到的痛苦，所以他不僅不會試著抓住任何快
樂，而且會拒絕一切的快樂，簡而言之，他與其會放棄義務的任

---

82　投爾夸圖斯（Titus Manlius Imperiousus Torquatus, C4 BC），傳說中的羅馬英
　　雄，分別於 347 BC、344 BC 及 340 BC 三任執政官，他因與高盧人戰爭而擁
　　有 Torquatus 之名，此名得自於高盧人脖子上戴的項鍊（torques）；他以嚴厲
　　著稱。

83　他於 340 BC 擊敗坎帕尼亞人及拉丁人的聯軍。

84　格奈烏斯・歐克塔維烏斯（Gnaeus Octavius），於 340 BC 任執政官。

85　德奇烏斯・希拉奴斯（Decius Silanus），生平不詳。

86　此案件歷時三天的審判期，判決之後兒子自殺身亡，父親不願參加其子的葬
　　禮，參見 Reid 1925: 38-39。

何部分，不如會接受任何痛苦，讓我們來到那些同樣著稱的事例，但它們似乎是較瑣碎的事。（25）為什麼文學帶給你，投爾夸圖斯，及這位特里亞里烏斯快樂，為什麼，關於事情的探究與知識、展開詩作的卷帙[87]及對許多詩作重要的記憶帶來快樂？你不要告訴我這句話：「因為後者對我而言是快樂之事，而前者對投爾夸圖斯等人而言是快樂之事。」伊比鳩魯及梅特羅都魯斯[88]皆未曾以如此的方式為此辯護，或任何瞭解他們的思想或曾學習他們的思想的人會這樣地為此辯護。這也是經常被問及的事，為什麼有如此多的伊比鳩魯學派的哲學家，這也有許多不同的原因，但他所言及的觀點，人們這麼認為，對眾人特別具有吸引力，做正確及有德的行為本身就是愉悅，這即是快樂。這些最優秀之人不瞭解，這整個說法會被破壞，若事實是自然而然而且就其自身是愉悅之事，德性及對事物的知識是應就其自身被追求之事，伊比鳩魯絕不想要這個觀點[89]。

（26）「因此我不贊成伊比鳩魯的這些看法，」我說。「關於其他的觀點我當然希望他在理論上是較有準備（因為，你一定會這麼認為，他在那些學問上是教養不夠的，擁有那些學問之人被稱為受過教育的人），或他不曾在研究上敗壞其他人。雖然我確

---

87　由於當時的書是一卷卷地捲起來，因此讀書不是用翻閱的方式，而是以展開（evolutio）的方式。

88　梅特羅都魯斯（Metrodorus of Lampscus，約331-278 BC），伊比鳩魯學派思想的重要創建者之一，伊比鳩魯盛讚他是位具原創性的思想家，並有兩本著作獻給他，且要求在他去世之後為梅特羅都魯斯及他自己每月舉辦紀念會。

89　關於伊比鳩魯所堅持的原則，參見 I, vii, 23；關於快樂是（生理的）痛苦的缺乏，參見 LS 21B 及 M。

知你一點都沒被敗壞。」

[VIII] 我說這些與其說是為了我自己陳述看法，不如說是為了要挑戰投爾夸圖斯，而特里亞里烏斯淺笑著說：「你真的幾乎已將伊比鳩魯從哲學家的團隊中剔除。你留給他什麼，除了你，無論他是怎麼說的，瞭解他所說的事？在物理學上他說些不同的觀點，而你並不贊同它們；若他想在物理學上做一些修正，他會使事情變得更糟。他無法討論。當他說快樂是至善時，首先在這個說法上他所知甚少，再者這是拾人牙慧，因為亞里斯提普斯之前說過[90]，且他說的更好。最後你甚至補上，他不學無術。

（27）「不可能，」我說，「特里亞里烏斯，發生任何協議，只要你不說你所不贊同的事，你不贊成他的說法。其實有什麼事會阻止我成為伊比鳩魯學派的思想家，若我贊成他說的觀點，特別是當默記那些觀點是小孩子的遊戲時？因此相互之間不同意見的駁斥是不應該受到譴責：在論辯中謾罵、汙辱、還有易怒的爭執及固執己見，我經常認為這些舉止態度與哲學不相稱[91]。」

（28）然後投爾夸圖斯說：「我絕對同意，」他說「因為沒了批評不成辯論，且以易怒及固執的態度不可能會有正確的辯論。但關於此，除非這令你困擾，我想說我所認為的事。」

「你是否，」我說「除了我希望你聽外，建議我說？」

「那麼你是否同意瀏覽所有伊比鳩魯的思想體系，或只探究

---

90　亞里斯提普斯告訴蘇格拉底他不追求統治者，也不追求奴隸的生活，他只追求最輕鬆及最愉快的生活，參見色諾芬（Xenophon）《蘇格拉底回憶錄》（*Memorabilia*）II, i, 1-34。

91　這表現出西塞羅身為新學院思想家的特質，不要有預設立場，應聆聽一事的正反兩方的看法。

快樂，所有的爭議都與此有關？」

「其實這真的是你的，」我說「決定。」

「那我將這麼做，」他說「我將說明一個觀點，一個最重要的觀點；擇期[92]再說明物理學上的事，我將向你證明原子轉向與太陽體積大小之事，且證明伊比鳩魯批評及修正了德謨克利圖斯的許多錯誤。現在我要說說快樂，我當然一無所知[93]，儘管如此我相信那些你將來會認可的觀點。」

「當然，」我說，「我不會是個執拗之人，且我會心甘情願贊成你，若你向我證明你所言之事。」

（29）「我將向你證明，」他說，「只要你持續保持那個你所承諾的持平態度。然而與其我問或被問，不如我使用長篇的論述[94]。」

「依你高興，」我說。

然後他開始說。[IX]「那首先」他說「我將這樣討論，所以這個學說的創建人會感到高興：我將決定我們所探究的事物是什麼及有何特質，我不認為你們對此是無知，但為使論述以合理及正確的方式進行。因此我們探究什麼是善的事物的極限與終極，對此所有的哲學家[95]的看法應該都是如此，一切事物都應參照

---

92 alias（在別的時候）所對應的是下一句的nunc（現在）。

93 投爾夸圖斯的自我嘲諷。這不禁使人聯想，柏拉圖在其對話錄中也經常讓蘇格拉底表現相同的態度「我沒有知識」。此凸顯出西塞羅書寫對話錄是出於對柏拉圖的模仿。

94 不同於柏拉圖對話錄裡的蘇格拉底不接受對話者的長篇論述，西塞羅允許投爾夸圖斯進行論述，不採用短問短答的形式（elenchus）。

95 參見柏拉圖《高爾奇亞斯篇》（The *Gorgias*）490e；亞里斯多德《尼科馬哥

它，然而它自身從未參照他物。伊比鳩魯將此極限置於快樂中，他希望這是至善，且痛苦是至惡，他確立此觀點，並有如下的證明：（30）所有的動物，在出生的同時[96]，盡可能欲求快樂而且在其中感到愉悅，就如在至善中，鄙視痛苦。就如是至惡一般，及將痛苦從身旁驅離，且做此事是尚未敗壞，當自然以正直及完整的方式判斷時。因此他否認有說明的需要，也沒有論辯的需要，為什麼應該追求快樂，躲避痛苦：他認為這是被感知到的，就像火是熱的、雪是白的及蜜是甜的，這些事物沒有一個應該以精心思考出的理由來確立，這個例子足以建議[97]。事實上合理的證明及結論與一般的觀察及建議：前者是揭露某些神祕，所謂複雜的事物，後者指出淺顯而且明確的事。其實因為若人被移除了感官知覺，無物留下，自然本身必須判斷什麼事是依據自然或違背自然。自然感覺到什麼或判斷什麼，據此它追求或逃避某事，除了快樂與痛苦之外？（31）然而有些來自於我們的人[98]想以更精確的方式敘述這些觀點，他們否認感覺足以判斷什麼是善，或什麼是惡，但靈魂及理智可以理解[99]，快樂就其自身應該被追求，痛苦就其自身應該被避免。因此他們說這個觀點，像是自然而且與

---

倫理學》1094a18；斯多葛學派，參見本書III, x, 33-34。

96　類似的論述參見II, x, 31 及 V, ix, 24—xi, 33。

97　普路塔荷（Plutarch）記載，伊比鳩魯學派認為，身體舒適的狀態及對此狀態的期待是對有思維能力之人最大的愉悅，參見LS 21N。

98　即伊比鳩魯學派哲學家。

99　陸克瑞提烏斯認為靈魂不僅具有感官知覺上被動的功能，也有屬於它自身的理解及悟性等主動功能，《論萬物的本質》III, 136-176。

生俱來的[100]，是內在於我們的靈魂中，以致於我們會覺得一個應被追求，另一個應被避免。然而另一些人，我同意這些人，非常多的哲學家說了許多看法，為什麼快樂不應被算成善的事物，痛苦不應被算成惡的事物。他們不認為我們應該過度信賴這個例子，他們認為應該舉例證明、以準確的方式討論及以選擇過的理由來論辯與快樂及痛苦相關之事。

[X]（32）但為了使你觀察所有關於指責快樂及讚美痛苦的錯誤是從何而出，我將揭示這整件事，且我將說明那些那位真理的發現者及所謂的快樂生活的建築師[101]所說的觀點。事實上沒有人鄙視、厭惡或逃避快樂是因為快樂，而是因為巨大的痛苦伴隨著那些不知道以理性的方式追求快樂的人；此外也沒有任何人喜歡、追求或想要獲得痛苦是因為痛苦，而是因為有時候非有如此的情況發生，以辛勞及痛苦他獲得某種巨大的快樂。讓我舉個小小的例子，我們[102]之中有誰從事任何辛勞的身體運動，除非是從中他獲得某些益處？再者有誰將義正詞嚴地指責希望在快樂之中的人，且此快樂不伴隨任何的苦惱，或指責逃避痛苦的人，從此痛苦中不會產生任何快樂？（33）事實上我們要指責那些人，且認為他們最值得正義的厭惡：他們被當下快樂的魔力所吸引及敗壞，受到慾望的蒙蔽他們無法預見將隨之而來的痛苦及煩惱，同

---

100 西塞羅在此並無意指出伊比鳩魯學派主張天生觀念，因為此學派並無此思想，人的靈魂對伊比鳩魯學派而言是一塊白板（tabula rasa），因此西塞羅只是強調趨善避惡是人性的特質。

101 即伊比鳩魯，稱伊比鳩魯為真理的發現者，亦可參見陸克瑞提烏斯《論萬物的本質》III, 9。

102 不是指伊比鳩魯學派哲學家，而是泛指一切的人。

樣地，那些因心志不堅怠忽職守之人也是該受譴責，亦即逃避辛勞與痛苦。關於這些事情的區別是容易而且立即的。例如，在閒暇之時，當我們的選擇是不受限定，當無物會妨礙我們可以做令我們感到特別愉快的事，所有的快樂都應擁有，所有的痛苦皆應拒絕。然而在某些情況下，在確定的義務中或必要的事件上，這經常發生：快樂應被拒絕，麻煩不應被拒絕[103]。因此關於這些事的選擇智者的主張是，當拒絕快樂時，其他更大的快樂隨之而來，或當承受痛苦時，移除更劇烈的痛苦。

（34）我抱持這個看法，是什麼理由我要擔心或許我無法將我的投爾夸圖斯們[104]帶至這個看法上？你先前不僅精準地引述前人之言，而且也以友善及仁慈的態度對我的學派[105]，你並未藉讚美我的先祖敗壞我，且你也未使我在回應上較緩慢。你會以什麼方式，我問，詮釋他們的作為？他們攻擊全副武裝的敵人，或以如此殘酷的方式對待自己的兒子，他們的骨肉[106]，他不想與效益及自身利益有關的事，你是這麼認為嗎？就算野獸也不會作此事，牠們是如此地橫衝直撞而且那麼地騷動不安，所以我們無法瞭解牠們的活動及衝動是為了什麼：群聚的人從事那麼多的事不具任何理由，你是這麼認為嗎？（35）我稍後來思考是什麼原

---

103 引用自伊比鳩魯《給梅奴伊克歐斯的信》的觀點，「由於快樂是我們首要及天生的善，因此我們不選擇任何無論是什麼的快樂，但我們經常略過許多快樂，當某個更大的痛苦隨它們而來。且我們經常認為痛苦比快樂卓越，當長時間投入痛苦帶給我們一更大快樂的結果。」（129）。

104 即投爾夸圖斯的先祖們。

105 nos 在此不是指我們，而是指我們的學派，即伊比鳩魯學派。

106 in sanguinem suum 的意思是他們的血，即後代。

因：在此同時我主張，若他們做那些事是為了某種原因，那些事無疑是卓越之事，對他們而言理由不是德性自身。「他拉下敵人的項鍊。」事實上他保護了自己，免於一死。「但他走進重大的危險中。」其實是在軍隊的眼下。「從此他獲得什麼？」榮譽及尊敬是以無懼的方式過一生的最堅實的防禦。「他曾將兒子處死。」若沒有理由，我不希望自己是他的後人，他是位那麼心地不良而且那麼殘酷嚴厲之人；但若藉由他個人的痛苦，他在極重要的戰爭中得以確定軍隊命令的紀律，及以對懲罰的恐懼維持部隊，他曾為公民們提供安全，他瞭解自己的安全也包含在其中。這個動機擴及甚廣。（36）你們的演說特別經常觸及此事，特別是你的演說，你以勤勉熱切的方式追求古代的事物，提及優秀及有勇氣的人，且讚美他的行誼不是為了某個利益，而是為了與榮譽相稱，這一切會被對事情的選擇給破壞，這我剛才說已確立，快樂要被忽略，為了獲得更大的快樂，或痛苦要承受，為了避免更大的痛苦。

[XI]（37）關於優秀之人的卓越及光榮的行止在此或許有足夠的陳述。待會兒較適合討論的議題是關於一切德性通往快樂的通道。然而現在我將說明快樂是什麼，且具有何特質，為了移除與無知有關的一切錯誤，及使被認為是想享樂、愉悅及輕鬆的學說被理解是多麼嚴肅、多麼自持及多麼嚴格的學說。其實我們不僅追求以某種甜美的方式驅動自然的快樂，及以某種愉快的方式被感官所知覺的快樂，我們也擁有那極度的快樂，當所有的痛苦被移除後所感知的快樂[107]。因為，當我們免於痛苦時，我們是在

---

107 投爾夸圖斯在此是使用伊比鳩魯對快樂的區分：靜態（katastēmatikē）及動

免於苦惱及煩惱真空的狀態下感到快樂，此外，所有令我們感到愉悅的事皆是快樂，所以所有令我們感到傷悲之事皆為痛苦，一切痛苦的缺乏都可正確地被稱為快樂。例如，藉由食物及飲料可驅除飢餓與口渴[108]，如此在所有的事情上痛苦的移除是快樂的繼起。（38）因此伊比鳩魯不贊成有某個介於痛苦與快樂之間的狀態；因為那個被某些人視為是中間的狀態，當它缺乏一切痛苦，不僅是真正的快樂而且是最高的快樂。其實任何人有感覺就像是受到影響一樣，他一定是在快樂或痛苦的狀態中。此外伊比鳩魯認為最終極的快樂是由一切痛苦的缺乏來決定，所以之後快樂有可能不同及有所區別，但不可能增加及放大[109]。（39）但甚至在雅典，我聽過我父親以幽默機智的方式取笑斯多葛學派哲學家，在克拉米寇斯有座克呂希普斯的雕像，他坐著伸出手來，那隻手顯示出他在這個問題中感到愉快：「你的手所受的影響正是它現在所經驗的，它是否想要什麼？」「當然沒有。」「但若快樂是件好事，它會欲求嗎？」「我想會。」「因此快樂不是件好事。」我父親說即使雕像也不會說這話，若它會說話的話。事實上這個結論足以直接反對錫蘭尼學派[110]，但無法反對伊比鳩魯，因為若只有那個所謂挑動感官知覺的快樂存在，如我這麼說，它會以甜美流

---

態（kinesis）的快樂，前者是痛苦的缺乏；後者如飽後的滿足又會伴隨飢餓的痛苦，前者才是終極的快樂。參見LS 21R。

108 自然且必要的欲望的滿足，是痛苦的移除，參見LS 21I。

109 一般的幸福或有增減；終極的幸福無法再增加，參見LS 21K。

110 因為錫蘭尼學派所主張的快樂是動態的快樂（LS 21R）；克呂希普斯的手指不欲求任何事，是因為它帶的快樂是靜態的快樂或終極的快樂，而非動態的快樂。

向感官知覺，且流入其中，手及任何部分都無法有愉悅的感受，藉由痛苦的真空，在沒有與快樂有關的愉悅的活動的情況下。但若最終極的快樂，如伊比鳩魯同意，是沒有痛苦，首先你，克呂希普斯，正確地承認手不會欲求任何事，當它是如此受影響時，第二，你不正確地承認，若快樂是件好事，它將會欲求。事實上它是為了這個緣故不欲求，因為缺乏痛苦之事是處在快樂的狀態。

[XII]（40）從此可非常輕易地看出終極的善是快樂。讓我們確立某個在靈魂與肉體中享受大量及持續不斷的快樂的原則，沒有痛苦的阻撓及威脅：我們能說什麼是，如這個狀態，更優秀或更值得追求的事？堅定的心靈，沒有死亡及痛苦的恐懼，一定是在處於如此狀態之下的人身上，因為死亡沒有感覺，長期的痛苦通常輕緩，急遽的痛苦通常短暫，所以快速紓解痛苦的量，和緩紓解持續的痛苦。（41）加諸這些觀點上的是，他[111]不懼怕神聖的力量，他也不會受苦於過去的快樂源源不絕地流出，他享受對過去快樂的持續回憶，還有什麼比此更好的狀態可加上去[112]？另一方面想想某人受巨大的心靈及肉體的痛苦折磨，那麼巨大的痛苦可能發生在人的身上，將來有天會變得較和緩是不可期待之事，此外也沒有當下及未來的快樂：什麼事可說或被認為會比此

---

111 處在快樂狀態中的人。

112 投爾夸圖斯是轉述伊比鳩魯在《主要學說》中 I-IV 的內容，這四段話的內容可以菲婁德穆斯（Philodemus）的「四重治療」（The Fourfold Remedy）來理解：神不可畏、死後無感、善可獲得及惡可忍受，參見 TEP 5 及 77。此外 OCT 及 Rackham 的版本是 quo melius sit；Madvig 及 Bentley 的版本是 quod melius sit（還有什麼更好的狀態）。

更悲慘？但若生命滿是痛苦，一定要特別避免它，至惡一定是與痛苦活在一起；從此看法而言，至善是與快樂共同生活是合理的觀點。我們的心靈不具有任何〈其他〉的狀態，在其中存在著所謂的終點，所有的恐懼與悲傷都被追溯至痛苦，此外沒有任何事能藉其本性令人不安與折磨。

（42）再者，追求、避免及做事的起點通常是源於快樂及痛苦。這個觀點是如此，這是顯而易見之事：所有正確及值得讚美之事都回溯至這個觀點，活在快樂之中。由於這是最高、最終或最後的善（希臘人稱此為目的[113]），它自身不會溯及其他任何事物[114]，但所有的事物都會溯及到它，必須承認活得愉快是至善。

[XIII] 有些人將至善僅置於德性之中[115]，他們被德性絢麗的名字擄獲，且不理解自然的主張為何，若他們願意聽聽伊比鳩魯，他們會從極大的錯誤中解放出來。你們那些卓越而且美麗的德性，除非它們產生快樂，有誰會認為它們是值得讚美及必須追求的事物？例如我們讚許醫藥知識不是因為技藝自身，而是因為好的健康，舵手的技藝，因為它具有穩當航行的方法，它是因效益，而非因技藝而受到讚揚，就如智慧一般，應該被認為是生活的藝術，它不應被欲求若它一事無成：現在智慧被欲求，因為它就如收集與追求快樂的大師[116]。

---

113 telos，終點或目的。

114 關於至善是絕對的終點的概念，參見《尼科馬哥倫理學》1097b1-2。亞里斯多德認為善有終極、最後及自給自足等特質。

115 指斯多葛學派哲學家，斯多葛學派認為德性是唯一的善，參見《論目的》III, iii, 10及LS 61A。

116 伊比鳩魯以效益的觀點看待德性，最明顯的例子是在正義這個德性上，正義

（43）（你現在瞭解我所說的快樂，所以我的論述不會被惡意的語詞所破壞。）人的生命會受到對善與惡的事物的無知極度的干擾，且因為這個錯誤人們經常被剝奪掉極大的快樂，並受到心靈最嚴厲的痛苦的磨難，一定要使用智慧，有它身為我們最信賴的領導者，恐懼及慾求皆會被移除，對一切虛假意見的擔心也會被破除，因為只有智慧會將悲傷從靈魂中驅除，它不允許我們擔心恐懼；藉這位老師[117]我們得以活在寧靜祥和之中，當一切慾火都被澆熄之後。其實慾求是無法滿足，它們不僅敗壞一個人也敗壞整個家庭，它們甚至經常敗壞一整個國家。（44）從慾望產生仇恨、分離、失序、騷亂及戰爭。慾望不僅四散於外及以盲目的衝動跑入他人身上，而且當它們被圍繞在靈魂中時[118]，它們之間有異議及爭執；從此一定產生最苦澀的生命，所以只有智者，在一切的愚蠢及錯誤被砍伐修剪後，能滿意自然的限定沒有悲傷，且活著沒有恐懼。

（45）關於活得好的區分有什麼區分會比伊比鳩魯曾使用過的區分更有用及更適切？他提出在慾望中有一種是自然且必要的，另一種是自然但不必要，第三種是既不自然也非必要。關於此的理由是，必要慾望不以大量的工作及花費來滿足；自然的慾

---

是種契約，是效益的保證，參見LS 22A。

117 praeceptrix（老師）所對應的是dux（領導者）。

118 伊比鳩魯學派並非主張所有的欲望皆出於靈魂，而是主張欲望的產生是因為組成身體的原子流失，需要被補充，如陸克瑞提烏斯所言：「因此獲取食物是為了支撐肢體及使縫隙的氣力還原，並復原全身與血管的孔洞以阻止吃的欲望。」（《論萬物的本質》IV, 867-869）。靈魂的功能是促使身體產生運動，以得到滿足身體欲求的物資（877-906）。

望其實不會有太多的欲求，因為自然本身所有的財富，它對這些財富感到滿意，是容易獲得而且有一定的範圍；然而空洞的慾望無法被找出任何的標準及界限 [119]。

[XIV]（46）但若我們知道所有的生命都受到謬誤與無知的干擾，只有智慧會保護我們免於慾望的衝動及對恐懼的擔心，教導我們以節制的態度承受嚴峻的命運，及向我們指出通往安靜祥和的道路，為什麼我們要語帶猶豫地說，因為快樂，智慧應被追求，因為麻煩，無知應該要避免？

（47）同理我們會說，即使節制也不應該為其自身被追求，而是因為它帶給靈魂平和而且令它們感到愉悅及平靜，就如某種和諧一樣。事實上節制是停駐在所追求及避免的事物中，所以我們要跟隨理智。只決定什麼事該做及什麼事不該做是不夠的，而是應該在所決定的事中堅持不變。然而大多數人無法維持及保有他們自己所決定的事，在被快樂的表象征服、弱化及斥責之後，他們向慾望投降，受其桎梏，並不在乎將來會發生什麼事，為了這個緣故，為了微不足道而且沒有必要的快樂，快樂可以不同的方式獲得而且他們甚至能以不具痛苦的方式忽視快樂，他們遭致重病、傷害及惡名聲，甚至經常會受到法律與審判的制裁。（48）然而他們希望這樣子享受快樂，所以沒有痛苦會因快樂隨之而來，且他們維持自己的判斷，不被快樂征服他們做他們覺得不該做的事，他們獲得最大的快樂，藉由對快樂的忽略。他們甚

---

119 投爾夸圖斯轉述伊比鳩魯《主要學說》XXIX-XXX 的內容，亦可參見 LS 21I。人之所以會追求空洞的（既不自然也不必要的）慾望，主要是因為抱持無稽的信念（kenodoxia）。

至承受相同的痛苦，其實若他們不這麼做的話，他們會陷入更大的痛苦。從此可知，不節制不應為其自身被追求，節制應被追求不是因為它避免快樂，而是因為它伴隨著更大的快樂。

　　[XV]（49）關於勇氣也可發現相同的道理。例如沒有辛勞的表現，也沒有痛苦的承受是就其自身具有吸引力，沒有耐力、持續力、警覺性及那個被讚美的勤奮，甚至勇氣也不是就其自身具吸引力，而是我們追求它們，所以我們活著沒有擔心和害怕，在我們能完成的範圍內，我們可使靈魂及身體免於困擾。安靜生活的狀態會被對一切死亡的恐懼的干擾，臣服於痛苦，且以卑微及懦弱的靈魂承受痛苦是件可悲的事，由於靈魂較弱的緣故，許多人失去雙親、朋友，有些人失去國家，此外大多數人完全失去了自己，因此強健而且優秀的靈魂是免於一切的煩惱與苦惱，由於它敵視死亡，在死亡中人們所處的狀態與他們出生前的狀態是一樣的[120]，且關於痛苦它是如此地準備，所以它說最大的痛苦在死亡中結束，微不足道的痛苦有許多喘息的間隔，我們是溫和的痛苦的主人，所以若痛苦可忍受，我們承受，若無法承受，我們以平靜的心走出生命，當生命不令人感到愉悅時，就像走出劇場一般[121]。從這些說法可知，懦弱及怠惰不會因其名而受責難，勇氣

---

120　人出生前及死後皆是同一狀態，不存在而且無感無知，參見LS 24A。

121　Reid 1925: 74認為自殺並不為伊比鳩魯所接受，即使在《給梅奴伊克歐斯的信》中，伊比鳩魯提及自殺亦不表示他贊成自殺的行為（LS 24A）。根據塞內卡（Lucius Annaeus Seneca，約3 BC-65 AD）的記載，伊比鳩魯認為自殺是愚蠢可笑的行為，'Quid tam ridiculum quam adpetere mortem, cum vitam inquietam tibi feceris metu mortis?'（什麼與當你因恐懼死亡使得生命不平靜而尋求死亡一樣荒謬？）（《書信》（Epistles）XXIV, 23）。類似的觀點，亦

及耐力也不會因其名而受讚揚，但前者被揚棄，因為它們產生痛苦，後者被欲求，因為它們產生快樂。

[XVI]（50）還剩下正義，所以所有的德性皆被提及，但可說的幾乎是相似的觀點。我曾說智慧、節制及勇氣是與快樂結合，所以它們是完全無法與快樂分開與離異，關於正義也必須以此方式判斷，它不僅不曾傷害任何人，相反地它總是以自身的力量與本性〈帶來〉某個令靈魂寧靜的事物，然後未敗壞的自然帶著希望所欲求之事都不會不存在[122]。〈也〉正如衝動、慾望及怠惰總是折磨靈魂，且它總是令人焦慮與不安，以此方式〈不誠實若〉坐在某人的靈魂中，由於這件事的出現它會感到混淆動盪；若某事真的動了起來，無論它是以多麼祕密的方式來做，皆無法確定它在未來會一直不為人知。通常不誠實的行為隨之而來，首先是懷疑，然後是謠傳及流言，然後是指控者，再來是法官；許多人，在你任執政官時[123]，甚至告發自己。（51）但若有人似乎受到某人，違背人的道德感，完全的保護及守護，然而他們害怕神祇而且在那些焦慮中他們的靈魂日以繼夜地被消磨殆盡，他們認為這是由不朽的神祇所引起的，為的是懲罰。從不正直的行為

---

可參見《梵諦岡格言》38；關於伊比鳩魯學派不鼓勵自殺的論述，參見Warren 2008: 199-212。斯多葛學派則贊成自殺，參見LS 66H及《論目的》III, xviii, 60-61。

122 Reid 1925: 76認為這句話不易懂，因為正義如何能激起對生活上所需物資不虞匱乏的希望。或許伊比鳩魯學派認為，正義是人與人之間依據契約的互動關係，所以只要在契約關係中的人皆能秉持正義而行，每個人皆能擁有及獲得他應得之物。

123 西塞羅不忘提及自己於63 BC執政官任內揭發卡特利納（Lucius Sergius Catilina）的叛國陰謀。

中能對減少生活中的憂慮產生什麼樣的附加物，是可與從對行為的道德感、法律的懲罰及公民們的憎惡中增加生活裡的憂慮相提並論？此外在某些人身上金錢、榮譽、權力、慾望、饗宴及其他的慾求皆無底線，以不當方式獲得的利益不曾減低這些慾望，〈且〉反而是點燃它們，所以他們與其似乎應該被教導忘卻這些事，不如應該受到節制。（52）因此真正的理智會適切地召喚健全的靈魂至正義、公平及誠信面前，對口齒不清或身分低賤之人而言，他們不會有不正義的作為，他無法輕易地達成他所嘗試的事，也無法保有它，若他達成的話，權力與財富更適合高貴的慷慨大方[124]，使用它的人是將善意及關愛與自己結合[125]，這是最適合平靜生活的事，特別是完全沒有任何為惡的理由。（53）源自於自然的慾望是容易以非不正義的方式被滿足，然而那些是空洞的慾望，不要順從它們，因為它們所慾求之物無一值得慾求，在不正義行為中的損失比在不正義行為中所產生的利益更大。因此有人以不正確的方式說，正義其實是就其自身值得欲求，而是它所帶來的極大的愉悅。受人尊重及愛戴是件令人愉悅之事，因為它使生活更安全而且快樂更滿全。因此我們認為不誠實應要避免，不只是因為由不誠實的行為產生出的不利，而更是因為存在於靈魂中的不利不會允許它喘息，也不會允許它靜養[126]。

---

124 但不正義的慷慨不是慷慨，參見《論義務》I, xiv, 43。

125 即對人慷慨大方之人會獲得他人的善意及愛戴。這也凸顯出西洋古代倫理學思想中的一特質：關乎自身（self-regardingness）。道德行為者所展現的行為不是完全利他的及不涉己身利益的。

126 為惡之人因為擔心被發現及受罰，使其靈魂失去自由，即免於焦慮，且不自由者是無法自給自足之人（《梵諦岡格言》7及77）。

（54）但若關於那些德性的讚美，其他哲學家們的論述特別會在其中亂竄，無法有一結論，只能將其導向快樂，此外只有快樂呼喊我們而且以它的本質吸引我們朝它而去，這是無庸置疑之事，快樂是一切善的最高及最終點，且沒有其他的事物活得順遂，除非與快樂一起生活。

[XVII]（55）我將簡短地說明與此確定而且牢固的觀點相關連的看法。在那些看法中關於至善與至惡是沒有謬誤，它是在快樂的例子中或是在痛苦的例子中，但在這些事上人們犯了錯，因為這些事從何事產生他們並不熟悉。然而我招認靈魂的快樂與痛苦是源自於身體的快樂與痛苦[127]（因此我承認你剛才所言[128]，若我們[129]之中有人有不同的想法，是自失立場，其實這些人為數不少，但都無知）；此外雖然快樂帶來愉悅而且痛苦帶來煩憂，但它們皆源自於身體及歸因於身體，且不是因為這個緣故，靈魂的快樂及痛苦是比身體的快樂與痛苦更小，因為在身體上我們無法感受到任何事，除了當下存在的事，但在靈魂中我們感受到過去及未來的事[130]。事實上我確實感到痛苦〔在靈魂中〕當我在身體上感到痛苦，但痛苦事有可能加遽，若我們認為有某個永恆而且無止盡的惡降臨在我們身上。同樣的事也可轉移到快樂上，所以快樂會是較強烈，若我們無懼這樣的惡。（56）如今這無論如何

---

127 陸克瑞提烏斯有言：「正如身體自身承受重大疾病及難熬的痛苦，因此心靈也遭受與悲傷及害怕有關的劇烈的困擾」（《論萬物的本質》III, 459-461）。

128 這或許是暗示在 I, vii, 25。

129 伊比鳩魯學派哲學家。

130 根據普路塔荷《一愉悅的生活》（*A PleasantLife*）的記載，伊比鳩魯學派認為，對曾發生過的好事的記憶，是對愉悅生活最重要的貢獻（1091 b）。

是顯而易見的事，靈魂最大的快樂或痛苦比它們在身體上若有相等的持續時間，對快樂或悲慘的生活有更重要的貢獻。然而我們並不同意，當快樂被移除後，悲傷立即隨之而來，除非痛苦碰巧承繼了快樂的位置，但相反地我們感到愉悅，當痛苦被忽略時，即使驅動感官知覺的快樂沒有承接上來，從此可理解如此強烈的快樂是不會令人感到痛苦。（57）但我們受到那些我們所期待的好事的鼓勵，就像我們回想它們時會感到愉快。然而愚者受苦於對不好的事的記憶，智者回想過去令人愉悅的好事時感到愉快。這是由我們來決定，我們埋葬不幸的事，就像永遠遺忘一樣，我們以愉悅及甜美的心情記憶幸運之事。但當我們以敏銳及專注的心沉思過去所發生的事會發生，悲傷隨之而來，若它們是惡事，愉悅隨之而來，若是好事。

[XVIII] 關於活得快樂這是多麼卓越、清楚、簡單及正直的方法啊！因為一定無事能比沒有一切的痛苦與焦慮，及充分享受靈魂與身體最大的快樂對人更好，你是否看到對生命有助益之事是如何地無一被忽略，因此我們追求所主張的至善？伊比鳩魯聲稱，你們說那個過於耽溺於快樂之中的人，人不可能活得快樂除非他活得端正而且正直，人不可能活得有智慧、端正及正直，除非他活得快樂。（58）事實上公民無法在動亂中感到快樂，家庭也無法在主人們失和的情況下感到愉快；與自身意見不和而且衝突的靈魂[131]更不可能享受自由流動的快樂的任何一部分。此外總

---

131 這個衝突的靈魂的觀念不是柏拉圖在《理想國篇》（The *Republic*）第四卷所提及的靈魂三部分（理智、激情及欲望）之間的衝突，而應是指組成靈魂的四種混合物（krama），氣、火、風及一不知名的事物之間的不和諧，參見 LS 14C。

是使用不同意及對抗的熱忱與計畫的人無法看見任何安靜祥和之
事。

（59）但若生活中的愉悅被身體嚴重的疾病阻礙，它一定更
會受到靈魂的病痛所阻礙！靈魂的疾病是對財富、榮耀及權勢甚
至是對肉慾的快樂無度而且空洞的慾求。它們與悲傷、焦慮及難
過立場一致，這些事物以憂慮摧毀及消耗人們的靈魂，他們不理
解，在靈魂中不應感到痛苦，因為它與身體的現在及未來的痛苦
分離。其實沒有一個愚蠢之人不陷入某個這類的疾病中，因此他
們之中沒有一個不是 [132] 悲哀之人。（60）還要再加上死亡，它就
像一直懸在坦塔婁斯頭上的岩石 [133]，然後還有迷信，深陷其中之
人絕不可能平靜。因此他們記不得過去的好，也不享受現在的
好；他們只期盼未來的好，由於這些可能不是確定的事，他們被
困擾及恐懼給耗盡；他們特別感到折磨，當他們感到，太晚了，
自己徒然熱衷於金錢、權力、財富或榮耀。事實上他們沒有獲得
任何快樂，當燃起擁有快樂的希望時，他們承受許多沉重的苦
役。（61）看，一些眼光如豆而且心胸狹小之人，總是對一切感
到絕望，或心存惡意、嫉妒、乖戾、陰險、口出惡言及暴躁之
人，有些人甚至醉心於瑣碎的情愛之事，還有些人好色，有些人
莽撞，粗暴無禮，還有不節制及懶惰，他們從沒有定見，因為這

---

132 OCT、Bentley 及 Madvig 的版本是 est；Rackham 的版本是 stultus。因此後者
的中譯文，「沒有一個愚蠢之人不是悲哀之人。」

133 坦塔婁斯（Tantalos），宙斯之子，他將自己的兒子沛婁普斯（Pelops）殺
死，並烹煮成菜，藉以測試眾神是否能識別出這道菜的蹊蹺，因此觸怒眾
神；宙斯懲罰他，將食物飲水置於他差一點能構到的距離，並在他頭上懸掛
一塊岩石，使他時刻處在死亡的恐懼中。

些緣故他們的生活中困擾憂慮不會間斷。因此沒有一個愚者是快樂之人,沒有一位智者不是快樂之人。在這個觀點上我們比斯多葛學派哲學家要好得多而且更真,因為他們否認有任何善的存在,除了某個他們稱之為值得尊敬之事[134]的影子,這個名稱是絢麗大於實質;此外奠基於這個值得尊敬的事上的德性不會追求任何快樂,且德性自身足以活得快樂。

[XIX](62)但這些觀點可在某種方式下被我們不僅不是以反對,反而是以贊同的方式來陳述。伊比鳩魯這麼主張,智者總是快樂:他有成熟的慾望[135],忽略死亡,關於不朽的神祇他有真正的看法,沒有任何懼怕,他對生命的移除不感猶豫,若這樣較好的話[136]。具備這些態度他一直存在於快樂之中,因為他無時無刻擁有的快樂不比痛苦多。例如他以愉悅的心情回憶過去的事,而且以相同的態度擁有現在的事,所以他會注意到那些事是多麼令人愉悅,他不會心懸未來的事,但對它們有期待,他享受現在的事;他遠離那些我剛才所匯集的錯誤,當他的生命與愚者的生命比較,他的生命處於高度快樂的狀態。然而若痛苦發生,它們不會擁有如此巨大的力量,以致於智慧擁有令他愉快的事不會比令他憂慮的事多。(63)伊比鳩魯說的真的很好,短暫的運氣干擾智者,他以自己的計畫與方式處理重大嚴肅的事;從無限生命所能感知的快樂,不會比從我們所見的有限生命中所感知的快樂

---

134 honestum,值得尊敬之事指道德。斯多葛學派認為德性是唯一的善。

135 finitas cupitates,亦可譯為有限制的慾望。

136 智者能具備這些態度主要是因為他的理智活動不受阻礙(to sophon logismō periginesthai, LS 22Q);他有時也會願意為朋友而死(huper philou pote tethnēkesethai, ibid.)。

更大[137]。

　　此外在你們的邏輯中他曾認為沒有任何與活得較好及更適切的生活的討論[138]。在物理學上他曾提出諸多看法。在此科學中語詞的力量、言說的本質及理由的追隨與反對皆可被觀察到。此外對萬物的本質的理解使我們減少迷信，免於對死亡的恐懼，不再對事物無知感到不安，在無知中總是存在著令人驚異的恐懼；最後我們會有較好的性格，當我們學得自然的欲求為何時[139]。然後，若我們掌握關於事物的穩定的知識，一旦保有那個原則[140]，它就像是從天空滑到對萬物的認知，所有關於事物的判斷都以此為依歸，我們不會被任何的說法擊敗而中止此觀點。（64）再者，除非我們理解事物的本質，我們將無法以任何方式為關於感官知識的判斷辯護。我們識別出任何朝向靈魂的事物，每件事都源自於感官知覺[141]；若一切感官知覺皆為真，如伊比鳩魯的思想所教授，那某物最後才有被認識及理解的可能。那些移除感官知覺而且說無物可被理解的人[142]，一旦感官知覺被移除，他們無法

---

137 投爾夸圖斯轉述伊比鳩魯《主要學說》XVI及XIX兩段斷簡殘篇。亦可參考陸克瑞提烏斯《論萬物的本質》III, 945。

138 斯多葛學派認為邏輯不是哲學的工具，而是哲學的一部分（LS 26E）；它與物理學及倫理學組成哲學的論述（LS 26B）。

139 瞭解宇宙的本質有助於去除對死亡及迷信的擔心，參見LS 25B及陸克瑞提烏斯《論萬物的本質》I, 146-158。

140 感官知覺是真理的標準，這是伊比鳩魯在認識論上的原則（kanon或kanonikon），參見LS 17A。

141 關於感官知覺的發生，參見I, vii, 21。

142 這是指懷疑主義者，他們質疑伊比鳩魯學派將知識的確定性置於感官知覺，且感官知覺所產生的知識是由於組成經驗事物的原子的排列的形貌

解釋他們所討論的那件事。因此當認知與學問被移除後，所有與過生活及做事的理論皆被移除。以此方式在物理學中我們得到抵禦害怕死亡的勇氣，及反對宗教的恐懼及靈魂騷動的堅定，當對一切神祕事物的無知被移除後，及得到節制，當不同的慾望以慾望的本質來解釋時，且，如我所教授的，我們也提出認知的標準，藉由此標準的確立，真的判斷不同於假的判斷。

[XX]（65）所剩的議題對此論辯特別有必要，關於友誼，若快樂是至善的話，你主張友誼將來不會存在。關於友誼伊比鳩魯其實是這麼說的，一切在活得好上有助於智慧的事物中，無物比友誼更重要、更豐富及更令人愉悅 143。他不僅以論述，而且更是以個人的生命、作為及性格來證明這個說法。古代的神話故事透顯出友誼是多麼地重要，在如此眾多及如此不同的故事中你從最遠古的時候回顧，發現三對朋友是有困難的，從塞修斯開始你將來到歐瑞斯特斯 144。但伊比鳩魯在一棟房子中，其實是棟狹窄的房子，他以在愛及共識上大量的和諧擁有那麼一大群朋友！這即使是現在還發生在伊比鳩魯學派哲學家身上。但讓我們回到主題；關於人是沒有談論的必要。

---

（configuration）決定。若原子處於持續運動的狀態，一物，如椅子，是否能有穩定的形貌，懷疑主義者存疑。此外斯多葛學派也質疑獨獨感官知覺可成為知識判準的基礎，他們雖然承認知識出於感官經驗，但後者不是知識唯一的判準，還須加上心理「同意」的動作，即同意觀念與客體一致相符，知識才得以確定。

143 參見《主要學說》XXVII 或 LS 22E。

144 這三對朋友是塞修斯（Theseus）及皮里蘇斯（Pirithous）、阿奇里斯（Achilles）及帕特羅克路斯（Patroclus）、歐瑞斯特斯（Orestes）及皮拉提斯（Pylades）；西塞羅在《論友誼》VII, 27 提及第三對友誼。

（66）那我們知道我們以三種方法討論友誼。有些人否認與朋友有關的快樂應該就其自身被追求，就像我們要求自身的快樂，在這個立場上有些人認為穩定的友誼產生晃動，但有人為此立場辯護，他們輕鬆地釋放自己，如我認為。他們當然也否認，德性，先前已有相關談論，還有友誼能夠遠離快樂。例如孤獨及沒有朋友的生命是充滿陷阱與恐懼，理智自己訓令我們追求友誼，靈魂因擁有友誼而堅強而且這不能與獲得快樂的希望分開。（67）此外，仇恨、嫉妒及睥睨都反對快樂，因此友誼不僅是快樂最忠實的護衛者，而且是快樂的製造者，為了朋友也為了自己，朋友們不僅享受當下的快樂，而且受到隨後及往後時間中的希望所激勵。沒有朋友我們在生命中完全無法擁有穩定而且持久的愉悅，也無法保護友誼自身，除非我們以平等的態度愛朋友及我們自己，由於這個緣故這件事會在友誼中完成，友誼與快樂結合，因為我們在朋友的歡愉中感到快樂，就如是我們自己的快樂，同樣地我們在朋友的憂愁中感到難過。（68）因此智者會對朋友及對自己有相同的感受，他會承擔辛勞之事為了自己的快樂，他會承擔相同的勞苦為了朋友的快樂[145]。這些是與德性有關的論點，正如德性總是與快樂緊密連結，關於友誼也應有相同的論點。伊比鳩魯幾乎是以這些話非常清楚地說：「相同的觀點」他說「強化了靈魂，它不害怕永久而且持續的惡，在生命的歷程中它確定友誼是最堅實的護衛。[146]」

---

145 參見 I, xix, 62 及 LS 22Q。

146 參見《主要學說》XXVIII，或 LS 22E。

（69）然而有些膽怯的伊比鳩魯學派哲學家甚少反對你們[147]
的駁斥，儘管他們有足夠的智能，他們擔心，若我們認為友誼應
該是為了我們的快樂被追求，整個友誼似乎就像是殘缺一般。因
此一開始的相遇、結合及建立社交的意願的發生是為了快樂[148]；
然而當進一步熟悉後，不僅產生親密的關係，也綻放大量的愛，
就算在友誼中沒有效益的存在，朋友為了朋友自身被愛。事實上
藉由熟悉我們經常喜歡某些地方、神殿、城市、體操館、運動
館、狗、馬及運動或打獵的表演，在與人有關的熟悉上這可能會
以多麼容易及正確地方式發生？

（70）此外有些智者說有某種契約存在[149]，所以他們愛朋友不
少於愛自己。我們瞭解這可能發生而且也經常看到，且這是顯而
易見之事：無法發現比這樣的結合[150]更適合令人愉悅地活著。

從這所有的說法可得到一個看法，關於友誼的論述不僅不受
阻礙，若至善被置於快樂之中，而且沒有此一說法友誼的程序[151]
完全不可能被發現。

[XXI]（71）因此若我說的觀點比太陽本身更明亮而且更清
晰，若〔我說〕[152]萬事萬物皆得自自然的源頭，若我們整體的論

---

147 是哪些伊比鳩魯學派哲學家，我們不得而知；「你們」指的是新學院哲學
家。

148 參見《梵諦岡格言》23，或 LS 22F。

149 若正義與友誼皆為德性，伊比鳩魯認為正義是一種契約，規範不傷害人，也
不受人所傷（LS 22A），因此友誼也應是一種契約。

150 即契約。

151 institutio，西塞羅欲表達的是，對伊比鳩魯學派而言，不以快樂為終極目
標，友誼的發生與發展無法說明。

152 後人竄插。

述在感官知覺中確立了一切的可信度，亦即在沒有敗壞而且完整的見證中，若年幼小孩，甚至無說話能力的野獸，以自然為指導者及領導者，幾乎說出，無物令人喜歡，除了快樂，無物令人討厭，除了痛苦，他們不是以扭曲敗壞的方式判斷這些事，我們應該非常感謝伊比鳩魯，在聽了所謂自然的聲音後，他是以如此確定而且嚴肅的態度理解自然，所以他適切地帶領所有心靈健全的人走上平靜、祥和、寧靜及快樂的生命道路上，不是嗎？對你而言他似乎是不學無術[153]，理由是他認為教育沒有價值，除非它有助於快樂生命的學習。（72）他當然不會花時間在詩的閱讀上，就如我及特里阿里烏斯視你為鼓勵者[154]，在這之中沒有確實的效益，盡是幼稚的歡樂，或他當然不會，如柏拉圖，花時間在音樂、幾何及諸多的星體，這些事不可能從錯誤的起點邁向真理，若它們是真的話，它們不會助長我們活得更愉悅，亦即活得更好[155]，——因此他要追求那些技藝，放棄那麼辛勞，又那麼有利的生活的藝術嗎？伊比鳩魯不是沒受過教育，但那些無知之人認為小孩不學這些事是件可恥之事，我們應該學習它們一直到老。

　　投爾夸圖斯說：「我已說明我的看法，」他說「且帶著這個目的，我可知道你的看法，在此之前我不曾被賦予任何機會，所以我可以自己的決定來做這件事。」

---

153 或沒受過教育。

154 即西塞羅鼓勵投爾夸圖斯及特里阿里烏斯讀詩。

155 塞克圖斯·恩皮里庫斯《反對博學者》（*Pros Mathematikous*）I, 1-2 提及，伊比鳩魯認為文藝及科學教育無助於智慧增長，且他對柏拉圖及亞里斯多德的博學（polumatheis）有敵意。

# 《論目的》第二卷結構分析

**主旨：西塞羅不假辭色地批判伊比鳩魯的享樂主義思想。**

## 1-17　導論

1-3　　西塞羅以蘇格拉底詰問法質疑投爾夸圖斯。

3-6　　伊比鳩魯忽略「目的」的定義。

6-10　　伊比鳩魯沒有區分動態的快樂及痛苦的缺乏（或靜態的快樂）。

11-14　投爾夸圖斯主張，痛苦的缺乏是極度的快樂；西塞羅反駁：我們不瞭解伊比鳩魯所言的快樂的意義為何，拉丁文中快樂有兩個意涵，靈魂中的愉悅及身體中與愉快有關的甜美興奮。最後，在快樂與痛苦之間尚有一中間狀態。

15-17　伊比鳩魯將痛苦的缺乏視為快樂，但它充其量只等同於不痛苦也不快樂的狀態。

## 17-35　第一部分的駁斥

17　　投爾夸圖斯拒絕以詰問的方式對談，但西塞羅持續

以哲學的演說與投爾夸圖斯對談。

18-19 伊比鳩魯有兩個終極的善：快樂（適合野獸）及沒有痛苦；許多哲學家都有兩個終極的善的概念，如亞里斯多德、卡利弗、狄歐都魯斯等。

20-21 然而伊比鳩魯視這兩個終極善為一個善，且主張奢華使人免於恐懼與痛苦，並懂得節制。

21-22 特里阿里烏斯對此感到驚訝，西塞羅認為這是自相矛盾之言：節制的奢華者。

23 伊比鳩魯不認為奢華自身應受譴責，但奢華顯然導致令人作噁的生活；就算是精緻的奢華者也不是快樂之人。

24-25 享受美食不等於快樂；賴立烏斯認為美味是不足以道之事。

26-27 伊比鳩魯對慾望的區分不合邏輯；西塞羅認為慾望應區分為兩種：自然及空洞的，前者又可分為必要及非必要的。通姦、奢華及貪婪的慾望應被根除。

28 伊比鳩魯似乎接受了快樂可行可恥之舉的觀點；西塞羅質疑：若沒有痛苦是最高的快樂，那何以不處於快樂狀態中的人不具有最大的痛苦？伊比鳩魯回應：快樂不是痛苦的對反，而是痛苦的缺乏。

29-30 伊比鳩魯立場不一致，因為他對快樂沒有明確的定義。

31-32 小孩及動物本能追求動態的快樂，但至善是痛苦的缺乏，此乃伊比鳩魯的兩難。

33 驅動小孩及動物的不是快樂，而是自我保存。

34-35　終極目的除了快樂外應還有肢體、感覺、心靈活動及身體完整的元素。這是任何一位思想一致的哲學家應有的想法。此外有三位哲學家的思想與至善無關，有三位在至善裡附加某物，有一位的至善觀是單純的。這些哲學家的思想各自都具備前後一致的特質，唯獨伊比鳩魯的思想不具此特質。

## 36-43　第二部分的駁斥

36-38　理性，而非感官知覺，是善的評斷者；前者看重德性，輕視快樂。

39-42　人類的出生不是為了快樂，也不是為了追求痛苦的缺乏，而是為了思想及行為。

43　　德性之外的事可不被視為終極目的。

## 43-78　第三部分的駁斥

43-44　伊比鳩魯的快樂觀有眾多追隨者，但它對倫理道德有極負面的影響，因此應立論揚棄之。

45-47　實踐道德行為不是為了效益考量，而是就其自身有價值；道德植基於理性，後者是人與動物的本質差別，它使人瞭解及追求共善。人性或自然將智慧、正義、勇氣及節制植入人身上。

48-50　道德不僅是眾人嘉許之事或出於風俗傳統；儘管伊比鳩魯曾言，不依德而行不可能活得愉快，但他必須明確定義「依德」及「愉快」分別是什麼。

51-54　伊比鳩魯甚少言及德性，且他的自利的觀點無法說

明德性何以重要；為惡之人在伊比鳩魯的口裡皆成
為精明的算計者。

54-57　狡獪的惡行者能使自己為惡不被發現；伊比鳩魯認
為，為快樂冒險有其正當性。

57-59　伊比鳩魯主張，任何正直行為的實踐都關乎個人利
益；西塞羅認為正義應出於自然，而非源自效益。

60-62　伊比鳩魯對節制及勇氣亦有相同的看法，西塞羅從
歷史中舉例反駁。

63-66　「痛苦是至惡，快樂是至善」的主張，在歷史裡可
找到諸多反例。

67-68　古希臘歷史中的重要政治人物，以榮耀而非以快樂
為生命的依歸；斯多葛學派與逍遙學派爭論，唯德
性是善，抑或是德性加上外在美善事物為善，而伊
比鳩魯主張快樂為善。

69　　伊比鳩魯描繪德性是快樂的婢女。

70　　在伊比鳩魯的思想裡，德性沒有角色可扮演。

71　　因為害怕而成為有德之人是德性的假象。

72-73　西塞羅以投爾夸圖斯的父親為例說明，德行是為了
其自身的原因被追求，而非為了個人的利益。

74　　服公職者、法庭斷案及公共演說者皆不會接受伊比
鳩魯的思想。

75-77　我們不懂伊比鳩魯的快樂，就如不懂他的原子及多
個世界的理論；若投爾夸圖斯認為痛苦的缺乏是真
正的快樂，人們將不會選擇他擔任任何公職；此外
他將斯多葛學派及逍遙學派的倫理語詞掛在嘴上，

顯示伊比鳩魯學派表裡不一的善。

**78-85　第四部分的駁斥**

78-79　真正的友誼不建立在個人利益的算計。

80-81　西塞羅認為伊比鳩魯是個好人，但他的論述不夠清晰，所以伊比鳩魯學派行比言佳。

82-83　伊比鳩魯的友誼觀有三誤：a)快樂是友誼發生的主要動機；b)友誼始於利益，進而就其自身被追求；c)友誼出於契約。

84-85　若友誼因利益被追求，那朋友不會得到保護，因為友誼會被更大的利益取代。

**85-93　第五部分的駁斥**

85-87　若快樂是至善，智者將不是幸福之人，因為快樂時有時無，但幸福不會一會兒有一會兒無。

87-89　快樂不隨時間持續而有所增加，且它的產生不由智者，而由運氣決定。

90-93　就算智者的需求容易滿足，他們還是難免受痛苦及疾病的煎熬；然而這不是至惡。

**94-103　第六部分的駁斥**

94-95　德行能舒緩痛苦，痛苦「強烈則短暫，持久則舒緩」的說法謬矣。

96　伊比鳩魯以書寫哲學減緩身體的病痛。

97　他的勇氣與艾帕米農達斯及雷翁尼達斯齊名。

# 第二卷

[I]（1）這個時候他們兩人看著我而且向我示意準備要聽我說。「首先」我說「我懇求你們不要認為我將對你們說明某事，就像是哲學的討論一樣，因為就那些哲學家而論我沒有非常贊同。蘇格拉底，他可具正當性地被稱為哲學之父，什麼時候曾做了任何這樣的事[156]？那是在當時被稱為詭辯學家的人的慣例[157]，在這群人中雷翁提奴斯的高爾奇亞斯[158]是第一位敢在集會中接受提問的人，亦即任何人想聽什麼事要求他說[159]。這是件衝動的事，我會說這是件不謹慎的事，除非這個制度隨後被我們的哲學家[160]所用。（2）但他及其他我稱為詭辯學家的人，從柏拉圖那

---

156 蘇格拉底所使用的方式是elegchos（駁斥），在對話中檢視對方所提出的論點，參見（2）。

157 sophistai是西元前五世紀於希臘周遊各城邦販售知識的一群哲學家；他們大都主張知識及道德上的相對性，不以教導真理為職志，只求贏得論辯的勝利。

158 高爾奇亞斯（Leontius Gorgias，約485-380 BC），詭辯學家及修辭學家，柏拉圖以其名寫下《高爾奇亞斯篇》。

159 這是《高爾奇亞斯篇》447a5-8的情節，卡利克雷斯（Kallikles）說：高爾奇亞斯會回答任何人提出的任何問題。

160 西塞羅自認是位新學院哲學家。

兒可知[161]，我們看到他們被蘇格拉底嘲弄。他習慣以發問及質詢的方式引出和他一起討論的人的看法，所以他們會回應那些觀點，若他似乎說了什麼意見。他的傳統並沒有被後輩保存，阿爾克希拉斯[162]復興及建立此傳統，所以想聽他意見的人不可問他問題，而是自己說出個人的看法為何；當他們說了，他再反駁。聽他的看法之人，只要他們有能力，會為自己的看法辯護。然而就其他哲學家而言，他們提出某個問題後，靜默；這其實現在也發生在學院中。當有人想聽阿爾克希拉斯的看法，他這麼說，『我認為快樂是至善』，他會被持續不斷的相反論述給駁斥，所以這是可被輕易理解的事，那些陳述某個他們所認為的觀點的人，他們自己並沒有抱持那觀點，而是想要聽對反的意見。（3）我們是以更適切的方式討論；因為投爾夸圖斯不僅已陳述了他的想法，也提出理由。此外我認為，雖然我對他滔滔不絕的論述感到相當高興，但這會更適切，在個別的觀點上你停駐而且瞭解每個人所認可及否定之事，從所認可之事推論出你想要的觀點，且獲致結論。當想法的陳述像急流一樣時，無論它掌握與每一個方法有關的觀點有多少，你都無法擁有任何觀點，也無法理解任何觀點，你無法控制快速的論述[163]。

---

161 例如《大希匹亞斯篇》（The *Hippias Major*）、《小希匹亞斯篇》（The *Hippias Minor*）及《普羅大哥拉斯篇》（The *Protagoras*）皆以詭辯學家為篇名。

162 阿爾克希拉斯（Arcesilas of Pitane，約316/5-242/1），於269 BC任新學院的主事者，他將懷疑主義的思想帶入新學院，效法蘇格拉底不提出個人的看法。

163 這句說法似乎是模仿《普羅大哥拉斯篇》334c-d及335b-c，蘇格拉底自陳無法掌握長篇大論的要點。

　　「此外在探究上以某種方法與步驟進行，每一個論述都應始於描述[164]，就像在某些法律程序中『這是問題所在』，所以這會在雙方之間討論，並同意要討論的問題是什麼。[II]（4）柏拉圖在《費德若斯篇》中提出這個看法[165]，伊比鳩魯贊同而且覺得在所有的論辯中都應這樣做[166]。可是他沒看到接下來的事。他其實否認他同意對事物下定義[167]，沒有定義這時常不會發生：論辯的雙方同意要討論的事為何，以我們現在論辯的問題為例。我們在探究至善時，什麼是目的，什麼又是善自身？（5）那這就像揭示隱藏的事物，當展現出一物之所以為該物，就是定義；你甚至曾經不明就理地使用定義。例如你定義這個觀念，目的、終點或極限，它是所有以正確的方式發生之事都參照的事，但它自己從未參照任何事[168]。這個定義真是太好了。你或許還可定義至善是什麼，若有需要的話，它必須是依據自然被欲求的事物、是有利

---

164　亦即每一個論述都應始於前言，在其中點明所要探究的問題為何。

165　《費德若斯篇》（The *Phaedrus*）237b。對話前先陳述欲討論的問題，可讓對話者有明確思慮對象。

166　伊比鳩魯認為我們要清楚知道用來表達觀念的語詞所指何意，以避免論述的無限向後退，此外語言名稱的使用是建立在感官經驗的基礎上，故有其相對性，參見《給希羅多德的信》（*Letter to Herodotus*）（TEP 13 及 LS 19A），所以他認為稱謂比定義更清楚（LS 19F）。

167　雖然這是一般對伊比鳩魯對待定義的理解與詮釋，但在古代的文獻中顯示，伊比鳩魯十分看重定義：「雖然伊比鳩魯總是使用〔關於語詞的意義的〕一般性的概述，他顯示定義更值得尊敬，藉由在物理學的論文中使用定義以取代一般性的概述；因為他使用定義當他將整體區分為原子及真空，並說：『原子是堅實的物體，它之中不分享真空；且真空是無形之物』，亦即不是受制於觸碰。」參見 TER, text 31。

168　參見 I, i, 29。

的事物、是有用的事物或只是令人愉悅的事物[169]。現在,除非這是件麻煩事,既然你對下定義完全不感不悅而且你戮力為之,我希望你定義快樂是什麼,關於這個問題是這一切的探究。」

(6)「有誰,我問,」他說「不知道快樂是什麼,或有誰要更清楚地瞭解它需要某個定義?」

「我會說我自己,」我說「除非我認為對快樂有清楚的認識而且理智對它有夠堅實的理解與掌握。現在,另一方面,我說伊比鳩魯不知快樂而且對它語焉不詳,他不斷地說他應該勤勉地詮釋在這些聲音之下的意義為何,而不應該偶爾理解快樂這個音說什麼,亦即這個聲音是以什麼事為基礎。」

[III] 然後他笑著說:「這真是個」他說「非常好的觀點,所以說快樂是所追求的事的目的之人,它是善的事物的終點及極限,不知道快樂是什麼及有何特質!」

「可是」我說「伊比鳩魯或所有四處存在的人類都不知道快樂是什麼。」

「怎麼會呢?」他說。

「因為所有的人都認為這是快樂,當接受快樂時感官知覺受到某種愉悅的感受的影響及灌注。」

(7)「然後呢?」他說「伊比鳩魯對那個快樂無知嗎?」

「不總是,」我說;「他有時候知道的還滿多的,因為他證實他其實無法瞭解在哪裡有任何的善及它是什麼,除了在食物、飲酒、黃金珠寶中的喜悅及情色快樂中獲得的善[170]。或者這些話不

---

169 參見 ibid.。

170 關於伊比鳩魯提及從肉體歡愉中獲得快樂的說法可見於 Usener 所記載的斷

是他說的?」

「就好像這些話令我」他說「感到羞恥,我無法說這些話所言何意!」

「事實上我不懷疑」我說「你能夠輕易為之,且認同智者並不會令你感到恥辱,他是唯一敢於宣稱,就我所知,自己是智者的人。因為我認為梅特羅都魯斯沒有自稱是智者,但,當伊比鳩魯以智者之名稱呼他時,他不想拒絕伊比鳩魯如此大的善意;然而有七個人被稱為智者,不是自稱而是由所有民眾的認可[171]。(8)實際上關於這個議題我認為當他用這些表述時[172],伊比鳩魯對快樂的意義的理解至少是與其他人一樣所有人皆稱愉悅的情緒,感官知覺藉此感到喜悅,在希臘文是 hēdonē,在拉丁文是 voluptas。」

「然後」他說「你還要什麼?」

「我會說,」我說「且事實上與其說我希望你或伊比鳩魯遭受批評,不如說是為了學習。」

「我也」他說「願意學習,若你提出任何看法,而不是駁斥

---

簡殘篇 67(LS 21L);根據波爾菲里(Porphyry)的記載伊比鳩魯認為性或飲酒不是人性所需(ōn kai chōris diamenein dunatai he phusis, LS 21J);此外性對人沒有好處(TEP 6, 8 及 LS 21G)。若性不是必要的慾望,而且對人不必然是好的,那性就不必然產生快樂。

171 即古希臘七賢人:泰利斯(Thales)、梭倫(Solon)、皮塔寇斯(Pittacus)、畢亞斯(Bias)、克婁伊布路斯(Cloebulus)、謬松(Myson)及奇隆(Chilon),參見柏拉圖《普羅大哥拉斯篇》343a;西塞羅《論友誼》I, 7。

172 verbis his(在這些表述中)等同於 verbis his utitus(用這些表述),參見 Reid 1925: 113。

你。」

「那你是否記得」我說「羅德島的伊艾洛尼穆斯[173]說至善是什麼，他認為一切事物都應該參照它？」

「我記得」他說「他認為痛苦沒有盡頭。」

「什麼？」我說「對快樂他有相同的看法嗎？」

（9）「他否認快樂」他說「應該就其自身被追求。」

「因此他認為愉快是一件事，不痛苦是另一件事。」

「其實」他說「他錯得離譜；因為，如我不久前所教授的[174]，快樂極限的增加是一切痛苦的移除。」

「不痛苦」我說「具有什麼意涵我稍後來看；一個其實是快樂的意思，另一個是不痛苦的意思，除非你非常固執，你應該認可。」

「但你其實會發現」他說「在這件事上我的固執，因為無事可以更真的方式陳述。」

「快樂是，我問，」我說「在口渴時喝水嗎？」

「有誰能否認」他說「這個說法？」

「澆熄口渴也是同樣的快樂嗎？」

「不，是另外一種；因為被澆熄的口渴具有穩定的快樂，」他說「但與此澆熄有關的快樂是在運動之中[175]。」

---

173 伊艾洛尼穆斯（Hieronymus of Rhodes，C3 BC 中期），哲學家及文學史家，亞里斯多德思想的追隨者，但之後成立屬於自己的折衷學派，生平不詳，著作僅存斷簡殘篇。

174 參見 I, i, 37。

175 關於動態與靜態的快樂，參見 I, i, 38 及 LS 21R。然而在此的動態與靜態的快樂之區分，與 I, i, 38 的區分並不相同。因為後者是區分肉體與心靈的快

「那為什麼」我說「你以相同的名字稱呼不相同的事物。」

（10）「稍早之前[176]」他說「我曾說的事你是否記得，當所有的痛苦被移除時，快樂會改變，但不會增加？」

「我當然記得，」我說；「但你在那兒以拉丁文說的很好，卻不夠清楚。多樣[177]事實上是個拉丁字，它特別是用來說不同的顏色，但被比喻[178]成許多不同的事：不同的詩、不同的演說、不同的風俗及不同的運氣，甚至快樂也經常被說成不同，當它是從許多不同的事產生不同的快樂來理解。這若是你說的多樣，我可瞭解，所以就算你不說，我瞭解：那個多樣是什麼我不完全理解，因為你說當我們缺乏痛苦，我們處於最高的快樂中，但當我們享受那些帶給感官知覺甜美影響的事，快樂是在運動中，這[179]促成多樣的快樂，可是那個沒有痛苦的快樂不會增加，我不知道你何以稱此為快樂。」

[IV]（11）「有什麼事」〔他〕[180]他說「能比沒有痛苦更甜

---

樂，但前者似乎主張在與身體有關的快樂，亦可區分動態及靜態兩種。這造成了理解及詮釋上的困難。一個可能的理解方式是：伊比鳩魯（或投爾夸圖斯）在比較喝水止渴的「過程」及不感覺渴的「狀態」。前者是指在口渴喝水的活動中感到的愉悅（hē chara kai hē euphrosunē）；後者是指不渴的狀態，即免於找水喝水的辛勞（aponia），所具有的快樂（hēdonē），且這種快樂也標示著當事人的心靈平靜，不受干擾。關於伊比鳩魯在《論選擇》（Peri haireseōs）區分愉悅及快樂或動態與靜態快樂的記述，參見 Diog. L. X. 136 或 TER, text 9,136。

176　參見 I, i, 38。

177　varietas。

178　transfertur（被詮釋）在此有比喻的意涵，參見 Reid 1925: 114。

179　OCT, Bentley 及 Rackham 的版本是 quae；Madvig 的版本是 qui。

180　ille 一字是贅字，應是後人竄插。OCT 及 Madvig 的版本皆將它置於中括號

美？」

「是的，肯定無事會更好」我說「（其實我尚未探討這件事），因此快樂想必不會，如我可這麼說，與免於痛苦是相同的事？」

「完全相同，」他說「而且比此更好的事非常不可能發生。」

「那你為什麼猶豫，」我說「當你以如此的方式確立至善，它是完全不處於痛苦的狀態中，堅持、保護及主張這個觀點？（12）為什麼有必要將快樂與德性結合，就像將妓女與良家婦女結合[181]？這是嫉妒、不名譽及懷疑之名。因此你們經常習慣說的這件事，我們不瞭解伊比鳩魯說的快樂。每當有人告訴我這件事（這個說法不是少有），就算我在論辯中相當地溫和，但有時我也經常動怒。難道我不瞭解希臘文 hēdonē 是什麼，拉丁文的 voluptas 是什麼嗎？究竟我不知道哪一個語言[182]？再者，這如何發生，我不知道，但所有想成為伊比鳩魯學派的一員的人都知道？你們確有非常好的論辯，未來的哲學家沒有知道學問[183]的必要。因此我們先祖將那位欽欽納圖斯帶離犁耕，為了使他成為獨裁者[184]，你們以相同的方式從每一個村落召集那些確實有德但不一定非常有學問的人。（13）那他們瞭解伊比鳩魯說的是什麼，

---

內；Rackham 的版本保留。

181　當 voluptas 或 hēdonē 被理解成肉體的快樂時，這個比喻自然合理。

182　西塞羅精通希臘文，參見 II, v, 15。

183　litteras（文學）在此等於希臘文的 mathēmata（學問）。

184　欽欽納圖斯（Lucius Quinctus Cincinnatus, C5 BC），羅馬英雄，關於他的歷史記載有傳奇的渲染，他於 458 BC 被元老院從耕田中召集至羅馬擔任獨裁者，以抵禦艾奎人的入侵，他在 16 天之內完成任務，卸下獨裁者的身分。

但我不瞭解？如你所知，我瞭解，首先我說的快樂是與希臘文的
hēdonē 相同。其實我們經常探究拉丁字與希臘字具有相同的意
義：我們找不到一個字[185]。無法找到任何一個字──它在拉丁文
中表現的意涵與在希臘文中一樣──比 voluptas 更可表現。關於
這個字普天之下懂得拉丁文的人會將它置於兩個議題下：靈魂中
的愉悅及身體中與愉快有關的甜美興奮。例如在特拉貝亞[186]劇作
中有個角色說愉快是『靈魂極大的快樂』，那位凱奇利烏斯有相
同的敘述[187]，他的『愉快帶著一切的愉悅』。但這有不同的地
方，在靈魂中的快樂稱為『voluptas』（這是錯的事，如斯多葛
學派哲學家認為，人們如此定義它：靈魂的雀躍沒有理性，他們
認為自己享受著很大的好事[188]），而不稱為在身體中的『laetitia』
及『gaudium』[189]。（14）此外所有說拉丁語的人都將 voluptas 置於
這個用法中，當影響某個感官知覺的愉悅的感受被感知時。將此
『愉快』也轉移至靈魂之中，若你願意的話，（『感到愉快』事實
上是在這兩事例上的說法，『愉快的』是從它而來[190]），你在某
個程度瞭解他們之中一個人會說

---

185 這也透顯出翻譯古希臘的著作時，會遇到的語言文化隔閡問題，參見 I, i,
　　1—iv, 12。

186 特拉貝亞（Trabea，活躍於 130 BC），羅馬喜劇作家，這句話出於他的哪一
　　部著作則不詳。

187 參見 I, ii, 4。

188 斯多葛學派認為快樂（hēdonē）是伴隨（epigignesthai）在合乎理性行為之
　　後的感受，而非理智直接追求的對象（LS 57A）。

189 laetitia 及 gaudium 二字皆有愉快之意。

190 西塞羅在此用 iucunditas（愉快）、iuvare（感到愉快）及 iucundus（愉快的）
　　來說明。

在如此強烈的愉快中我膨脹擴張，以致於無物停駐[191]

而另一個人會說

終於我的靈魂燃燒了[192]，

一個是愉快躍然紙上，另一個是受痛苦的折磨，居中的是〔雖然在我們之間近來也相當的熟識〕[193]是既不愉快也不焦慮，且同樣地在它們之間一個是獲得身體所欲求的快樂，另一個是受苦於極大的痛苦，還有一個是沒有這兩者。

[V]（15）那我似乎對這些字的意義有足夠的掌握，我現在是否還要被教說希臘文或拉丁文？然而想想，若我不懂伊比鳩魯說什麼，在希臘文上，我認為，我有不錯的知識，這或許是他的一個錯，他以此方式說話，所以我不懂。這發生在兩種情況下不會受到責難，若你故意這麼做，像赫拉克利圖斯[194]一樣，『他被晦澀者之名稱呼，因為他以極不明確的方式言及自然』，或當關於議題的模糊性，而非關於字詞的模糊性造成論述無法被理解，就像在柏拉圖的《提邁歐斯篇》一樣[195]。然而伊比鳩魯，我想，

---

191 這句話亦可見於《在圖斯庫倫的論辯》IV, xv, 35；出處不詳。

192 語出凱奇利烏斯，參見 Woolf 2001: 30, n. 13。

193 後人竄插。

194 赫拉克利圖斯（Heraclitus of Ephesus），西元前六世紀的先蘇哲學家，主張構成世界的基礎元素是火，世界的運行有一秩序（logos）可循，及變動才是對萬物本質性的理解。

195《提邁歐斯篇》（The *Timaeus*），柏拉圖唯一觸及宇宙發生說的對話錄。

不是不想，若他可以的話，以清楚明確的方式說話，也不是提及不明確的議題，如物理學家的議題，或技術性的議題，如數學家的議題，而是言及明顯容易，且已在一般大眾中談及的議題。

　　雖然你們不否認我們知道快樂是什麼，但伊比鳩魯說什麼你們否認我們懂；從此並不能證明我們不懂那個字的意義，可是他以他的習慣來陳述，忽略我們的習慣。（16）若他與伊艾洛尼穆斯所言相同，伊艾洛尼穆斯認為至善是活得沒有任何煩惱，為什麼他喜歡說快樂，更勝於說痛苦的真空，如他的做法，他知道自己說什麼嗎？此外若他認為快樂必須與在運動中的狀態有所連繫（因為他以如此的方式稱甜美，在運動狀態中，及沒有痛苦，在穩定狀態中）[196]，他的方向是什麼？再者，他無法使任何瞭解自己的人，亦即感知到自己的本質與感官知覺的人，認為痛苦的真空是與快樂相同。這是對感官知覺使用暴力，投爾夸圖斯，從理智中扭曲歪解我們對字詞的習慣上的認知。有誰不知道有三種自然的狀態？一個是我們在快樂的狀態中，另一個是我們在痛苦的狀態中，第三個是就我而言，我處在既不痛苦也不快樂的狀態下；參與盛宴之人是在快樂的狀態中，受折磨之人是在痛苦的狀態中。此外在這兩個狀態的中間你沒看到有為數相當眾多的人是處於既不愉快也不痛苦的狀態嗎？」

　　（17）「絕對不是，」他說「我主張每一個沒有痛苦之人會是處於快樂的狀態，且那其實是至高的快樂。」

　　「這麼說來，自己不渴的人為某人調蜂蜜酒，他與那位口渴喝下蜂蜜酒之人處於相同的快樂狀態中嗎？」

---

196　參見 II, ii, 9。

　　[VI] 然後他說：「這是問題的結束，」他說「若你高興的話；事實上我從一開始就這麼說出我所偏好的事，因為我預見這件事，邏輯上的謬誤。」

　　「因此」我說，「你寧願以演講的方式，而不願以辯證的方式來檢視我們嗎？」

　　「這似乎是真的」他說「持續的演說只與演說家有關，與哲學家們無關。」

　　「這是斯多葛學派哲學家芝諾的觀點[197]：」我說「言說的力量，如亞里斯多德先前已提及[198]，可區分成兩部分，他說，演說術像是手掌，辯證術像拳頭[199]，因為演說家說的範圍較廣，但辯證學家說的範圍較窄。因此我情願順從你的方式而且以演說的方式，若我能的話，陳述[200]，但這是哲學家的演說，不是我們在廣場上的演說，因為是以媚俗的方式說話，後者有時候難免多少會較愚鈍。（18）但伊比鳩魯鄙視，投爾夸圖斯，辯證術，只有辯證術包含了所有關於觀察事物的本質為何、判斷它具有何特質及以理性與透過討論來決定它是何物的知識，他在言說中跌倒，如

---

197 芝諾（Zeno of Citium, 335-263 BC），斯多葛學派思想的奠基者，他將哲學探討區分為三部分：邏輯、物理學及倫理學；隨後的斯多葛學派哲學家在這三個領域中有或多或少不同的觀念產生。

198 亞里斯多德在《修辭學》（*Rhetoric*）中提及，演說術的重點在說服，它可適用於任何領域（1355b27-35），且不需要有嚴謹的邏輯推論步驟（1357a8-13）；辯證法則不然。

199 參見 LS 31E。

200 西塞羅，與斯多葛學派不同，認為演說術是可被應用在哲學論辯上，參見《在圖斯庫倫的論辯》I, xi, 24 及《論義務》I；對西塞羅而言「哲學家」永遠都是哲學兼演說家（philosopher-cum-orator），徐學庸 2007: 28。

我確實認為，他沒有任何技藝區分他所教授的觀點，所以我們就
談談那些他無法區分的觀點。你們說快樂是至善。因此應該釐清
快樂是什麼；否則所探究之事無法被解釋。若伊比鳩魯已解釋說
明過，他不會如此地不確定。或他看待快樂是如亞里斯提普
斯[201]，亦即感官知覺受到甜美及愉悅的方式的影響，甚至野獸，
若牠們能說話的話，會稱此為快樂，或者，若他更喜歡以自己的
方式說

　　　　所有的達奈人及邁錫尼人，

　　　　阿提卡的年輕人[202]，

及其他在這抑揚頓挫詩句中被提及的希臘人，他只會以快樂之名
稱這個沒有痛苦的狀態，他鄙視那位亞里斯提普斯；或，若他同
意這兩個觀點，如他同意，他會將痛苦的真空與快樂連結在一起
而且使用兩個終極的善。（19）事實上許多著名的哲學家曾經做
過這連結終極的善的事，如亞里斯多德將德性的實踐與生活的順
遂結合在一起[203]，卡利弗[204]將快樂附加在德行上，狄歐都魯斯[205]
將痛苦的真空加在相同的德行上。伊比鳩魯做過同樣的事，若他
將這個現在是屬於伊艾洛尼穆斯的觀點與亞里斯提普斯的老觀點

---

201　參見 I, vii, 23。

202　出處不詳。

203　參見《尼科馬哥倫理學》1098a15-20。

204　卡利弗（Callipho），生平不詳，西塞羅在《學院思想》中提及卡利弗的思
　　　想，且新學院的卡爾內阿德斯（Carneades）也接受此說法（II, XLVI, 139）。

205　狄歐都魯斯（Diodorus），逍遙學派哲學家。

結合。其實他們之間是有歧見的；因此他們使用各自的目的，且因為他們的希臘文說得非常好，亞里斯提普斯，他說快樂是至善，不會把沒有痛苦置於快樂之中，伊艾洛尼穆斯，他認為沒有痛苦是至善，也不曾用快樂之名取代沒有痛苦，因為其實他不認為快樂是在所欲求的事物中[206]。

[VII]（20）它們事實上也是兩個狀態，所以你不會只認為是兩種表述。一個是沒有痛苦的狀態，另一個是伴隨快樂的狀態。你們從兩個如此不同的狀態不僅試著形成一個名稱（這我較容易忍受），而且嘗試從這兩個狀態形成一個狀態，這是絕對不可能發生的事[207]。現在，伊比鳩魯贊成這種結合[208]，他必須使用這兩個觀點，且他事實上做了，但他在語詞上沒有區分。當他在許多的章節中讚美我們每一個人都以同樣的名稱稱呼的快樂，他敢說他其實不認為任何的善是與那種亞里斯提普斯的快樂分離[209]，且在這書中他說，他一切的論述都是關於至善。在另一本書中重要的

---

206 參見 *Diog. L.* I, ii, 66, 'apelaue men gar hēdonēs tōn parontōn（他享受與現存事物有關的快樂）'。

207 西塞羅指控及批判伊比鳩魯將兩個不同的狀態，快樂及不具痛苦，視為同一種狀態，是犯了範疇上的謬誤，因為後者應該是一獨立的狀態。然而審視伊比鳩魯的思想，我們可見，他視快樂為一種靈魂不受干擾的狀態，且不具痛苦也是靈魂不受干擾的狀態，因此快樂及不受干擾，對伊比鳩魯而言，其實是同一種靈魂狀態的兩個不同表述。

208 utrumque（兩者）譯為結合（combination），參見 Reid 1925: 126。

209 錫蘭尼學派認為的快樂是動態的快樂，但伊比鳩魯認為快樂或真正的快樂是靜態的快樂；此外錫蘭尼學派認為身體的痛苦比靈魂的痛苦更苦，伊比鳩魯持相反的看法，因為生理之苦是當下立即，過了即消逝，但靈魂之苦長留記憶，因此西塞羅在此似有曲解伊比鳩魯之嫌，參見 LS 21R。

觀點是以簡短的方式組成，就像所謂的智慧的神諭的主張，他以這些語詞寫作，你一定知道，投爾夸圖斯（因為你們有誰不通透伊比鳩魯的《主要學說》，亦即好像書中的學說特別受關注，因為它們是與活得快樂有關的簡短重要的命題及觀點？）因此注意我是否正確地詮釋這句話：（21）『若那些事物，它們是在奢華事物中的快樂的力量，使人們免於對神祇、死亡及痛苦的恐懼而且教導人們慾望的限定，我們會沒有〈可抱怨之事〉，因為他們到處滿溢著快樂而且沒有任何一絲的痛苦或悲傷之事，反之則是惡[210]。』」

在這個議題上特里阿里烏斯[211]已無法自持[212]。「我上訴，」他說「投爾夸圖斯，這是伊比鳩魯說的嗎？」（其實我認為，因為他知道，但他想聽投爾夸圖斯的認可）。

但他並沒有非常害怕而且以清晰自信的方式說：「他確實說了那些話，」他說「但你不瞭解他的意思。」

「若他想的是一回事，」我說「說的是另一回事，我永遠無法瞭解他的想法，但他清楚地陳述他所瞭解的事。若他是這麼說，奢華之人不應受譴責，若他們是智者的話，他所言謬矣，同樣地若他說弒親不應受責難，若他們不貪婪、不懼神、死亡及痛苦。然而是什麼樣的考量要賦予奢華之人任何例外，或想像某些

---

210 參見《主要學說》10；亦可參見 TEP 6。

211 參見 I, xxi, 72。

212 西塞羅似乎在模仿柏拉圖《理想國篇》卷二的情節，塞拉脣馬侯斯（Thrasymachos）對蘇格拉底及波雷馬爾侯斯（Polemarchos）間的對話感到不耐，欲打斷他們的談話（336b-d），惟特里阿里烏斯的態度溫和。

生活奢侈之人不被最優秀的哲學家，只是徒具虛名的哲學家，譴責[213]，〈若〉他們注意其他的事[214]？（22）可是難道你，伊比鳩魯，不譴責奢華之人的原因是他們如此生活是為了追求任何的快樂；因為，如你所言，最高的快樂特別沒有痛苦？儘管如此我們會發現玩樂之人，首先是如此地不虔敬，所以『他們吃貢品』，再者他們如此不懼怕死亡，所以他們嘴上一直帶著《讚頌》中的那句話：

> 對我而言活六個月就夠了，第七個月我向冥府
> 發誓[215]。

現在他們從所謂的藥櫃中取出那個伊比鳩魯治痛苦的藥：『若遽痛，是短痛；若長痛，是小痛[216]。』我不知道一件事，他如何能夠，若他是個奢華之人，有慾望的底限。

[VIII]（23）「那說『我所有的東西我都不會責難，若它們有欲求的底限』有什麼重要的？」這是說『我不斥責玩樂之人，若他們不是玩樂之人。』在這方式下他不會譴責不誠實的人，若他們是好人。因此這位嚴格之士不認為奢華自身應受責難，以赫丘

---

213　西塞羅在此直接將伊比鳩魯主張的快樂與奢華的生活連結，但伊比鳩魯強調，快樂「不是飲酒作樂及享受男孩及女人，或食用奢華餐桌上的魚及其他珍饈」，而是「清明的算計」，藉它才能移除靈魂中的干擾與騷動（《給梅奴伊克歐斯的信》132）。因此西塞羅顯然扭曲了伊比鳩魯對快樂的理解。

214　cetera（其他的事）是指對神的敬畏等事，參見Reid 1925: 130。

215　這是凱奇利烏斯的作品，參見I, ii, 4及II, iv, 13。

216　參見《主要學說》4；亦可參見TEP 5及LS 21C。

雷斯[217]為誓，投爾夸圖斯，我說真的，若快樂是至善的話，他的想法是大錯特錯。我其實不願，就我自己而言，想像玩樂之人，如你們習慣想像，是那些在餐桌上嘔吐、從餐宴上被帶回來及還未完全消化隔天又狼吞虎嚥的人，他們從不見日落日昇，當耗盡遺產後，他們變得窮困。我們之中無人認為這樣的玩樂之人活得愉快。但優雅之人有頂級的廚師與烘焙師傅、魚、馬、狩獵及一切的選擇，他們避免了消化不良，『金黃色的酒從滿溢的酒罈中倒出』，陸奇利烏斯[218]說『它沒有扎口的東西而且濾酒器濾過』，加上遊戲伴隨，若這些東西被移除[219]，伊比鳩魯宣稱自己不知道善是什麼；甚至可有年輕男孩們服務，讓銀、柯林斯的銅及建物相稱這裡的幔簾——因此我不曾說玩樂之人真的過得好或快樂。（24）從此得到的結論不是，快樂不是快樂，而是快樂不是至善。那位著名的賴立烏斯[220]曾聽過斯多葛學派的狄歐金尼斯[221]的講學，之後聽過帕奈提烏斯[222]的講課[223]，他被稱為智者不是因為

---

217 赫丘雷斯（Hercules），傳說中的英雄，西元前五世紀成為古希臘宗教崇拜的對象之一。

218 參見 I, iii, 7。

219 《給梅奴伊克歐斯的信》130 有言：這些事是無稽之事，但自然之事只要是單純的味道都令人感到快樂。因此西塞羅說，沒有奢華之物伊比鳩魯不知善為何物，實是誤解。

220 賴立烏斯（Gaius Laelius，約 190-125 BC），占卜師，於 140 BC 任執政官，熱愛希臘文化，追隨斯多葛學派，有智者的稱號，西塞羅在《論友誼》、《論老年》及《論共和國》皆以他為對話人之一。

221 參見 I, ii, 6。

222 參見 I, ii, 6。

223 狄歐金尼斯於 155 BC 受派出使羅馬；帕奈提烏斯約於 144 BC 來到羅馬。

他不瞭解什麼是最甜美之事（這當然不可推斷出他的心有智慧，
但他的味蕾沒有品味），而是因為他認為這是不足以道。

酢漿草啊[224]，受人輕視，你不完全知道你是誰！
在這[已知的]事上那位智者賴立烏斯經常大聲
高唱，依序責罵我們的貪吃[225]。

賴立烏斯說得好，且他非常有智慧，這也說得正確：

「普博利烏斯，揮霍無度之人，嘎婁尼烏斯，你是可悲之人[226]，」
他說。
「生活上你不曾吃得好[227]，雖然你耗費
一切為了大蝦及巨大的鱘魚。」

說這事的人沒將任何事置於快樂中，並否認吃得好的人將所有的
事物皆置於快樂中；然而他不否認嘎婁尼烏斯曾愉快地進餐（其
實他說謊），但他否認吃得好。他以如此嚴肅及嚴厲的態度把快
樂與善分開[228]。從此得到一結論，所以吃得好的人吃得愉快，但

---

224 lapathus，這個字或許是指生菜沙拉盤。

225 語出陸奇利烏斯。

226 普博利烏斯·嘎婁尼烏斯（Publius Gallonius），生平不詳。或許是指某位老
    饕。

227 bene。

228 西塞羅藉吃比較兩個概念，吃得好（bene）是善（bonum）；吃得愉快
    （iucunde）不是善（malum），因為那是享樂（voluptas）。吃東西應只是為

吃得愉快之人不必然吃得好。賴立烏斯總是吃得好。（25）什麼
是好？賴立烏斯說：

　　　　　　　　　　　　　　　　　　　　　　　　　　煮熟；

　　調味；

但端上主菜：

　　　　　　有好的對話；

會產生什麼？

　　　　　　　　　　　　　　　　　　若你問的話，愉快的一餐；

其實他來吃飯是為了平靜的心靈滿足自然的欲求。因此他否認嘎
妻尼烏斯曾經吃得好是對的，嘎妻尼烏斯是個可悲之人，尤其是
當他以一切的熱忱投注在吃上。沒有人否認他吃得愉快。那為什
麼他吃不好？因為什麼是好，它是適切地、樸實地及有德地；嘎
妻尼烏斯吃得非常〔不好〕墮落、糟糕及醜陋；因此不〈好〉。
賴立烏斯不會將酢漿草的甜美置於嘎妻尼烏斯的鱘魚之先，但他
忽略甜美；他不會這麼做，若他將至善置於快樂之中。

　　[IX] 因此快樂必須被置於一旁，不僅是為了你們追求正確的
事物，也是為了適合你們以適切的方式說話。（26）那我們能說
出生命中的至善，當我們事實上似乎無法在晚餐中說出它？然而

---

　　了滿足生理上的基本需求，而不應是為享用美食；關於斯多葛學派視生命維
　　繫及自我保存為適切合宜的活動（kathēkon），參見 III, vi, 20。然而伊比鳩
　　魯其實也會接受此說法，因為純為享樂而吃不僅有害身體健康，也使靈魂不
　　安；吃得好即吃得自然及簡單，這使身體處於一種全然身心健康的狀態，參
　　見《給梅奴伊克歐斯的信》131。

哲學家怎麼說？『有三種慾望，自然且必要的慾望，自然且不必
要的慾望，不自然且不必要的慾望[229]。』首先，他的區分不精
確，因為他把兩種慾望分成三種。這不是區分而是打破。那些學
過伊比鳩魯鄙視的事物[230]的人經常這麼說：『有兩種慾望，自然
與空洞的慾望；有兩種自然的慾望，必要及非必要的慾望[231]。』
這是事情的結果。其實在區分上將部分算成種類是錯誤的。
（27）我們當然認可這個觀點。他蔑視優雅的討論，言談混淆；
他的常規慣例須延續，只要他的看法是對的。就我個人而言我非
常不贊同這個觀點，且有很多的容忍，一位哲學家談論慾望的底
限。慾望怎麼能有底限？它必須被移除而且應連根拔除。什麼具
有慾望的東西不能被正確地稱為慾望？因此有在限度之中的貪
婪，通姦會有確切的標準，奢華也是一樣[232]。是什麼樣的哲學沒
有令腐敗墮落死亡，而滿足於適度的惡行中？雖然我絕對贊同在
這區分中的主題，但我希望的是精確。讓他稱之為自然的需求；
讓他在其他的事上使用慾望之名，如當關於貪婪、不節制及重大
惡行的事他談論它，就像他指控它罪大惡極一樣。

　　（28）可是他更放肆及更經常言及這些區分。我個人對此沒
有任何責難，因為勇於為自己的學說辯護是偉大及著名哲學家的
特質。然而他似乎經常以更熱切的態度擁抱那個各個民族以名稱

---

229　參見 I, xiii, 45。

230　關於西塞羅指責伊比鳩魯不重邏輯，參見 I, vii, 22。

231　參見 I, xiii, 45—xvi, 54。

232　西塞羅似乎是使用亞里斯多德所主張的觀點，惡無所謂中庸的問題，參見
　　《尼科馬哥倫理學》1107a9-16。

稱呼的快樂[233]，這有時候令他面對很大的難題，例如當人的道德
感被移除後，為了快樂而為的行為不會是如此可恥之事。再者，
當他感到羞恥時（這是自然最大的力量），他到快樂那兒避難，
所以他否認有任何痛苦可加在快樂之上。但快樂並不是被稱為那
個沒有痛苦的狀態。『我不在乎』他說『名稱。』為什麼這是全
然不同的事呢？『我發現許多，或更恰當地說無數的鄉下人，不
像你們有想法而且令人厭煩，我可輕易說服他們我想要的任何
事。』那我們何以懷疑，若沒有痛苦是最高的快樂，那不處於快
樂的狀態中是最大的痛苦？為什麼這沒有如此發生？『因為快樂
不是痛苦的對反，而是痛苦的缺乏。』

[X]（29）他其實沒看到，那個以強而有力的論述為基礎的
快樂，當它被移除時他否認他完全知道什麼是善（然而他是這麼
描述的：他以味蕾感覺善，以耳朵感知善；還有其他的善，若你
要給它們名稱的話，必須為其辯護）──因此這位嚴格而且嚴肅
的哲學家知道這是唯一的善，同樣地他不知道這其實是不應被追
求之事，因為根據同一位作者我們不需要快樂，當我們免於痛苦
時！這是兩件多麼對反的事啊！（30）若他學過定義與區分，若
他學過言說的意義，最後若他維持字詞的用法，他不會陷入如此
大的風暴。現在你看他所做的事。無人曾稱他所稱之事為快樂；
兩件事他弄成一件。有時候他如此稀釋運動中的快樂（因為他以
如此方式稱那些愉悅及好像是甜美之事為快樂），所以你會認為
是馬尼烏斯・庫里烏斯[234]所言，有時候他是如此地讚美它，所以

---

233 亦即伊比鳩魯以一般大眾的語言來稱呼快樂。

234 馬尼烏斯・庫里烏斯（Manius Curius Dentatus, C3 BC），分別於290, 284,

除此之外，他否認他能預設什麼是善。這個說法不應該直接由某位哲學家來壓制，而應由監察官壓制，因為這不僅是在論述上的謬誤，也是在道德上的謬誤。他不斥責奢華，在它是免於無限的慾望與恐懼的範圍內。他現在似乎是在招攬學生，所以想成為玩樂之人的人先成為哲學家。

（31）從有生物的源起，我認為，可找出至善的出處。動物一出生就在快樂中感到愉悅而且欲求它就如善一般，牠討厭痛苦如惡一般。此外他說關於惡與善之事最好是由尚未敗壞的動物來判斷[235]。你也做如是的主張，這是你們的表述。多麼大的謬誤啊！哭泣的小孩以哪一種快樂，靜止或運動，來判定至善與至惡？因為，若眾神高興的話，我們學著說伊比鳩魯的語彙。若是以靜態的快樂，明顯地它是出於本性想要自我保存[236]，這我認可；若是以動態的快樂，畢竟你們說是，沒有任何可恥的快樂應該被忽略的，才剛出生的動物也不會從最高的快樂出發，你將其置於沒有痛苦中。

（32）然而伊比鳩魯不是從小孩，也不是從動物身上找尋這個證明，他認為這些是自然的瞭望台，所以他會說從它們身上，自然的嚮導，我們欲求快樂，即無痛苦。這其實是無法影響靈魂的欲求，它不具任何的衝擊，藉此這個沒痛苦的狀態可驅動靈魂（因此伊艾洛尼穆斯在這個觀點上也犯錯），但藉由撫觸感官的快樂可驅動它。因此伊比鳩魯一直使用這個觀點，所以他贊同我

---

　　275及274 BC任執政官，於272 BC任監察官，其人以簡樸自持聞世。

235 參見I, ix, 30。

236 斯多葛學派關於自我保存的看法，參見III, v, 16及V, ix, 24—xi, 33。

們依據本性欲求快樂，因為那個在運動中的快樂吸引小孩及野獸朝向它，不是那個穩定的快樂，在其中只有無痛苦。因此說自然源於一種快樂，並將至善置於另一種快樂中如何是適切的事？

[XI]（33）其實我不認為有野獸的判斷。雖然牠們或許未被敗壞，但牠們可能是敗壞的。一支棍子會被蓄意地弄變形及彎曲，另一支棍子是生而如此，因此野獸的本性其實不會被不當的訓練敗壞，但會對它的本性敗壞。追求快樂的本性事實上不會驅動小孩，但他對自己的愛會有很大的驅動力，他希望自己堅實而且安全[237]。所有的動物，一出生，都愛牠自己及自己的每一部分。在靈魂與身體中有某些特出的事物，對這些事只有稍微的認知，然後開始有所識別，所以本性追求首先賦予它的事物，厭惡與此對反的事物。（34）在這些與生俱來的事物中是否有快樂的存在，是個大問題；我認為除了快樂別無他事的想法，沒有四肢、沒有感覺、沒有心靈的活動、沒有身體的完整性及沒有〔身體的〕健康，是極度無知的事。

但從這個源頭一定會流出一切關於善與惡的事物的論述。波雷莫[238]及更早的亞里斯多德思考過我們剛才所說的那些與生俱來的事物。因此這個觀點是出於老學院及逍遙學派的哲學家，他們主張至善是依循自然而活，亦即藉由德性的實踐享受自然所賦予

---

237 類似的論述，參見 V, ix, 24。

238 波雷莫（Polemo of Athens），老學院的主事者（314/313-270/269 BC），思想以倫理學為主，他認為哲學上的理論知識是無用的；他提出的依據自然而活及德性足以獲得幸福等觀點，影響了他的學生芝諾所建立之斯多葛學派思想的開展；參見《學院思想》II, xlii, 131。

的原初事物。卡利弗[239]在德性上沒有附加任何東西，除了快樂外，狄歐都魯斯[240]加上痛苦的真空。***[241]所有我曾提及的人的至善是如下：對亞里斯提普斯[242]而言就是只有快樂，對斯多葛學派哲學家而言是符合自然，因為他們希望依德性存在，亦即依道德而活，這被如此地詮釋：伴隨著依自然所發生的那些事物而活，選擇那些依循自然的事物，揚棄背反自然的事物。（35）因此有三個至善與道德無關，一個是亞里斯提普斯或伊比鳩魯的至善，另一個是伊艾洛尼穆斯[243]的至善，第三個是卡爾內阿德斯[244]的至善；有三個至善在其中道德有某種附加物；波雷莫、卡利弗及狄歐都魯斯的至善；一個是單純的至善，芝諾是其作者，完全置於德行中[245]，亦即置於道德之中；例如皮洛[246]、亞里斯投及艾里路斯[247]，他們的思想被棄置已久。其他人都站得住腳，他們的結

---

239 參見 II, vi, 19。

240 參見 II, vi, 19。

241 缺漏。

242 參見 II, vi, 18。

243 參見 II, iii, 8。

244 卡爾內阿德斯（Carneades of Cyrene, 214/213-129/128 BC），新學院的主事者，於 155 BC 與狄歐金尼斯及克里勞斯一同出使羅馬，他的精湛的演說吸引不少學生；在倫理學上他對至善做分類藉以凸顯這些至善的觀點皆無法合理的辯護，參見 III, ix, 30; IV, xviii, 49; V, viii, 22 及《學院思想》II, xlii, 131。

245 decus，榮譽、高尚或德性。

246 皮洛（Pyrrho of Elis，約 365-275 BC），古希臘懷疑主義的創始者，他主張平靜祥和的生命（ataraxia）只能藉對事物不做任何的評斷（懸置判斷）而獲得。

247 亞里斯投及艾里路斯（Aristo of Ceos 及 Erillus，C3 BC 中期），斯多葛學派芝諾的學生，兩人思想參見 II, xiii, 43 及《學院思想》II, xlii, 129-130。

論符合前提，如亞里斯提普斯的結論是快樂、伊艾洛尼穆斯的結論是痛苦的真空及卡爾內阿德斯的結論是享受原初與生俱來的事物。[XII] 然而伊比鳩魯說過快樂是自然首先推薦的事物[248]，若他說的快樂是亞里斯提普斯所言的快樂，伊比鳩魯應該與他擁有相同的至善；但若他的快樂是伊艾洛尼穆斯所說的快樂，他做的會是同一件事，他將那〔亞里斯提普斯的〕[249]快樂置於自然首要推薦的事物中。

（36）例如他說感官知覺判斷快樂是善，痛苦是惡，他賦予感官知覺的東西比我們的法律所允許的還多，〈當〉我們是公民們法律訴訟的判官時。在訴訟案中判官經常無聊地，當他們判刑時，加上『若這是屬於我的判斷』；因為若不屬於他們的判案，不受判的案子沒有更多的事要加在其上[250]。感官知覺判斷什麼？甜與苦、平滑與粗糙，近與遠、靜與動及方與圓。（37）因此理性會公布公正適切的看法，這首先會用在與神聖及世俗的事物有關的知識，這個知識可被適切地稱為哲學智慧[251]，再者會用在德性上，理性主導與一切事物有關的德性，而你卻希望成為快樂的追隨者及奴僕。因此藉由與這一切事物有關的看法，理性首先陳述關於快樂的事，快樂不僅不會有任何地位，如它會被置於我們所探究的至善的唯一位置上，它也絕對不會被用在道德上。（38）關於痛苦的真空也會有相同的觀點。甚至卡爾內阿德斯也

---

248 關於 in prima commendatione 的譯文是依據 Reid 1925: 149 的詮釋。

249 這應是西塞羅或後人的誤植，因為在此提及的是伊艾洛尼穆斯。

250 西塞羅之意是，不屬於法官判定的案子，法官無須置喙，所以若道德不由感官知覺來決定，它應三緘其口。

251 這是對哲學的定義。

被摒棄，任何關於至善的論述無法藉由快樂或不痛苦的參與，或不藉由道德會得到認同。因此剩下兩個觀點，關於它們理性會再三地思考。理性要麼確立無物是善，除了德行，無物是惡，除了惡行，要麼其他事物一點影響力或重要性都沒有，所以它們既不應追求也不應被避免，而是應選擇或應拒絕，或者理性不僅會喜歡以德行為最美的裝飾的事物，也會看到滿溢那些源於自然之物及與整體生命圓滿有關的事物。理性會使得事情更加清楚，若它可檢視這兩個觀點之間的爭論是關於實質，還是關於字詞。

　　[XIII]（39）追隨理性的權威我現在將做相同的事。我將盡一切可能減少爭議而且所有與那些和德性無任何內在連繫的簡單的看法，我會認為應該從哲學中移除，首先是亞里斯提普斯及錫蘭尼學派所有的觀點，這些觀點將至善置於快樂之中是不對的，快樂以最大的愉悅感影響感官，它們睥睨那個痛苦的真空。（40）他們不知道，如馬出生是為了跑、牛是為了耕地，狗是為了驅趕獵物，所以人是為了兩件事，如亞里斯多德說，為了思想及〈為了〉行為，就像會朽的神祇一樣[252]，相反地他們希望某種緩慢及懶惰的動物的出生是為了牧草，且這個神聖動物的出生是為了快樂的產生，我認為無事比此更荒謬。（41）那這些看法是駁斥亞里斯提普斯，他認為快樂不僅是最高，而且是唯一，這我們都稱為快樂。然而你們喜歡的觀點不同。可是亞里斯提普斯，如我曾說，說得不對。其實人體的形貌及人理性能力的優秀思

---

252　亞里斯多德認為理性具有神聖性，能充分展現理性的功能的人，如過沉思的生活，是使自己活得如神祇一般，以臻不朽，《尼科馬哥倫理學》1177b27-1178a2。

維，都沒指出人的出生是為了這一件事，是為了享受快樂。事實
上也不應該聽伊艾洛尼穆斯，他的至善是無痛苦，你們有時候或
更恰當地說是極為經常說的是相同的觀點。若痛苦是惡的話，那
個惡的缺乏其實不足以過得好。艾尼烏斯[253]反而說過這句話：

　　無惡及身之人擁有滿溢的善。

讓我們不以避惡而以迎善來判斷快樂的生命，讓我們也不要以對
愉悅作讓步，如亞里斯提普斯，或對無痛苦作讓步，如伊艾洛尼
穆斯，來探究它，而是以行為與思慮來探討[254]。

　　（42）相同的觀點可用來駁斥卡爾內阿德斯所說的那個至
善，他提出的觀點與其說是他贊同的，不如說是他為反對斯多葛
學派哲學家，他與他們興戰。然而這是關於這類的事，在德性上
所加的權威似乎將會擁有充分飽滿的幸福生活，這是此探究的一
切。例如那些將快樂與德性連結的人，然而這不是至善，所使用
的連繫是如此地不可能，此外我也不理解他們為何以如此吝嗇保
守的方式做此連結。其實就好像他們加在德性上的東西他們一定
要買似的，他們首先加上最廉價的東西，然後他們將每一件不是
自然認可是首要的事物與德行[255]連結在一起。（43）這些事被亞
里斯投[256]及皮洛視為無物，他們主張在身強體壯與孱弱多病之間
沒有任何不同，人們很早以前就正確地不與他們爭論。然而有人
希望只在德性中有著一切，所以他們掠奪了德性對事物的選擇而
且也不賦予它任何事物，它可從何處開始或朝向哪兒去，他們摧

253 語出艾尼烏斯的悲劇《赫曲芭》（*Hecuba*）；關於艾尼烏斯，參見 I, ii, 4。
254 西塞羅《論義務》中強調沉思默觀應對人的社會生活有實質助益（I, xliv, 153）。
255 honestum 或譯為道德。
256 參見 *Diog. L.* VII, 160。

毀了那個他們擁抱的德性。此外艾里路斯藉由將一切事物召喚到知識跟前[257]看到某個善，但這不是至善，也無法藉此駕馭生命。因此這個觀點很久前就被揚棄了；其實在克呂希普斯之後確已不再討論它。

[XIV] 因此還剩下你們；與學院哲學家的比賽是沒有結論的，因為他們不主張任何事而且就像由於確定的知識是無望的，他們希望追求任何似乎是可能的事[258]。（44）然而與伊比鳩魯的比賽麻煩較多，因為他將兩種快樂結合在一起，且因為他本人、他的朋友及之後的許多追隨者為他的觀點做出諸多的辯護，不知怎地一個擁有最小權威的人有最大的力量，群眾讓他與他們為伍。除非我們駁斥他們，所有的德性，一切的倫理及每一個真正的價值都須被棄置。因此當其他人的看法被置於一旁後，剩下的不是我與投爾夸圖斯間的競賽，而是德性與快樂的比賽[259]。其實聰穎而且勤奮之人，如克呂希普斯[260]，不會鄙視這種競賽而且他認為關於至善的完全區分是被置於這兩件事的比較中。然而我想，若我顯示某事是有德的，它因其本身的意義及就其自身應該被追求，那我也揭示揚棄你們一切的看法。因此我簡短地確立這有德

257 參見 *Diog. L. VII*, 165。

258 懷疑主義的學院本身是沒有任何學理上的主張，所以西塞羅在《論占卜》中說：「『學院』的特色是不提出任何它自己的判斷，認可那些看起來是真理的事物（simillima veri），……」（I, lxxii, 150），所以西塞羅對伊比鳩魯的批判不是「學院」的主張，而是他認為最近似真理的看法；類似的觀點，參見《在圖斯庫倫的論辯》V, xxix, 83。

259 類似的說法，參見《學院思想》II, xlvi, 140。

260 就斯多葛學派獨尊德性的立場而言，這是一場沒有必要的競賽，但克呂希普斯對此無異議，參見《學院思想》ibid.。

之事是什麼，由於時間的要求[261]，我會進入你所有的看法，投爾夸圖斯，除非我的記憶碰巧停擺。

（45）那我們知道有德之事是這類的事，當一切好處都被移除，沒有任何報償的享受，它就其自身可被具正當性地讚揚。它是什麼樣的事無法用我已使用的定義來理解，雖然這定義對理解道德能多少有助益，反而是藉由所有人共通的判斷及每一位優秀卓越之人的追求與作為[262]，他們做諸多事為了一個理由，因為那是合宜、正確及有德之事，即使他們沒有看到任何利益上的獲得。人類與動物，雖然有其他諸多的不同，但特別是在這件事上，因為他們具有自然所賦予的理性及敏銳與活躍的心智，以極快的速度同時從事許多事，如我這麼說，伶俐的心智，它瞭解事物的原因與結果、詮釋類似的事物、將有所區別的事物連結在一起、將未來之事與當下之事串連及掌握隨後生命中的一切狀態。同一個理性使得人對人有欲求而且與人為伍他自然地有相同的語言及習俗，從家與家及朋友與朋友之間的愛利益逐漸擴及較大的範圍，他首先與公民緊密連繫，然後與所有的人連繫在一起，如柏拉圖曾寫信給阿爾奇塔斯[263]，他提及人出生不只是為了自己，

---

261 這句話只是西塞羅用來描繪這是個對話的過程，而非指對話者發言有時間的限制。

262 亞里斯多德《尼科馬哥倫理學》主張，適切合宜是由具有實踐智慧的人（phronimos）決定（1107a1-2）；實踐智慧使我們選擇適當的方法達成目的（1145a5-6）。

263 阿爾奇塔斯（Archytas，約活躍於400-350 BC）來自塔倫邨（Tarentum）的畢達哥拉斯學派的哲學家、數學家及軍事將領，據傳曾於361 BC解救柏拉圖，使他免於被狄歐尼希烏斯二世（Dionysius II）賣為奴隸。這是出於柏拉圖的〈第九封書信〉，亦可見於《論義務》I, iv, 12。

也為了國家及朋友，所以留給自己的是很小的一部分。（46）其實同一個自然也在人身上植入知道真理的欲望，它很容易出現在工作之餘[264]，我們也希望知道天上所發生的事，受到這些一開始的欲望的引導我們喜愛一切的真理，亦即值得信賴、簡單明瞭及恆保一致的事物，但我們厭惡無稽、造假及欺騙之事，如欺瞞、作偽證、怨恨及不正義。同一個理性在我們身上具有某種盛大及莊嚴的特質，此特質適合下達命令更勝於遵守命令，它認為俗世上的一切不僅可被忍受，而且是微不足道，它也具有某種高深卓越的特質，一無所懼、一無所信而且總是萬夫莫敵。（47）但在標示了這三種有德之事後[265]，隨之而來的是第四個有德之事，它從之前三個有德之事而來，而且附著在相同的美之中，在這之中存在著秩序與節制。在瞭解它具有相似的形體樣貌與價值後，它被移轉至言談與舉止的美上。例如從我剛才所提的那三個值得讚美的事，它躲避急躁、不敢以粗暴的語言或行為傷害任何人及擔心做或說了某些看來不夠勇敢的事。

　　[XV]（48）從各個方面來看，你，投爾夸圖斯，擁有完整及完美的道德的形貌，這個形貌完全由你也提及過的這四個德性所組成。你的伊比鳩魯說他自己對此完全無知[266]，那些將道德視為

---

264 這凸顯羅馬人對從事哲學有不同於希臘人的態度，哲學對前者而言不是一職業，即他們不認為有專業哲學家的工作。從事哲學研究通常是羅馬貴族及政治人物公餘活動。參見 Barrow 1987: 141-162；Earl 1967: 33, passim。

265 即智慧、正義及勇氣。接著談及的第四個有德之事是節制。

266 然而西塞羅似乎是忽略了伊比鳩魯《給梅奴伊克歐斯的信》132 的說法：明智（phronēsis）是所有其他德性產生的源頭，不以明智、高尚及正義的方式生活，不可能快樂地生活，且沒有以快樂的方式生活，不可能明智地、高尚

至善之人希望它是什麼及具有何特質。若他們視道德為一切事物
的依歸，且不說它是內存於快樂中，他說這些人發出的是空洞的
聲音[267]（他確實使用這個表述）也不瞭解與不知道在這道德的聲
音之下添附了什麼意義。其實傳統風俗會說，只有孚眾望的名聲
與榮耀被稱之為道德。「雖然」伊比鳩魯說「道德比某些快樂經
常令人更感愉悅，但追求道德是為了快樂。」

（49）你見過如此大的歧見嗎？高貴的哲學家，不僅希臘及
義大利，還有所有的外邦皆受他的影響，否認他知道道德是什
麼，若它不是在快樂中的話，除非它或許是受到群眾的意見的美
讚。然而我經常認為這甚至是可恥之事，若它確實不是可恥之
事，它不僅不是可恥之事，而且眾人對它的讚美是因為它自身是
對的及值得讚美；不是因為這個緣故，由於眾人讚美它而說它是
道德，而是因為它是這樣的事，若人們對它無知或保持緘默，由
於它的美及樣貌它是值得讚美之事。因此同一位哲學家被自然所
征服，他無法抗拒自然，他在其他地方說過你不久前也說過的觀
點，人不可能活得愉快，除非他依德而活。（50）他現在說的
「依德」是什麼意思？與「愉快地」同義嗎？因此他是這麼說
的：人不可能依德而活，除非他依德而活嗎？或除非依公眾的意

---

地及正義地活著。因為諸德性與快樂地生活共生，且後者與前者不可分。此
外伊比鳩魯認為，勇氣的基礎也是明智，故他視勇氣為對有利之事的推敲
（logismō），參見 *Diog. L.* X. 120b。因此「追求道德是為了快樂」的說法，
與「共生」及「不可分」的概念不相容。德性與快樂不是手段與目的的關
係，而是相互含括的關係。

267 類似的說法，參見《在圖斯庫倫的論辯》III, xviii, 42, '...voces inanes
fundere;...'。

見而活？因此沒有愉悅他否認〈自己〉能活嗎？什麼會比智者的生活是依靠不智的言談更令人覺得可恥？那他在此所理解的道德為何？當然是空無一物，除非它可就其自己被正確合理地讚揚。現在若是為了快樂受讚美，這個可以從市場中尋得的美讚是什麼？不，他是此人[268]，當他在那個論述中主張道德，沒有愉悅他否認活得下去，他認為道德是媚俗的事，且沒有它他否認能活得愉快，或他可能理解道德為其他某物，除非它是正確的，且就其自身、因其意義、本質及自然而然值得被讚美[269]。

[XVI]（51）因此，投爾夸圖斯，當你說伊比鳩魯大聲說他無法活得愉快，除非他依德、依智慧及正直地活著，我認為你是在自我吹噓。在表述中有如此重大的意義，由於那些觀點的價值是被這些表述所顯現出來，所以你變得較高大，如你有時候的堅持，你看著我們就像是為了作證一樣，伊比鳩魯有時候會讚美廉潔與正義。你是多麼適合使用它們，若哲學家們不會使用這些表述，我們對哲學沒一點需求！其實是藉由對那些伊比鳩魯甚少提及的字詞的愛，智慧、勇氣、正義及節制[270]，極具天賦能力之人

---

268　西塞羅以 'is vir est' 來強調伊比鳩魯是那個沒有快樂活不下去的人。

269　參照《梵諦岡格言》23 的內容，西塞羅似乎又忽略了伊比鳩魯主張，友誼，就其為一個德性，是因其自身值得追求。儘管伊比鳩魯隨後說，對友誼的追求是始於需求，「但這卻不是他對友誼看法的結束，人與人之間交往日久，慢慢地便從利益或工具層次提升到愛的層次，此一層次的友誼是因其自身值得我們追求，因為沒有愛的生活是孤獨的、寂寞的及殘缺的。可見伊比鳩魯把愛或友誼視為飽滿生命之所以可能的要素。友誼的真諦不是獲得幸福生活的工具，而是等同於幸福生活，如此為友誼犧牲性命也是必須的（28）。」參見徐學庸 2009: 172。

270　伊比鳩魯對愛（或友誼）的論述，參見《主要學說》XXVII, XXVIII, XL；

投身於哲學研究。（52）「眼睛」柏拉圖說「是我們身上最敏銳的感官，透過它們我們無法辨識智慧[271]。智慧為自己激發出非常熾熱的愛[272]！」為什麼是這樣？想必不是因為智慧如此聰明，所以它可以最佳的方式策劃快樂？為什麼正義受讚揚？或這個被遺忘的老諺語是從何而來，「和誰一起在黑暗之中[273]？」這句話充分展現了一件事，在一切的作為上，依此事而言，我們不受目擊者的影響。（53）你說這些事是無足輕重而且微弱無力，為惡之人受到靈魂的道德感的折磨，甚至受懼怕懲罰的影響，或總是處於有時候會受懲罰的恐懼中。不應該以懦弱或有著脆弱心靈的無德之人為典範，他做任何事都是自我折磨及害怕一切，但他詭詐地將一切事物以效益、機智、欺騙及狡獪為依歸，所以他以像祕密的方式計謀，在沒有見證，也沒有人知的情況下輕易地騙人。（54）想必你不會認為我是在說陸奇烏斯・圖布路斯[274]？當任地方行政官時，他審理幾樁謀殺案，他如此公開地收賄為了判決，

---

《梵諦岡格言》23, 28, 34, 39, 52, 56, 66, 79。對智慧的論述，參見《給梅奴伊克歐斯的信》126, 133；《主要學說》XVI, XXVII；《梵諦岡格言》32, 44, 56-57；*Diog.L.* X, 117-121b；對勇氣的論述，參見*Diog. L.* X, 120b；對正義的論述，參見《主要學說》XXXI—XXXVIII；《給梅奴伊克歐斯的信》132。對節制的論述，參見普路塔荷（Plutarch）《反對伊比鳩魯的幸福》（*Against Epicurean Happiness*）1089D，欲望的滿足應受制於理性的估量。由於無法贊同伊比鳩魯的「快樂即善」的觀點，西塞羅刻意忽略伊比鳩魯關於德性的論述。

271 參見柏拉圖《費多篇》（The *Phaedo*）65b 及《費德若斯篇》250d。

272 Bentley 及 Rackham 的版本加上 si videretur（若它 [ 智慧 ] 可被看見）；Madvig 及 OCT 的版本則刪除。

273 類似的諺語，參見《論義務》III, xix, 77。

274 陸奇烏斯・圖布路斯（Lucius Hostilius Tubulus, C2 BC）曾任地方行政官。

所以隔年時任護民官的普博利烏斯・史凱渥拉[275]將案子帶至人民
面前，他們希望調查此案。順應人民的要求元老院決定由格奈烏
斯・凱皮歐[276]來調查詢問此案：當他開始著手調查，圖布路斯立
即流亡出國不敢應訊，因為事態明顯。

　　[XVII] 因此我們探究的不是惡行，而是狡獪的惡行，例如
昆圖斯・彭沛烏斯[277]駁斥與奴芒提亞人所訂定的和約，其實也不
是探究害怕一切的事，而主要是探究不在乎靈魂的道德感的人，
壓制道德感當然不成問題。事實上據說祕密遮掩之人與展現自我
相去甚遠，甚至是使自己看來為他人的惡行感到傷痛，所以我們
所處理的事會是別的事嗎？

　　（55）記得我在普博利烏斯・塞克斯提利烏斯・魯夫斯[278]那
兒，當他向朋友們報告這樣的事，他是昆圖斯・法迪烏斯・嘎路
斯[279]的繼承人，在他的遺囑中寫道，他要求塞克斯提利烏斯將一
切的遺產歸給他的女兒。塞克斯提利烏斯否認他有此要求。然而
他可這樣做而且不受法律制裁；有誰會反駁他？我們之中無人相
信他，塞克斯提利烏斯真的比法迪烏斯更有說謊的可能，這是他
所關切的事[280]，但法迪烏斯曾寫過他要求的事塞克斯提利烏斯應

---

275　參見I, iv, 12，他於141 BC護民官任內，起訴審判圖布路斯。

276　格奈烏斯・凱皮歐（Gnaeus Caepio, C2 BC）時任執政官。

277　昆圖斯・彭沛烏斯（Quintus Pompeius），141 BC任執政官，他於140 BC攻
　　　打西班牙的奴芒提亞人失敗，與其訂定和約，但在接替者到任前他毀約，並
　　　取得元老院的同意。彭沛烏斯於131 BC任監察官。

278　普博利烏斯・塞克斯提利烏斯・魯夫斯（Publius Sextilius Rufus），生平不詳。

279　昆圖斯・法迪烏斯・嘎路斯（Quintus Fadius Gallus），生平不詳。

280　即擁有法迪烏斯的財產。

該有所行動。他還說他曾對渥寇尼亞法宣誓[281]，所以不敢做違背法律的事，除非朋友們有不同的看法。在場的我們其實都是年輕人，但多是相當傑出之士，他們之中沒有人認為給予法笛雅[282]的可能多於渥寇尼亞法的規定。塞克斯提利烏斯依法獲得大量的遺產，若他遵循那些人的看法，他們喜歡誠實與正直之事更勝於一切的利益與好處，他不會碰一毛錢。難道你不認為之後他會處於不安與焦慮的心境中嗎？一點都不，他反而因為遺產而致富，且因此而愉快。其實他大大地認為他擁有錢不僅不違反法律，而且是遵守法律。我們無論如何應該追求金錢，即使有危險，因為它是許多而且強烈快樂的製造者。

（56）人們認為正直與有德之事應就其自身被追求，他們經常承擔風險，為了合宜與廉正的緣故，就像你們以快樂評判一切，你們應該承受危險，所以可獲得最大的快樂。若大量的金錢及豐厚的遺產是利益的所在，當金錢產生極大的快樂，你們的伊比鳩魯也會做一樣的事，若他想追隨他的至善的話，對史奇皮歐而言[283]，他會被賦予無上榮耀，若他把漢尼拔[284]帶回非洲的話。為此[285]他走入多大的危險中啊！他將自己一切的努力都以道德，

---

281 渥寇尼亞法（The Voconia law），此法於169 BC通過，禁止女兒繼承財產，參見《論共和國》III, x, 17。西塞羅認為此法對女性在財產繼承上有不公不義的對待，參見ibid. 及《反對維瑞斯》（*Against Verres*）II, I, 107-114。

282 法笛雅（Fadia），法迪烏斯之女。

283 史奇皮歐（Publius Cornelius Scipio Africanus, 236-183 BC）是I, iii, 7的那位史奇皮歐的祖父；於205 BC任執政官，他於204 BC舉兵進入非洲，並於202 BC在札馬（Zama）擊敗漢尼拔，贏得阿菲里康奴斯（Africanus）之名。

284 漢尼拔（Hannibal, 247-182 BC），迦太基名將，羅馬最可敬可畏的敵手。

285 為此榮耀。

而非以快樂為依歸。因此你們的智者若受到某個大量利益的鼓勵，若有必要的話，他會以此理由[286]放手一搏。（57）祕而不宣的惡行可能存在，他會感到愉快；若被發覺，他會睥睨一切的懲罰。事實上他準備好睥睨死亡、放逐、甚至痛苦。你們視痛苦為不可忍受之事，當你們對為惡之人提出懲罰，當你們希望智者總是擁有較多的善的特質，這是可忍受之事。

[XVIII] 然而不僅想像狡獪之人所做的不正直之事，也想像極有權勢之人，如馬庫斯‧克拉蘇斯便是[287]，可是他經常使用他的勇氣[288]，一如今天我們的彭沛烏斯[289]，應該對他的善行表示謝意，因為他有能力成為任何他想要成為的不正義之人，且不受懲罰。有多少的事能以不正當的方式發生而且無人能譴責它們！（58）若你大限已到的朋友要求你歸還遺產給他的女兒，他完全

---

286 OCT 及 Rackham 的版本是 cum causa；Reids 的版本是 pecuniae cum causa（以錢為由）。Madvig 的版本雖然也是 cum causa，但他以匕首符號表示此處的文字損壞，並建議 cum amico 的讀法（Mihi Cicero Scripsisse videtur: cum amico），中譯文會是「與朋友放手一搏」。此外 Bentley 的版本是 animi causa（為了靈魂）。

287 馬庫斯‧克拉蘇斯（Marcus Licinius Crassus，約 115-53 BC），於 87 BC 赴西班牙以躲避國內由奇納（Cinna）所發動的內戰，三年後回到義大利加入蘇拉（Lucius Cornelius Sulla, 138-78 BC）的陣營。蘇拉於 88 BC 任執政官，82 BC 後成為獨裁者，並於 73 BC 任地方行政官，70 BC 任執政官，與彭沛烏斯及凱撒（Gaius Iulius Caesar）形成第一次三人執政。

288 bono 在此不是指克拉蘇斯所擁有的財富，而是指他的 bonum animi（勇氣），參見 Reid 1925: 171。

289 彭沛烏斯（Gaius Pompeius Magnus, 106-48 BC），於 70 BC 與克拉蘇斯同任執政官，在羅馬共和後期與凱撒（Gaius Iulius Caesar）的內戰中法爾沙路斯一役戰敗，他逃至埃及被刺身亡。

沒有立下字據，像法迪烏斯所寫的遺囑，他也沒告訴任何人，你
會怎麼做？你一定會歸還；伊比鳩魯本人或許會歸還，如塞克斯
圖斯・沛都凱烏斯[290]，塞克斯圖斯之子，他留下他的兒子成為我
們在仁慈與誠實的典範，他不僅有學問，而且是最卓越及最正直
之人，因為沒有人知道蓋伊烏斯・普婁提烏斯[291]，優秀的羅馬騎
士，奴爾希亞人，曾要求他，他自願地來見普婁提烏斯的夫人，
對她而言小塞克斯圖斯是位不速之客，他向夫人說明他所受的託
囑而且歸還遺產。我試著從你這兒獲得答案，因為你一定會做相
同的事，你是否瞭解自然的力量是比此還大，因為你們自己將對
自己有利的事物，如你們所言，歸為快樂，但從你們的作為來看
你們顯然不是追求快樂，而是追求義務[292]，正直的本性比扭曲的
理智更具影響力。（59）若你知道，卡爾內阿德斯說，有隻毒蛇
祕密地潛伏於某處而且某個不小心之人想坐於其上，他的死將對
你有利，你會做不正直之事，除非你警告他，不要坐下。然而你
不會受罰，因為有誰能證明你知道？但這要花許多篇幅來論述。
其實這是明確之事，除非平等、誠信及正義是出於自然，且若這
一切都以效益為依歸，我們無法找到有德之人；關於此賴立烏斯
在我的《論共和國》中已充分的討論[293]。

　　[XIX]（60）同樣的道理轉移至謙遜與節制上，謙遜是遵循

---

290 塞克斯圖斯・沛都凱烏斯（Sextus Peducaeus），75 BC 在西西里任執政官
　　時，西塞羅是他的財務官；其子小沛都凱烏斯是西塞羅的好友阿提庫斯
　　（Atticus）的朋友。

291 蓋伊烏斯・普婁提烏斯（Gaius Plotius），生平不詳。

292 即追求適切合宜的行為（officium）。

293 參見《論共和國》III。

理性的欲求。那麼有人對謙遜節制有足夠的照顧，若他在沒有目擊者的情況下服膺於慾望之下？或某事就其自身是可恥的，即使它不會伴隨任何汙名？

　　什麼？或許人們在算計完快樂之後才出征，他們為國家灑熱血，還是受到某種心中的熱情與激動的刺激？最後你是否認為，投爾夸圖斯，那位將軍[294]，若他聽了我們的說法，會比較願意聽你的論述還是我的，當我說他所做的一切不為自己，只為國家，反之你說他的所做所為只為了自己[295]？你是否真的願意說明此事而且以更坦白的方式說他不做任何事，除非為了快樂，你認為他最後將如何回應？（61）就這樣，若你願意這樣的話，投爾夸圖斯為其個人利益做事（因為我喜歡說利益更勝於快樂，特別是與如此重要之人有關）：他的同僚普博利烏斯・德奇烏斯[296]，在他家族中的第一位執政官，當他不顧生命衝鋒闖入拉丁人的軍隊之中，不致於是想到某件與他的快樂有關的事吧？他在哪兒或何時獲得快樂了？當他知道自己必死無疑，他以比伊比鳩魯認為應該追求的快樂更熱切的心追求死亡。除非他的作為受到應得的讚揚，他的兒子在他第四任執政官任期時不會效法[297]，之後他的兒

---

294　參見I, vii, 23 及x, 34-36。

295　值得一提的是，雖然伊比鳩魯主張快樂是至善，但他並非強調一個人只應自私地追求個人的快樂，《給梅奴伊克歐斯的信》131有言，過著單純健康生活的人，在面對生活中必要的義務時不會猶豫躊躇。

296　普博利烏斯・德奇烏斯（Publius Decius Mus, C4 BC）於340 BC任執政官，在坎帕尼亞的戰役中，他騎馬衝進拉丁人及坎帕尼亞人的軍隊中，並為國捐軀。

297　普博利烏斯・德奇烏斯（Publius Decius Mus, C4-3 BC），老德奇烏斯之子，於295 BC第四任執政官職時戰死於申提農（Sentinum）。

子在擔任執政官時與皮魯斯的戰爭也不會戰死沙場，且他出於連續的世代成了第三位為國犧牲之人[298]。

（62）我要限制自己舉例。在希臘人中有少數幾個例子，雷翁尼達斯[299]、艾帕米農達斯[300]，約莫三或四個人[301]：若我開始引用我們的例子，我真的會完成此事；快樂向德性投降，必然受其制約，但時間遺棄了我[302]，如奧路斯·瓦里烏斯[303]，他被認為是位較嚴厲的法官，經常對他的陪審官說，當其他的證人被允許，而受傳喚時，『要麼這個證人就足夠，要麼我不知道什麼是足夠』，因此我已提出足夠的證人。再來呢？是快樂引導你，與你先祖相較你最值得尊敬，你年輕時奪走普博利烏斯·蘇拉的執政官職[304]？該職務你交還給你父親[305]，一位最具勇氣之人，他不僅一直是這麼一位執政官或公民，而且卸任官職後也是！依據他的典

---

298 普博利烏斯·德奇烏斯（Publius Decius Mus, 3 BC），老德奇烏斯之孫，於279 BC 任執政官時在阿斯庫倫（Asculum）之役被皮魯斯擊敗而且殉國；Reid 1925: 174 認為這個故事無歷史根據。皮魯斯（Pyrrhus, 319-272 BC），亞歷山大的表弟，艾皮魯斯（Epirus）的國王。

299 雷翁尼達斯（Leonidas）於490-480 BC 統治斯巴達，於480 BC 在塞爾莫皮賴之役（Battle of Thermopylae）抵禦波斯大軍，戰死沙場，屍體被支解。

300 艾帕米農達斯（Epaminondas, 卒於362 BC），塞貝斯的軍事將領，於362 BC 在曼提內亞（Mantinea）與斯巴達之役獲勝時被殺。

301 西塞羅暗諷希臘人缺乏愛國意識。

302 指天色已晚。

303 奧路斯·瓦里烏斯（Aulus Varius），生平不詳。

304 普博利烏斯·蘇拉（Publius Cornelius Sulla, 卒於45 BC），為獨裁者蘇拉的親戚，於65 BC 選上執政官，卻因賄選遭逐出元老院。於62 BC 因支持卡特利納（Lucius Sergius Catilina, 109-62 BC）的叛國被判刑。

305 奧路斯·投爾夸圖斯（Aulus Torquatus），參見II, xxv, 72-73。

範我自己任事 306，與其說考量我個人的利益，不如說是考量全體的利益。

（63）你自認說得相當漂亮，當你從一邊讓某人滿載最多及最大的快樂，沒有任何現在及未來的痛苦的出現，但從另一邊你使他整個身體充滿極度的折磨，與快樂沒有任何連繫也沒有任何期盼，且你問有誰比後者更慘，或比前者更好或更快樂；然後你結論，痛苦是至惡，快樂是至善！

[XX] 曾有位陸奇烏斯‧投里烏斯‧巴爾布斯 307，拉奴唯思人，你不可能記得此人。他這麼活的，以致於任何值得選擇的快樂不可能被發現是不飽滿充盈。他貪求快樂，是那類事物的行家，且富有，他不是那麼地迷信，所以他鄙視在他國家中諸多的獻祭與神殿，他並不那麼怕死，所以他為國死在劍下。（64）他不是以伊比鳩魯的分類來定義慾望，而是以個人的滿足。此外他具有一關於健康的理論：他大量運動所以他會又渴又餓地來吃飯，他享用佳餚美食而且同時最易消化的食物，他飲酒作樂，且不傷害自己。他使用其他的快樂，當它們被移走時伊比鳩魯否認他知道什麼是善。所有的痛苦皆不在；若痛苦現身，他不會軟弱地承受，而是使用醫生，更勝於使用哲學家。他臉泛紅光、身體健康、有極大的影響力、最後生命中匯聚所有各式各樣的快樂。（65）你們說他快樂：事實上你們的理論以此方式強迫他。但我將自己置於他之前，我不敢說：德性自己會為我說話而且它不遲

---

306 西塞羅於 63 BC 成功地阻止了卡特利納的叛國罪行。

307 陸奇烏斯‧投里烏斯‧巴爾布斯（Lucius Thorius Balbus），此人的名字曾出現當時的錢幣上，參見 Reid 1925: 175。

疑地視馬庫斯・瑞古路斯[308]優於你們的快樂之人，他出於自願，不受任何力量的強迫，除了他對敵人的誠信，從自己的國家回到迦太基，然後受到剝奪睡眠及飢餓的折磨，德性宣布他比在玫瑰叢[309]中飲酒的投里烏斯更快樂。他參與重要的戰爭，曾兩任執政官，並得勝凱旋，但他不認為他那些如此偉大及卓越的功績比他最終的不幸更優秀，為了誠信與節操他承受此不幸；對我們的聽眾而言他是悲哀的，對他而言承擔不幸是較快樂。事實上人們不會因愉悅、嬉鬧、玩笑或笑話與不值一提的同伴而快樂，經常在悲傷時因堅定與節操感到快樂。（66）陸克瑞緹雅[310]被國王之子的暴力玷汙後，她訴諸於公民同胞，並自殺。這個羅馬人的痛苦，在布魯圖斯的領導及權威下，是城邦獲得自由的原因，由於對這位女性的懷念，她的先生及父親在第一年成為執政官[311]。陸奇烏斯・維爾吉尼烏斯[312]，在眾人之中是位無足輕重之人，於國家獲得自由後第六十年親手殺了自己未出閣的女兒，而不是將女

---

308 馬庫斯・瑞古路斯（Marcus Atilius Regulus, C3 BC），於267 BC及256 BC兩任執政官，他於255 BC與迦太基的戰爭中戰敗被俘，死於獄中；這裡的故事僅止傳說；類似的說法參見《論義務》I, xiii, 39及III, xxvi, 99—xxxii, 115。

309 in rosa應該是指在有玫瑰花園叢圖案的躺椅上。

310 陸克瑞緹雅（Lucretia），被羅馬最後一位國王塔爾昆尼烏斯（Lucius Tarquinius Superbus, 534-510 BC）之子塞克圖斯（Sextus）強暴，隨後引發布魯圖斯（Lucius Iunius Brutus, C6 BC）將塔爾昆尼烏斯逐出羅馬，而形成共和制。

311 陸奇烏斯・塔爾昆尼烏斯・寇拉提奴斯（Lucius Tarquinius Collatinus），陸克瑞緹雅的丈夫，於509 BC共和元年擔任執政官。

312 陸奇烏斯・維爾吉尼烏斯（Lucius Verginius），生平不詳；他的女兒是維爾吉尼雅（Verginia）。

兒交給當時最具權勢的阿皮烏斯·克勞帝烏斯的色慾[313]。

[XXI]（67）你要麼，投爾夸圖斯，譴責這些事，要麼應該駁斥關於快樂的辯護。然而關於快樂是什麼樣的辯護或是什麼樣的事例，你從卓越之人身上得不到任何證據，也不能賦予美讚？其實依據年譜的記錄與證據我指名那些將所有的生命投注於榮耀工作上的人，他們無法聆聽快樂之名，所以在你們的論辯中歷史是沉默的[314]。雖然我曾在伊比鳩魯的討論中聽過呂庫爾勾斯[315]，梭倫[316]，米爾提阿德斯[317]，塞米斯投克雷斯[318]及艾帕米農達斯[319]被提及，所有其他的哲學家也言及這些人。現在因為我們開始處理這些哲學作品，我們的阿提庫斯將從他的寶藏中提供給你為數甚多的英雄！（68）與此相關之事難道不會比如此多卷敘述塞米絲塔[320]更好？那些是屬於希臘人的事；雖然我們從希臘人而有哲學

---

313 阿皮烏斯·克勞帝烏斯（Appius Claudius, C5 BC），立法者與政治人物，雖生為貴族，但在平民要求法律平等這件事上，是站在平民的一方。

314 歷史事件可提供道德的判準，西塞羅受到斯多葛學派哲學家波希東尼烏斯的影響。

315 呂庫爾勾斯（Lycurgus, C7 BC），斯巴達立法者，社會秩序的奠基者。

316 梭倫（Solon, C6 BC），雅典立法者及政治家。

317 米爾提阿德斯（Miltiades, C6 BC），雅典貴族及軍事將領，是馬拉松戰役的指揮官。

318 塞米斯投克雷斯（Themistocles，約 524-459 BC），雅典哲學家與軍事將領，雖然在波希戰爭中屢建戰功，卻於 470 BC 被放逐。

319 參見 II, xix, 62。

320 塞米絲塔（Themista）是伊比鳩魯思想的信奉者，伊比鳩魯寫了《尼歐克雷斯》（Niocles）來讚美這位女性思想追隨者（Diog. L. X, 28）。西塞羅以女性來指涉伊比鳩魯，欲凸顯他對公共事務不關心，只求個人的好及快樂，就像女人只著重私領域的事。

及所有精緻的學問，但有些是我們不許做，而他們許做。

斯多葛學派哲學家與逍遙學派哲學家的戰爭。前者否認任何事物為善，除它是有德之事，後者特別將善歸給道德，但儘管如此在身體及外在事物中存在某些好事。令人尊敬的戰爭而且是了不起的論辯！因為這一切論辯是與德性的價值有關。但與你們的論辯當你在討論時，甚至要聽到許多與淫穢的快樂有關的論述 321，伊比鳩魯相當常言及這些事。（69）因此你無法為那些看法辯護，投爾夸圖斯，相信我，若你檢視你自己及你的想法與研究；他的畫 322 會令你感到羞恥，我告訴你，克雷昂塞斯 323 經常以清晰適切的語言描述它。他要求聽他講課之人想像在畫中有位多采多姿的快樂，她穿戴華麗尊貴，坐在太陽底下；身旁是當婢女的德性，她們不做他事，也不執行任何自身的義務，除非為快樂服務，只有在她耳邊對她耳提面命（若這可以畫來理解的話），她要注意不要草率行事，冒犯人們的感受，或做任何會引起某人痛苦之事。『其實我們德性生來如此，所以我們為妳服務，我們沒有其他的工作。』

[XXII]（70）但伊比鳩魯否認（事實上這是你們強而有力的

---

321 若這些淫穢之事是指與性愛有關的論述，伊比鳩魯似乎不像西塞羅認為，將性愛與快樂畫上等號。《給梅奴伊克歐斯的信》132 有言，與男孩及女人性交不等於是愉悅的生活；且性交對人沒有助益（*Diog. L.* X, 118），若人們不陷入愛戀之中，性愛的衝動就會解除（《梵諦岡格言》18），智者是不會墮入愛意之中，就算他與女性交媾，也不會以於法不容的方式（*Diog. L.* X, 118）。此外是友誼而非性愛才是通往至善之路（《梵諦岡格言》52）。

322 據說這幅畫是在《論快樂》（*Peri Hēdonēs*）這本書之中。

323 克雷昂塞斯（Cleanthes of Assos, 331-232 BC），斯多葛學派哲學家，芝諾的學生，對該學派的思想有守成之功，並無個人創見的貢獻。

論點）任何不依德而活之人可能活得愉快。好像我在意他說或否認什麼：我問這個問題，對一個將至善置於快樂之中的人何以會有合理的陳述。你可否提出為什麼投里烏斯、齊歐斯的波斯圖米烏斯[324]及他們所有人之首，歐拉塔[325]，還是過得最愉快？伊比鳩魯本人否認，如我之前所言，奢華之人的生活應受責難，除非他們明顯是愚蠢之人，亦即除非他們有慾望及擔心害怕。關於這兩件事他提供藥物，他提供奢華的放縱。當它們被移除之後，他否認在玩樂之人的生活中他找得到他會斥責之事。

（71）因此當一切事物皆轉向快樂時，你們無法保護或維繫德性。有德及正義之人也不應被視為禁絕不義，沒有惡行之人。我相信你知道這句話，

　　　無人是正直的，他正直……：[326]

注意，你不要認為有比此更真之事。其實只要他害怕，他就不是位正義之士，且他一定不會是正義之士，若他停止害怕；此外他不害怕或能夠掩飾，或有能力以強大的力量維持他所做的事，他一定會被認為是有德之人，但他或許不是，更勝於他是位有德之人，卻可能不被認為是。因此，這是最醜陋的事，你們將正義的假象以某種方式傳遞及丟拋給我們，以取代真正及確定的正義，所以我們會鄙視我們穩定的道德感，且我們會追逐他人錯誤的看

324 這位波斯圖米烏斯可能是 Gaius Hirrius Postumius，第一位以魚池養魚之人。
325 歐拉塔（Gaius Segius Orata），他的奢華常被提及。
326 這句引文就斷於此；Woolf 2001: 50, n. b 認為這句話或許是接「他將正直立基於害怕之上」。

法。

（72）相同的觀點也可用來說明其他的德性，你們將所有德性的基礎都置於快樂之中，就像置於水中[327]。然後呢？我們能夠說那同一位投爾夸圖斯[328]有勇氣嗎？——事實上我感到愉快，雖然我無法，如你所言，證明你錯，但我說，我為你的家族及名字感到高興。天啊，最優秀及我們最愛的人，奧路斯·投爾夸圖斯[329]，躍然於我的眼前，所有人皆知他與我同一陣線而且在那些時候為我做了卓越之事，你們兩人必須知道。我個人不會心存感謝，我希望我是而且被認為是心存感謝，除非我瞭解他是為了我的原因是我的朋友，不是為了他自身的原因，除非你說他一切的利益是以正確的方式做事。若你這麼說的話，我就贏了，因為這是我想要的，我所主張的事，義務自己享受義務[330]。（73）你的伊比鳩魯不要這個，他從一切事物中徵收快樂，就像要求報償一樣。但我要回到投爾夸圖斯。若是為了快樂的緣故當他受到挑戰，與高盧人在阿尼歐作戰，且從他的戰利品中帶上使他擁有其名的項鍊是為了任何其他的原因，除了因為他認為如此的行為是與人相稱，我不認為他有勇氣。若羞恥、謙遜、貞節或一言以蔽之節制是受迫於對懲罰與不名譽的恐懼，不是因它們的聖潔受到保護，通姦、放蕩等色慾不要貿然及猛然地出現，它不是隱而不

---

327 水是流動的，無法成為事物的基礎，指伊比鳩魯的觀點無稽荒謬。

328 參見 I, vii, 23。

329 奧路斯·投爾夸圖斯（Aulus Torquatus），西塞羅的友人，因於內戰中支持共和陣營被凱撒放逐。

330 換言之，適切合宜的行為就其自身值得追求，有其報償，而不是為了快樂而追求之。

宣，就是不受懲罰或受到允可嗎？

（74）然後呢？投爾夸圖斯，那最後會是什麼樣的事，你的所作所為、思考及主張都是以你的名字、天賦與榮耀為依歸，為了這目的你試著完成你想要的事，最後你判斷你不敢在聚會中說生命中的至善是什麼？為什麼你想服公職，當你擔任法官及處理爭端（因為你必須宣布在公正的訴訟辯論上你將遵循的規範，或許甚至，若你認為的話，你以先祖的傳統來陳述與你的先祖及你個人有關的事），因此為什麼你要服公職，你會說在法官任上你將為了快樂的緣故做一切的事，且你在生命中不做任何事，除非為了快樂的緣故？『你是否』你說『認為我是如此瘋狂，以致於我以此方式在無知之人中說話？』那你在法庭說相同的話，若你害怕群眾的話，就在元老院中說。你從來不做[331]。為什麼，除非

---

[331] 西塞羅指責伊比鳩魯及其追隨者，為了個人的快樂不關心公共事務，亦可參見《論友誼》XIV, 50 及《論共和國》I, i, 1-vii, 12；亦指控他們，就算參與政治也會以追求快樂為目的，參見《論義務》III, xxxiii, 116-120。此外關於伊比鳩魯不鼓勵人們參與政治的主張，在古代文獻裡及他個人的作品中屢見不鮮，例如 Diog. L. X, 10 及 119；普路塔荷《反對寇婁特斯》（*Against Colotes*）1127a 及 1127d-e；《主要學說》VI 及《梵諦岡格言》58。這因此成了對伊比鳩魯及其學派不贊成人們參與公共事務的一般及傳統的詮釋。然而這是對伊比鳩魯倫理學及政治哲學思想的正確的理解嗎？若是的話，伊比鳩魯便會提出我們不參與所有形式的社會生活，而這會使得他成為犬儒主義者，因此對不鼓勵參與公共事務的觀點就必須有另一合理的解釋。《主要學說》VII 提供了思考此問題的可能方向，「有些人想要成名及受欽佩，因為他們認為如此可從他人那兒獲得安全」（亦可參見 VI, XIV）；然而這與其給了他們安全感或安定，不如帶給他們更多件的生活，如陸克瑞提烏斯所言：「人們希望自己卓越及有權勢，他們的運氣座落於穩定的基礎上及能夠富有地過著平靜的生活，枉然，因為人們競相追求最高榮譽，使得他們的旅程是

因為你的論述醜陋可恥？難道你認為我與特里阿里烏斯是你適合以醜陋可恥的方式說話的人嗎？

[XXIII]（75）那是真話：那個關於快樂的表述是不具價值，或許我們不懂，因為你們不斷地說我們不懂你們說的快樂。它顯然是個困難而且模糊觀點！當你們說不可分割之物[332]及世界與世界的空間時，它們不存在，也不可能存在，我們懂，但所有的麻雀知道的快樂，我們不可能懂吧？如果我試著證明我表明我不僅知道什麼是快樂（它其實是在感官知覺中令人愉悅的運動），而且也知道你希望它是什麼會如何呢？有時候你說的快樂是我剛才說的意思，你將名稱置於運動之中，由於它是而且產生某種多樣性，而有時候你稱它為某個至善，在它之上無法加上任何東西；

---

險途。」（《論萬物的本質》V, 1120-1124）。從這兩段引言可見，伊比鳩魯不是主張所有人皆不應參與政治，而是不應將政治視為生活安定的基礎，全心全意地投入競選公職的競爭中。因為並不是每個人都適合走上仕途，也不是每個人皆能以有智慧的方式爭取公職（V, 1134）。不適合者及沒智慧者執意參與政治只會令自己身處黑暗之中（II, 54），一輩子都不可能成功（V, 1135）。適合參政者可在政治上得到屬於他們的自然的善（《主要學說》VII），但不適合者只會讓自己的生活在失敗及失望中度過。因此伊比鳩魯不是反對政治，而是認為政治的參與須與個人的能力及特質相符，否則緣木求魚，注定挫敗。此外西元後二世紀的狄歐金尼斯（Diogenes of Oenoanda）記載，伊比鳩魯認為正義，友愛及農業生產上的互助就足以形成有組織的社會，不需城牆及法律來維繫，且在此社會中人能滿足欲求所需（LS 22S）。不同於西塞羅的批判，伊比鳩魯並未在人類的生活中提倡去政治化的觀點，而是提醒我們兩件事：（1）參與政治一定要評估個人是否適合；（2）我們有可能活在一個與現存的政治社會完全不一樣的制度裡，且它可增進我們的幸福。

332　這是指原子，參見I, vi, 17。

然後當它現身時，所有的痛苦皆離席；你稱此為靜態的快樂。
（76）就讓後者是真的快樂。就在任何地方的聚會中說，你做一
切的事是為了不痛苦。若你認為這其實說得不夠卓越，也不夠高
尚，就說你未來在全部的生命中做一切的事都是為了你個人的利
益，不做任何事除了它是有利之事，最後不做任何事，除非是為
了自己：你認為群眾的呼喊及執政官職的希望你是最有準備的
嗎？因此你所追求的、對自己及對親友所使用的理論，你不敢在
眾人中公開發表嗎？但其實逍遙學派哲學家及斯多葛學派哲學家
說的那些看法，在法庭上及在元老院中，總是掛在你嘴上。義
務、公平、價值、誠信、正直、德行、公職的尊嚴、羅馬人民的
尊嚴、為國家的一切危難及為國犧牲，當你陳述這些事時，我們
像傻瓜一樣吃驚，你顯然是嘲笑你自己[333]。（77）在那些如此壯麗
及如此卓越的表述中快樂沒有任何位置，不僅是你們說的那個動
態的快樂，每一個城市、鄉下及每一個，我說，說拉丁文的人稱
此為快樂，而且靜態的快樂也是，除了你們之外無人稱它是快
樂。

　　[XXIV] 因此注意，你們不應該以你們的觀點來使用我們的
語言。但若你為自己塑造外型及走路的方式，藉此你會看起來較
有份量，你會不像你自己：你會想出一些表述而且陳述你並不認
為的看法嗎？或更甚者，就像衣服一樣，所以你在家有一種想
法，在公眾場合有另一種想法，所以表面是為了展示，真實藏諸
內心？想想，我要求，這對否。事實上我認為真實的意見是值得
尊敬、值得讚美、富有榮耀，它們發表於元老院、在群眾及在一

---

333 伊比鳩魯的態度，參見 II, xix, 60 的注釋。

切的集會與議會中，所以思考羞於啟齒之事不該是件不令人感到
羞恥之事。

（78）但事實上友誼的位置可能在哪兒？或有誰能是某人的
朋友，若他不是因為這個人而愛他？然而什麼是愛，從它引出友
誼這個名稱[334]，除了某人希望在最大的可能下被賦予諸多好的事
物，即使無物[335]會從這些好事溢流向他嗎？『有此想法』他說
『對我有利。』或許更恰當地說看來有利，因為你無法有此想法，
除非你是朋友[336]。然而你如何是位朋友，若那個愛沒有攫住你？
愛的產生不習於用效益為說明，而是從自身而出，且自然而然產
生。『但事實上我追求效益。』因此友誼維持多久與利益追求的
時間一樣，且若效益組成友誼，它也會移出友誼。（79）但你究
竟要做什麼，若利益與友誼分開，如它經常發生，它會停止嗎？
你會放棄嗎？那是什麼友誼？你會維持嗎？這如何調和？你瞭解
你對友誼所提出的看法[337]〔應該為了利益追求友誼〕。『若我停止
保護朋友，我獲得的不是原諒，而是憎恨。』主要是為什麼那件
事值得受到憎恨，除非它是醜陋可恥之事？但若你不放棄朋友，
其實你會獲得無益之事，但你希望他死，所以你不會在沒有報償
的情況下被繫縛住。但若朋友不僅沒有為你帶來任何的利益，反
而要犧牲你的家產，承擔勞力，並在生活中面對危險呢[338]？那你

---

334 amicitia（友誼）與 amor（愛）有相同的字根，參見《論友誼》VIII, 26。

335 亦即沒有任何有利之事。

336 'Immo videri fortasse; nisi eris, non potes' 這句話譯文參考 Woolf 2001 的英
　　譯；Reid 1925: 180 認為這是句粗心大意的話，缺乏完整的文法結構。

337 參見《梵諦岡格言》23。

338 友誼就其自身值得追求及為朋友犧牲的討論，參見II, xv, 50 的注釋。事實上

真的不關心自己而且不去思考每個人是為他自己及為個人的快樂
而生嗎？你會為了朋友把自己當成保證人交給暴君，如畢達哥拉
斯學派的哲學家在西西里暴君前的作為[339]，或皮拉德斯，若你是
他的話，你會說你是歐瑞斯特斯，為了替朋友死，或若你是歐瑞
斯特斯，你會斥責他，且表明自己的身分，若你無法證明此事，
你不會懇求不要讓你們一起死嗎[340]？

　　[XXV]（80）其實你，投爾夸圖斯，會做這一切；我認為無
事值得大力推崇，因為我相信你將會無視死亡及對痛苦恐懼的存
在。然而所探究的不是什麼與你的本性一致，而是什麼與你的學
派思想一致。那個你為之辯護的理論，那些你教授及贊同的格
訓，它們完全摧毀友誼，無論伊比鳩魯多麼大力地讚揚友誼，如
他所謂，直至天際。『但伊比鳩魯自己珍惜友誼。』有誰，我
問，否認他是好人而且友善又仁慈？在這些論辯中探究的是他的
理性，而不是他的性格。在希臘人無聊的舉止中有那種不當扭曲
的特性，他們以惡言批評那些與真理有關之事上他們不認同的
人[341]。但無論在保護朋友這件事上他是多麼友善，儘管如此，若

---

　　西塞羅的摯友阿提庫斯，伊比鳩魯思想追隨者，在西塞羅仕途發展上是主要
　　的政治資金籌措的對象，他也大方地仗義疏財。

339 指達蒙（Damon）及芬提亞斯（Phintias）之間的故事，他們之間的友誼使
　　得暴君狄歐尼希烏斯（Dionysius）不僅赦免其中一人的死罪而且希望他們
　　二人視他為朋友，相關故事參見《論義務》III, x, 45 及《在圖斯庫倫的論辯》
　　V, xxii, 63。

340 關於皮拉德斯願為歐瑞斯特斯犧牲，及後者不忍前者為其犧牲的故事，參見
　　《論友誼》VII, 24 或尤里皮德斯的《在陶呂斯人群中的伊菲干尼雅》
　　（Iphigenia in Tauris）。

341 西塞羅強調自己對伊比鳩魯的批判是就事論事，不做人身攻擊。

我的看法是真的話[342]（因為我無法確認任何一個說法），伊比鳩魯不夠犀利。『但許多人認同他。』（81）其實這或許沒錯，但儘管如此群眾的證明是最不具份量，因為在每一項技藝、研究、任何知識或德性自身中最好的也是最稀有的。事實上對我而言，伊比鳩魯是位好人，且許多伊比鳩魯學派哲學家過去與現在都是忠於友誼，在生命的每個環節上都維持節操與嚴肅，且不以快樂，而以義務的判斷為指導，這似乎是道德的力量較大，快樂的力量較小。因此有些人活著，所以他的演說被他們生命斥責。此外有另一些人認為說比做更好，所以這些伊比鳩魯學派哲學家，對我而言，似乎是做比說更好。

[XXVI]（82）但這些當然是與議題無關：我們要看看你對友誼的那些看法。從那些看法中我似乎認知到一個出於伊比鳩魯本人的說詞，友誼不能與快樂分離，且為了那件事友誼應被珍惜，因為沒有友誼無法活得安全與無懼，甚至無法活得愉快[343]。對此有足夠的回應。你曾帶進另一個較那些近來的伊比鳩魯學派思想家更合人性的看法，這從未出自伊比鳩魯的語詞，我知道，一開始為了利益需要朋友，但當利益已結合，然後朋友就其自身被愛，甚至忽略了快樂的希望。這即使可能被以許多的方式駁斥，但我接受他們提出的看法，因為這對我而言足夠，但對那些人而言不夠。例如他們說有時候這有可能適切地發生，當沒有快樂被期待與探尋時。（83）你也可說有些智者在他們之間形成某種契約，所以，就像他們對待自己，以同樣的方式對待朋友；這

---

342 hace（這些看法），Reid 1925: 191 認為指的是西塞羅的看法。

343 參見《主要學說》XXVII, XXVIII 及 XL。

有可能發生，契約也經常形成，且特別是與獲得快樂有關。若他們能夠形成契約，他們也會做這事，他們會看重公正，謙遜及一切優雅的德性自身。若我們以成果，利益及效益培養友誼，若沒有關愛的存在[344]，它以它自然而然的方式及自身的力量使得友誼發生，出於它而且為了它友誼應被追求，我們將農莊及房屋置於朋友之前會是值得懷疑之事嗎？

（84）在此你可再次敘述這些事，伊比鳩魯以最佳的語詞訴說與讚頌友誼相關之事：我不是問他說什麼，而是他如何能以他的理論及觀點提出前後一致的說法。『為了利益友誼被追求。』那你是否認為在此的特里阿里烏斯可能比若你在普特歐利[345]有穀倉對你更有用？收集你習以為常的一切格訓：『朋友們的保護。』這在自我保護中，在法律的保護中及在日常友誼的保護中均可令你滿意；你已經不能被鄙視；此外你將輕易地避免憎恨及嫉妒；因為伊比鳩魯為這些事賦予了格訓。儘管如此由於你大方地使用自己如此豐厚的收入，就算沒有這位皮拉德斯，眾人的友誼會以極佳的善意看護及保護你。（85）『與誰談笑、認真，如伊比鳩魯所言，與誰有祕密，與誰有一切不可告人之事？』首要是與自己，然後是與日常生活中的朋友。但假設這些不是不恰當之事：與如此大量金錢的效益比較是如何？因此你看，若你以個人的關愛衡量友誼，無物超越它，但若你以利益衡量它，最親近的朋友會被有利可圖的房產的租金所超越。因此你應該愛我這個人，不

---

344 caritas指的是愛與尊重。

345 普特歐利（Puteoli）位於義大利坎帕尼亞（Campania）的海岸上的城鎮，該城是以進口穀物為主。

是愛我的所有物，若我們將來是真的朋友的話。

　　[XXVII] 然而在極顯而易見之事上我們耗時太久。事實上這已完全地證實，沒有德性與友誼的位置，若一切皆以快樂為依歸，此外沒有什麼可說。然而這似乎不是針對你的議題的回應，現在我將對你所剩的論述做簡短的說明。（86）由於每一個哲學的頂點皆指向幸福生命，為了追求這件事，人們投身於此研究，可是幸福生活因人而異，你們認為是快樂，另一方面以相同的方式認為痛苦是一切的不幸，首先讓我們看看，你們的幸福生命具有何種特質。你們會認可此事，如我認為，若在任何方式下有某個幸福存在，它應完全被置於智者的能力之中。例如若幸福生命可被失去的話，它就不是幸福的[346]。有誰有信心脆弱及不定之物將會是穩定、堅實及持續留存？然而有人不相信他的家產會永存，他擔心，這是必要的，有時候當失去那些東西後，他會是位不幸之人。此外處於對最重要之事的恐懼中無人能夠幸福。（87）因此無人能是幸福之人。我們常說的幸福生命不是以時間的部分而是以時間的完整延續為例[347]，我們絕不會稱一個生命幸福，除非它完全而且完整結束，沒有人能一會兒是幸福，一會兒是不幸，因為認為自己是不幸的人將不會是幸福之人。在幸福生命達成的同時，它將持續存在，就如智慧是幸福生命的製造者，不用等到生命的終點[348]，如希羅多德描寫梭倫給克羅艾索斯的訓

---

346　亞里斯多德曾言：「幸福之人絕不會變為不幸，至少他不會是無福之人，若他遭受到普里阿莫斯的運氣。」（《尼科馬哥倫理學》1101a6-8）。

347　亞里斯多德主張幸福生命的判準是完整的生命（en biō teleiō），參見《尼科馬哥倫理學》1098a15-20 及 1100a4-15。

348　西塞羅或許曲解了希臘人對幸福生命的看法，希臘的倫理思想中，一個人是

示[349]。

　　但其實，就像你會放心地說，伊比鳩魯否認時間的延續不會帶給幸福生命任何事物，在短暫的時間中所感受到的快樂不會比在一生中的感受小。（88）這些是最前後不一的論述，因為當他將快樂置於至善之中，他否認在無限的生命時間中的快樂會比在有限及適度的時間中的快樂更強烈。將所有的善置於德性之中的人可以說幸福生命的完成是在完美的德性之中，因為時間不會帶給至善任何添加物。然而認為幸福生命是完成於快樂之中的人，他是位首尾一致的人嗎，若他否認快樂在延續的時間中增加[350]？所以痛苦其實也不會增加。任何最長時間的痛苦是最不幸之事，難道時間的延續性不會令快樂更具需求性嗎？那為什麼伊比鳩魯總是稱神祇是幸福及永恆呢[351]？若將永恆移除，朱比特完全不會比伊比鳩魯更幸福，因為他們兩位皆享受至善，即快樂。『但伊

---

　　否擁有幸福的生命是要在他死後才能判定，亦即在生命完整地過完才可決定。

349　參見希羅多德（Herodotus）《歷史》（*Historia*）I, 30-33；克羅艾索斯（Croesus of Lydia，約560-546 BC），利底亞最後一位國王。被梭倫稱為幸福之人，皆為已逝之人，因為他們已經不受到運氣的影響。

350　西塞羅似乎故意忽略伊比鳩魯的兩種幸福的主張：一種是最高的幸福，不增不減；另一種幸在快樂上可增可減（*Diog. L.* X. 121）。

351　伊比鳩魯主張神祇是永恆的，主要是建立在兩個論證上：第一，神祇是由比構成其他事物，包含人類，更精緻的原子組成，我們對祂們的理解是透過理智，而非感官（《論神的本質》I, xxvii, 75 及《論萬物的本質》V, 147-149）；第二，組成神祇身體的精細原子不會保持穩定不變（ad numerum），而是不斷汰舊換新；儘管如此神的同一性（identity）未因此改變（《論神的本質》I, xix, 49 及 xxxvii, 105）。相關議題的討論，參見Rist 1977: 172-175；亦可參見導論。

比鳩魯也享有痛苦。』但這不會影響他，因為他說，若他被火燒，他會說『這多麼甜美啊！[352]』（89）因此神祇藉由何事凌駕一切，若不是藉由永恆性的話？除了最高的快樂及永生之外，在善之中還有什麼？那什麼是屬於以莊嚴的態度說話，除了說話前後一致外？幸福生命是依賴身體的快樂（我會加上，若你願意的話，心靈的快樂，只要它是，如你們所想，出於身體[353]）。為什麼？有誰能夠向智者證明那個特質的快樂？快樂是以那些不在智者能力範圍之內的事達成的，因為幸福不是被置於智慧之中，在那些智慧為了快樂所追求的事情之中。此外，這完全是外在之物，且外在事物是屬於偶有的事物。因此運氣是幸福生命的主宰者，伊比鳩魯說運氣對智者的干擾甚小[354]。

[XXVIII]（90）『拜託，』你會說『那些是微不足道的事。自然令智者富有，伊比鳩魯教過它的財富容易獲得。』這些是不錯的說法，我不會反駁；然而它們卻相互矛盾，因為他否認在粗鄙的生活方式中，亦即那些最令人鄙視的食物與飲品，所感受到的快樂比在精選食物的享用上更小。我會認可，甚至會讚揚這個看法，若他否認他使用任何種類的食物會有助於幸福生命的獲

---

352 根據狄歐金尼斯・拉爾提烏斯的記載，伊比鳩魯說過，若智者被折磨，他不會有怨言，並感快樂；若智者真的被折磨，他會尖叫呻吟（*Diog. L.* X, 118）。智者被折磨時會出聲大叫的說法，主要是伊比鳩魯為凸顯出，他的智者有別於斯多葛學派的智者安靜承受折磨。

353 西塞羅的說法既對且錯，對的是，身體對伊比鳩魯而言，確實會影響靈魂；錯的是，他忽略了伊比鳩魯認為身體欲求的合理及自然的滿足有助於驅除靈魂中的不平靜。關於「清明的算計」，參見 II, vi, 21 的注釋。

354 參見《主要學說》XVI；因為智者是受理智的指導，它在過去、現在及未來都將生命中一切重要之事安排妥適。

得，因為他說的是真理，我曾聽蘇格拉底說過，此人不把快樂當回事，飢餓是食物的調味料，口渴是飲品的調味料[355]。可是生活中一切皆以快樂為依歸的人，如嘎婁尼烏斯，說話就像那位簡樸的皮叟[356]，我沒聽到，也不認為他心口一致。（91）他說自然的財富是容易獲得，因為自然在少量的事物上感到滿足。確實，除非你們如此看重快樂。『從最無價值的事物中』他說，『所感受到的快樂不會比從最珍貴的事物中感受到的快樂小。』此人不僅沒心智，也沒味覺，因為鄙視快樂之人，他們可以說他們不會視鱘魚優於鯡魚。至善確實是在快樂之中，在所有的感官知覺中，不該由理性來判斷，且應該說最好的事就是最甜美之事。

（92）就讓這為真；他不僅在粗鄙之事中追求最高的快樂，而且對我而言在無物中，若他可以的話；在水芹中的快樂，色諾芬記載波斯人習慣食用水芹[357]，不會比在西拉庫斯人的餐桌上的快樂更小，柏拉圖對西拉庫斯人批評甚嚴[358]；就讓，我說，快樂的獲取是如你所願的容易：關於痛苦我們要說什麼？痛苦的折磨是如此之大，以致於在痛苦中不可能存在幸福生活，若痛苦是唯一的至惡。事實上梅特羅都魯斯，幾乎是伊比鳩魯的替身，幾近是以這句話描述幸福的存在：『好的體格而且未來也可持續保

---

355 參見《蘇格拉底回憶錄》I, iii, 5 及 vi, 5。

356 皮叟（Lucius Calpurnius Piso, C2 BC），又名簡樸者（Frugi），於149 BC任護民官，133 BC任執政官，及120 BC任監察官，他對羅馬道德的敗壞甚為關心。

357 參見色諾芬（Xenophon，約428-354 BC）《曲魯斯的教育》（Cyropaedia）I, ii, 8。

358 參見《理想國篇》404d1-2。

持 359 。』難道這能夠向任何人確定，他將來如何擁有這個身體，我說的不是一年，而是一天？那痛苦，即至惡，他總是擔心；就算它不現身；事實上它可能已經現身了。因此在幸福生活中有誰能夠擁有對至惡的恐懼？（93）『伊比鳩魯』他說『為忽略痛苦提出論述。』這本身是個荒謬的觀點，最大的惡被忽略。但究竟那個論述是什麼？『最大的痛苦』他說『是短暫的。』首先你說短暫是什麼？然後什麼是最大的惡？到底為什麼？最大的惡無法維持幾天嗎？注意更遑論幾個月！除非或許你說獲得它的人會同時死亡。有誰害怕這個痛苦？我喜歡的東西是藉它你可舒緩最優秀及最仁慈的人，格奈烏斯·歐克塔維烏斯 360，馬庫斯的兒子，我看過我的朋友所受的煎熬，不是一次，也不是短暫的時間，而是經常〈及〉相當長的時間。他承受什麼折磨，不朽的神祇，當他所有的關節似乎都著了火！儘管如此他不是不幸之人，因為這不是至惡 361，他似乎完全處於如此艱苦的磨難中；可是他是位不幸之人，若他在可恥與邪惡的生命中快樂滿盈。

[XXIX]（94）此外你們說強烈的痛苦短暫，舒緩的痛苦漫長，我不懂這是什麼樣的觀點 362，因為我知道諸多強烈又持久的

---

359 相同的記載，參見《在圖斯庫倫的論辯》II, vi, 7 及 V, ix, 27。

360 格奈烏斯·歐克塔維烏斯（Gnaeus Octavius, C1 BC），於 76 BC 任執政官，他的父親馬庫斯·歐克塔維烏斯（Marcus Octavius, C2 BC）於 133 BC 任護民官時反對葛拉庫斯（Gracchus）所提出的土地法。

361 斯多葛學派認為肉體的痛苦與折磨對幸福生命的追求並無任何影響，它不是至惡，當然也不是善，而是無關乎幸福生命（the indifferent），參見 LS 58A, B 及 C。

362 這是對《梵諦岡格言》4 的批判。

痛苦，承受痛苦有另一較合理的方式，但你們無法使用它，你們
並不愛德行自身。有一些關於勇氣的格訓，且它們幾乎就是法
律，禁止一個人在痛苦中變得懦弱。因此這應該被認為是可恥的
行為，我不是說感到痛苦（因為這其實有時候一定會存在），而
是以菲婁克特提斯的吶喊來汙染雷姆奴斯的那塊岩石[363]，

> 以啜泣、抱怨、呻吟及吼叫的
> 回音他賦予沉默的岩石悲悽的聲音[364]。

> 讓伊比鳩魯對此人吟唱符咒，若他能的話

> 體內的血管因蛇咬而滲
> 入毒液，可怕的折磨興起！

因此伊比鳩魯說：『菲婁克特提斯，若是強烈的痛苦，是短暫
的。』但菲婁克特提斯躺在洞穴中已十年。『若是慢性的痛苦，
是舒緩的，因為它會產生間隔空隙及放鬆。』（95）首先這經常
不是如此，再者那個放鬆是什麼，當對過去痛苦的記憶是清新
的，且未來及立即的痛苦的恐懼會折磨人？『他會死』，他說。

---

363 菲婁克特提斯（Philoctetes）是希臘攻打特洛伊的將領之一，但在航行途中
　　因故停駐在雷姆奴斯（Lemnos）而遭蛇咬；在索弗克雷斯的《菲婁克特提
　　斯》中描寫他具有擊敗特洛伊人的弓箭，奧迪修斯派遣內歐普投雷穆斯
　　（Neoptolemus）以詐騙的方式借得弓箭。

364 這句話出自羅馬悲劇詩人陸奇烏斯・阿奇烏斯（Lucius Acius，約 170-90
　　BC）的《菲婁克特提斯》，參見 Reid 1925: 202。

或許這是最佳的說法，但那個『快樂總是較多』的說法在哪兒？若這事實上是如此，要注意，所以你不會是在為惡，當你推薦死亡時。因此反而要這麼說，臣服於痛苦，因痛苦而失能及受壓制，是可恥之事，且不是勇氣所有的特質。例如你們的那些格言『若強烈則短暫；若持久則舒緩。』痛苦經常藉由德性、高尚、耐心及勇氣的膏藥[365]而緩和。

[XXX]（96）我聽過，我為了不離題太遠，伊比鳩魯說死亡是什麼，所以你們將會知道他的行為與言談不一致：『伊比鳩魯問候赫爾馬爾庫斯[366]。既然我度過生命中快樂及最後一天，我正在書寫這些事。但另一方面我的膀胱與腹部有如此嚴重的病痛，所以不可能有病情加劇之事[367]。』可悲的人啊！若痛苦是至惡，對它不可能有其他的說法。但我聽過他說：『儘管如此』他說『這一切被靈魂中愉悅之事所平衡，我在對我的理論及創見的記憶中獲得愉悅。但是你，從年輕時你對我及哲學所表現出的善意是件有價值的事，要照顧梅特羅都魯斯的小孩[368]。』（97）我沒有偏好艾帕米農達斯及雷翁尼達斯的死，更勝於此人的死。他們其中一位曾在曼提內亞擊敗斯巴達人而且他知道自己因重傷喪命，當他回復神智時[369]，他首先問他的盾牌是否安好。當眾人淚流滿面地回答他盾牌安好，他問敵人是否潰敗。當他也聽到他心

---

365 fomentum是繃帶或一種藥膏。

366 赫爾馬爾庫斯（Hermarchus of Mytilene），伊比鳩魯的學生，於271 BC成為該學派的主事者，伊比鳩魯在遺囑中提及赫爾馬爾庫斯繼承他所有的藏書。

367 參見 *Diog. L.* X, 22及塞內卡《書信》XCII, 25-26。

368 這是出自伊比鳩魯的遺囑，參見TEP 72-73。

369 關於 ut primum dispexit 這個表述的詮釋，參見Reid 1925: 205-206。

中欲求之事，他要求拔除那根射穿他的矛。因此在大量流血之後他死於愉悅及勝利之中。另一方面雷翁尼達斯，斯巴達人的國王，在塞爾莫皮萊他從斯巴達帶來的三百菁英與敵人對峙，他面臨可恥的逃跑或光榮的死。將軍之死是高貴的；然而哲學家通常死於臥榻之上。儘管如此還是提一下。伊比鳩魯認為自己死時〈快樂〉。給他高度的讚美。『愉悅』他說『與最大的痛苦相互抵消。』（98）我當然聆聽哲學家的聲音，伊比鳩魯，但你忘了他曾告訴你什麼。首先，若你說那些在記憶中令你愉快之事是真的，亦即，若你的著作與創見是真理，那你不可能感到愉快，因為你所有的事物並未以身體為依歸，但你總是說任何人不會感到愉快，除非是因為身體，也不會感到痛苦。『在過去的事中』他說『我感到愉快。』那在什麼樣過去的事中？若是在屬於身體的事上，我看是你的理論與那些痛苦相互抵消，而不是在身體中所感受到的快樂的回憶；但若是屬於靈魂的事，這是謬誤，因為你否認有任何與靈魂有關的愉悅存在，因為這不以身體為依歸[370]。再者，你為什麼要將梅特羅都魯斯的小孩託付於人[371]？〈在〉你

---

370 關於回憶伊比鳩魯曾言：眼睛所見之事由靈魂繼承，即使當所見之事不在眼前，我們的靈魂承認接受該物的相似物（ta homoia）（LS 15E）。此外，伊比鳩魯認為靈魂及身體皆由原子結合而成，兩者皆為物質物。故廣義地說，對過去之事感到愉悅是在物體中所感受到的回憶，此物體是指靈魂。再者，身體及靈魂皆會有痛苦快樂的感受，如陸克瑞提烏斯所言：「正如身體自身承受重大疾病及難熱的痛苦，因此心靈也遭受與悲傷及害怕有關的劇烈的困擾。」（《論萬物的本質》459-461）。

371 這個問題或可在伊比鳩魯的遺囑中可見端倪，他要求後人在他死後的生日紀念會上也一起紀念梅特羅都魯斯（參見II, xxxi, 101），他對這位學生的看重與關愛擴及其後人。雖然塞內卡《書信》有言，伊比鳩魯視梅特羅都魯斯為

那卓越的義務及如此偉大的誠信中（因為我是這麼認為）什麼是以身體為依歸？

[XXXI]（99）你轉這邊，轉那邊，投爾夸圖斯，隨你高興，你會發現在這封著名的書信中伊比鳩魯所寫的任何事都與他的學說不相稱而且不一致。因此他自我矛盾，且他的正直與性格證明自己是錯的。例如那個小孩的託付，對友誼的記憶與關愛，在臨終時對最高義務的維繫皆指出人與生俱來善意的正直，它不會受快樂的邀請，也不會受金錢報償的召喚。我們尋求什麼更重要的證據，德行與正直的行為是就其自身值得欲求，當我們看到與死亡有關的偉大的義務？

（100）但是我認為我幾乎是以逐字翻譯的那封書信應該受到讚揚，雖然它與他最卓越的哲學一點都不契合。我認為他的遺囑不僅與哲學家的重要性不吻合，也與他個人的觀點不一致。在我剛才提到的那卷書他經常以諸多的表述、簡短而且清楚地寫道，『死亡不屬於我們，因為已消解之物是沒有感覺，此外沒有感覺的事物是完全不屬於我們。』他可以說得更優雅而且更好。例如這句話這麼說，『消解之物是無感覺之物』，這句話他說得不夠清楚，是什麼東西消解了。（101）儘管如此我瞭解他主張什麼。此外我探究這是什麼，在消解後，亦即死亡，所有的感覺都會消逝，且完全沒有留下任何與我們有關的東西，他如此費心及勤勉的提醒與要求『阿米奴馬庫斯與提莫克拉提斯[372]，我的繼承人，

---

第二級優秀學生，即無法獨立自學，但經過指導後能忠實跟隨思想的學生（LII, 3）。

372 阿米奴馬庫斯（Amynomachus）與提莫克拉提斯（Timocrates）是伊比鳩魯的追隨者，生平不詳。

認可赫爾馬爾庫斯的意見，每年在嘎梅利翁月要豐盛地慶祝我的
生日，同樣地在每個月的第二十天要給予與我一起研究哲學的人
餐宴，藉以維繫對我及梅特羅都魯斯的記憶。』（102）我無法不
說這些人是多麼地和善及仁慈，他們不僅是智者，特別也是物理
學家，伊比鳩魯希望自己是物理學者，卻想著任何一個人的生
日。為什麼？一旦成為過去的一天能夠更經常地是同一天嗎？當
然不可能。或許是同一類的嗎？其實也不是，除非有數千年的間
隔，所以所有的星體從原初的位置出發，在同一時間發生倒轉。
因此任何人都沒有生日。『但它被認為是存在的啊！』我顯然不
知此事！但事實上，甚至在死後還慶生，且在遺囑中他提醒此
事，就像是他給我們的神諭，死後無物與我們有關嗎？這些不是
他的觀點，他曾經在心靈上穿越無數的世界及無限的區域，這些
區域無疆界及無終點373。德謨克利圖斯是否有諸如此類的看法？
我略掉其他人，提這位伊比鳩魯唯一追隨的哲學家。（103）但若
必須記下這一天，寧可是他出生那一天，或是他成為智者的那一
天？『他不可能』你會說『成為智者，除非他出生。』[且]同樣
的方式，他不會是智者，若他的祖母不曾出生的話。這整件事，
投爾夸圖斯，不是有學識的人所有的特質，在死後想要以餐宴來
慶祝對自己的名字的記憶。你如何慶祝這些日子而且如何盡量吸
引風趣幽默之人的機智，我不提（沒有爭論的需要）：我就說這
件事，你們為伊比鳩魯慶生會比他在遺囑中提醒為他慶生更好。

　　[XXXII]（104）但回到正題（因為當我言及痛苦時，我被引

---

373 這似乎是引用陸克瑞提烏斯《論萬物的本質》I, 72-74，對伊比鳩魯讚美的詩
　　句。

入那封書信），現在那整個論述應該如此下結論：處於至惡之中的人無論他何時身陷其中，他都不幸福；然而智者總是幸福，且他有時是處於痛苦中；因此痛苦並非至惡。

現在這究竟是什麼樣的事，過去的好事不會從智者身旁流逝，且他不應該記得不好的事？首先在我們的能力範圍之內我們記得什麼？事實上塞米斯投克雷斯[374]，當希蒙尼德斯[375]或另一個人向他提供記憶術時，說『我寧願健忘，因為我不可能記得我不想要的事，也不可能忘記我想要的事。』（105）伊比鳩魯有極高的天賦，但儘管如此他有如此的觀點，與有能力的哲學家並不相稱，他逃避記憶[376]。注意，那些不是你嚴格的命令[377]，或甚至是祖先法統，若你命令我無力為之的事。若對過去不好的事的記憶是令人愉快的，這會怎樣？有些諺語比你們的學說更有道理。其實眾人皆言『從事勞動令人愉快』，尤里皮德斯說得不差（我將以拉丁文作結，若我能的話，因為你們每個人都知道這段希臘人詩句）：

甜美的是對過去辛勞的記憶[378]。

---

374　參見 II, xxiv, 67。

375　希蒙尼德斯（Simonides, C6-5 BC），希臘詩人，他的詩作並未完整流傳下來，傳說他活至九十高齡。

376　即刻意忘卻生命中發生過的惡事。

377　Manliana 指的是曼利烏斯（Manlius）這個家族，其中提圖斯・曼利烏斯（參見 I, vii, 23）誅死自己的兒子，使得 Manliana 引申出嚴格或嚴屬之意。

378　語出尤里皮德斯已失佚的作品《安卓梅達》（*Andromeda*），參見 Reid 1925: 211, 'all' hēdu toi sōthenta memnēthia ponōn'。

但讓我們回到過去的好事。若你們是提出如此的看法，蓋伊烏斯‧馬里烏斯[379]可能有這些經歷，當他被放逐，身無分文，浸泡在沼澤中時，他以凱旋勝利的回憶減輕自己的痛苦。我會聆聽而且完全贊同。事實上在智者的幸福生命一事上我尚未完成，這無法引導出結論，若他一些有連續性的好的想法與行為[380]受到那個遺忘的破壞。（106）但就你們而言對快樂的感受的回憶造就幸福生活，且事實上是在身體中的快樂的感受，因為若是不同的事的話，便存在謬誤，所有靈魂的快樂是出於與身體的結合。此外若身體的快樂甚至是在過去的快樂中感到愉悅，我不懂為什麼亞里斯多德會如此大力譏笑薩爾達納帕路斯的墓誌銘[381]，上面刻著那位敘利亞的國王誇示他隨身帶著一切與快樂有關的慾求。事實上為什麼他活著時能夠感受的快樂不比他所享受的快樂更持久，以何種方式它可能在死亡中續存？因此身體的快樂倏忽而逝，且任何的快樂皆特別會飛逝，它留下來可堪回憶之事，但更常留下令人悔恨之事。因此較幸福的阿菲里康奴斯[382]以此格律對國家說[383]：

---

379 蓋伊烏斯‧馬里烏斯（Gaius Marius，約157-86 BC），西塞羅的同鄉，也是位政治上的「新人」（novus homo），於104 BC以降曾六任執政官，於88 BC因蘇拉攻陷羅馬，馬里烏斯逃離至克爾奇那（Cercina）。

380 關於 prima quaeque...consulta 的詮釋，參見Reid 1925: 211。

381 Sardanapallus是神話中人物；亞里斯多德《尼科馬哥倫理學》1095b20-23斥責此人的生活，但Rackham 1999: 14, n. b對薩爾達納帕路斯的墓誌銘有所說明：此人的墓誌銘根據亞天奈烏斯（Athenaeus）的記載有兩個版本，1）「吃、喝、玩樂，因為其他的一切都不值得彈動手指頭」；2）「我有我吃過的東西，且我所做及承受的放肆及愛的愉悅的行為，但我所有財富皆耗盡。」

382 即II, xvii, 56的史奇皮歐。

383 這兩句話應皆出於艾尼烏斯《年譜》，Reid 1925: 213。

終止，羅馬，妳的敵人…

他卓越地說出隨後的句子：

我的辛勞為妳產生了保護。

他在過去的辛勞中感到愉悅，你主張在過去的快樂中；他回想那些完全不以身體為依歸的事，你卻完全依附在身體之上。

[XXXIII]（107）此外那個主張能夠維持嗎，你們說所有靈魂的快樂與痛苦是屬於身體的快樂與痛苦？沒有任何事曾令你感到愉快（我知道我在和誰說話），因此沒有任何事就其自身令你，投爾夸圖斯，感到愉快嗎？我省略價值、道德及德性的樣貌，關於它們先前已提及，我提些更不足以道的事：當你撰寫或閱讀詩及講稿時，當你探究每一個行為及地域的歷史、雕像、畫作、令人愉快的地方、遊戲、狩獵及陸庫路斯384的別墅（因為若我說你的別墅，你會有漏洞鑽；你會說那是屬於身體的），但我說過的那些事是以身體為依歸嗎？或有其他會令你自然感到愉快的事嗎？或者你會是最固執的人，若你堅持己見，我所提及的那些事皆以身體為依歸，或者你放棄伊比鳩魯全部的快樂，若你否認的話。

（108）其實你要如何辯駁，靈魂的快樂與痛苦是大於身體的

---

384 陸庫路斯（Lucius Licinius Lucullus，約118-56 BC），是蘇拉的忠實擁護者，於86 BC隨蘇拉東進出征，74 BC任執政官，他在隨後的政治軍事場域上不得志，不影響他晚年生活上的奢華，最後發瘋而死。

快樂與痛苦，因為靈魂是三個時間向度的參與者，但身體只有感知當下的事，這是可被贊同的說法嗎，有人為我感到高興，他會比我自己更高興？〔出自靈魂的快樂是為了身體快樂的緣故，且靈魂的快樂比身體的快樂強烈。因此得出祝福者比受祝福者快樂。〕但當你想試著證明智者是幸福之人，他在靈魂中每一部分所感受到的快樂都比在身體中的感受強烈，你沒有看到會發生什麼後果。其實他也感受到靈魂的痛苦在每一部分皆比身體的痛苦強烈。因此你們一直希望他希望是位幸福之人有時候必須是位不幸之人[385]，確實你們絕無法證明此事，只要你使一切事物皆以快樂及痛苦為依歸。

（109）因此必須找出另一個，投爾夸圖斯，與人有關的至善，我們將認可快樂是屬動物的，關於至善你們經常使用動物為證人。甚至若動物以牠們的本性為指導做許多事，以極大的熱忱或帶著辛勞，在繁殖及養育後代上最容易顯現某個不同於快樂的事是牠們的企圖，為什麼？牠們在跑動及遊蕩中感到相當高興；藉由群聚有些動物在某種程度上模仿公民的集會；（110）在某種鳥類中我們有時會看到忠誠的證據，我們看到認知、回憶，在許多動物中甚至渴求。因此在動物中某種人類德性的相似物是與快樂有所區別，在人身上將不會有德性存在，除非是為了快樂嗎？我們會說自然沒有給傑出的人類任何東西，他與其他的有生物相較是最優秀的？

---

385 智者是自給自足者，且根據波爾菲里《給馬爾克拉的信》（*To Marcella*）所述，伊比鳩魯認為，自給自足是依循自然及沒有不受限制的欲望之人（TER 119）。如此的智者理當快樂，不可能「有時候必須是位不幸之人。」

　　[XXXIV]（111）我們其實，若一切真的都是在快樂之中，與動物相差甚遠，大地為牠們生產出多樣而且豐盛的食物，牠們完全不需勞動，但食物確實令我們滿足，無論是有困難或沒有困難，我們都得以大量的勞動獲取。儘管如此我完全無法認為動物的至善與人的相同。在獲得最佳的技藝上、在最值得追求之事的結合上及在德性的陪伴上為什麼需要如此重要的工具，若這些事物的追求都只是為了快樂而已？（112）如，若贊爾贊克斯[386]，以如此龐大的艦隊、騎兵及步兵連結赫雷斯彭圖斯海峽[387]及開鑿亞投斯山[388]，他步行海上，航行陸上，帶著極強烈的攻勢他來到希臘，若有人問他為什麼是如此壯盛的軍容及如此大規模的戰爭，他會說他想帶給自己伊梅圖斯山[389]的蜂蜜，這個努力一定會被視為不具如此這般的理由，同樣地我們的智者在身上裝戴及配備最多及最重要的技藝及德性，他沒有，如贊爾贊克斯，走路過海，行船過山，而是在心中擁抱整個天與地，及全部的海洋，若我們說這是追求快樂，我們將說為了蜂蜜這般的理由贊爾贊克斯不辭辛勞。

　　（113）為了某些更高及更莊嚴的事，相信我，投爾夸圖斯，我們而生，這不僅是出於靈魂各個面向，在其中存在著對數不盡的事物的回憶，在你身上回憶確是無限，它屬於對事情結果的詮釋，與預言相差無幾，節制是屬於慾望的控制者，誠信是在人的

---

386 贊爾贊克斯（Xerxes），於486-465 BC為波斯國王，他於480 BC揮兵進攻希臘，在此所提及的相關故事，參見希羅多德《歷史》VII及VIII。

387 赫雷斯彭圖斯（Hellespontus），即現在的達達尼爾海峽。

388 亞投斯山（Athos）位於馬其頓。

389 伊梅圖斯山（Hymettus），位於雅典近郊，以盛產蜂蜜及大理石聞名。

社會中正義的護衛，在不斷的辛勞及面臨危難上對痛苦與死亡的
蔑視是屬於堅毅及穩定——因此這些是在靈魂中的特質，此外你
甚至要想想你的四肢及感官，你認為，一如身體其他的部分，它
們不僅是德性的夥伴，也是其僕人。（114）但若在身體上許多
事都應比快樂具優先性，如力量、堅實、速度及美麗，你究竟認
為在靈魂中有什麼，那些最博學的古人[390]認為在靈魂中有輝煌及
神聖之物？但若至善是在快樂中，如你們所言，活在最大的快樂
中日以繼夜沒有間斷是值得欲求之事，當所有的感官都受到一切
甜美所謂的影響及浸潤。然而有誰配得上人這個名字，他終日希
望處於這類的快樂中？事實上錫蘭尼學派不拒絕[391]；你們的觀點
較含蓄，它們或許較缺乏一致性。（115）但讓我們在心中不要
考慮這些最傑出的技藝[392]，缺乏它們的人會被先祖稱之為怠惰，
但我問你是否認為，我不是說荷馬、阿爾奇婁庫斯[393]及品達[394]，
而是菲迪亞斯[395]，波利克利圖斯[396]及贊烏克希斯[397]，他們將其技藝

---

390 Reid 1925: 219 認為這是指柏拉圖、亞里斯多德等哲學家。

391 參見 II, vii, 20。

392 這些 maximan artis（最傑出的技藝）應是指德性（virtutes）。

393 阿爾奇婁庫斯（Archilochus of Paros，約卒於 652 BC），希臘輓歌詩及抑揚
格律詩人。

394 品達（Pindar，約生於 518 BC），希臘讚頌詩人。

395 菲迪亞斯（Phidias，約活躍於 465-425 BC），希臘雕塑家，雅典娜神像為其
最富盛名之作。

396 波利克利圖斯（Polyclitus of Argos，約活躍於 460-410 BC），希臘雕塑家，
他以雕塑神祇、英雄及運動家像著名。

397 贊烏克希斯（Zeuxis，約 C5-4 BC），希臘畫家，據傳他所畫的葡萄連鳥都
分不出真假。

指向快樂。因此工藝師對美的形貌的想像會多於優秀的公民對美的行為的想像嗎？此外關於如此重大的錯誤的其他原因是什麼，這個錯誤散布得如此寬廣，除非因為人們判斷快樂是至善，不是以那個靈魂的部分，〈在〉其中存在著理智及思慮，而是以慾求判斷，亦即以靈魂最無足輕重的部分思考？我問你，若神祇存在，如你們也認為，祂們能夠幸福，若祂們無法以身體感受快樂，或，若沒有這類的快樂祂們可擁有幸福，為什麼你不希望在智者的靈魂中有相似的經驗。

[XXXV]（116）讀關於那些人的讚美詩，不是荷馬所讚美的人，不是關於屈魯斯 398，不是關於阿傑希勞斯 399，不是關於亞里斯提德斯 400 或塞米斯投克雷斯 401，也不是關於菲利普斯或亞歷山大 402 的讚美詩，讀與我們的人有關，讀與你們的親友有關的讚美詩：你將會看到無人受到如此的美讚，以致於他會被說成追求快樂的能手。紀念的碑文皆無此意涵，正如門上這句詩：

　　大多數的民族同意這個

---

398 屈魯斯（Cyrus）約於 557 BC 在波斯成為安杉（Anshan）王國的國王，他是波斯帝國的創建人。

399 阿傑希勞斯（Agesilaus，約 445-359 BC），斯巴達國王，第一位遠征亞洲的斯巴達王，於 396-395 BC 對波斯的戰爭獲得勝利。

400 亞里斯提德斯（Aristides, C5 BC 早期），雅典政治人物，以正直聞名。

401 參見 II, xxi, 67。

402 菲利普斯（Philippus, 382-336 BC），馬其頓國王，他的繼承人即為亞歷山大大帝（Alexander Magnus, 356-323 BC），亞歷山大曾受教於亞里斯多德，於 334 BC 開始東征，最遠曾至印度境內，期間並於 332 BC 征服埃及。

人是他民族中第一等人[403]。

（117）我們會認為大多數的民族對卡拉提奴斯[404]也有相同的共識，他是人中人因為他在追求快樂上最傑出嗎？因此我們會說在這些年輕人身上有著好的未來[405]及天賦，我們將以他們藉任何事投身於及從事個人利益做判斷嗎？難道我們不會看到在一切事物上產生強烈的動盪及混淆嗎？仁慈與感恩被移除，它們是和諧的保證。你不是以個人的目的借貸給某人，這應被視為仁慈，但這應被視為高利貸，似乎不須向為了個人目的借貸給某人的人表示感謝。當快樂主導時一切最高的德性都必須拋棄。甚至存在著諸多醜陋之事，除非道德在本質上最具影響力，為什麼它們不會消滅這並不容易辯答。

（118）我沒有含括更多的議題（因為它們多不可數），德性有必要受到適切的讚美以阻絕對快樂的接近。這事你不要對我有期待：完整地檢視你的心靈，在一切的思維中你自己研究它，問你自己是較喜歡充分享受持續的快樂，在其中你將經常保有平靜，度過一生沒有痛苦，這個描述是你們習慣附加的，但它是不可能發生的事，沒有痛苦的恐懼，或，為所有人民提供最佳的服務，你帶給有需求之人協助與安全，或耐心地承擔赫丘雷斯的苦難[406]。因此我們的先祖以最傷悲的語詞稱呼不可逃避的辛勞，苦

---

403 相同的詩句，參見《論老年》XIX, 61。

404 卡拉提奴斯（Aulus Atilius Calatinus, C3 BC），分別於257 BC及254 BC任執政官，並曾率兵在西西里擊敗迦太基人。

405 bonam spem 原意是好的希望。

406 關於赫丘雷斯的十二項苦差事，參見ODCW 332-333，斯多葛學派認為這故

難，就算在神祇的例子上也一樣。（119）我要誘使你及強迫你回答，否則我擔心你會說赫丘雷斯備極辛勞為人類安全所做的事是為了快樂。」

當我說完這些話後，「我有」投爾夸圖斯說「我會將這些觀點委託給一些人，且，雖然我自己有些能力，但我較喜歡發現較有經驗之人。」

「是我們的親友，我相信，你是說希榮[407]及菲婁德穆斯[408]，他們不但是卓越傑出之士，也是最博學之士。」

「你的瞭解」他說「沒錯。」

「很好，」我說。「但特里阿里烏斯對我們的歧見做評論會是件較公平之事。」

「在這件事上我反對，」他笑著說「因為你在那些看法上較溫和，他會以斯多葛學派的原則來困擾我們。」

然後特里阿里烏斯說「在未來其實我將更大膽些，因為我剛才聽到的這些觀點我已有所準備，且在我發動攻擊前我將看你受到你說的那些人的教導。」

當這些話說完後，我們結束散步與討論。

---

事中蘊含可學習的道德典範。

407 希榮（Siron，約 C2-1 BC），伊比鳩魯學派哲學家，生平不詳。

408 菲婁德穆斯（Philodemus，約 110-37 BC），希臘詩人及伊比鳩魯學派哲學家，於 75 BC 至義大利受到皮索（Piso）家族的招待，他的詩作以情慾詩為主，與他的哲學著作藉由維蘇威火山爆發的塵土掩埋，幸運保存至今。

# 《論目的》第三卷結構分析

主旨：小卡投擔任斯多葛學派的思想代言人，闡述該學派的倫理學思想的核心概念。

**1-9　導論**

1-2　再次言及這部著作是獻給布魯圖斯；快樂及痛苦的缺乏已證明不是人生追求的終極目的，但德性是必要之物。

2-5　斯多葛學派比伊比鳩魯學派難駁斥；它有緊密的推論及使用新的專業術語；學派創始人芝諾與其稱他是觀念的發現者，不如說他是語詞的發現者。

6　西塞羅請布魯圖斯擔任他與卡投之間論辯的仲裁者。

7-9　西塞羅與卡投在小陸庫路斯的圖書館偶遇，並提及對小陸庫路斯的期許。

**10-16　卡投的提議**

10　若在德性之外尚有值得追求之物被稱為善，那是對

道德的破壞。

11-16　當西塞羅回應，卡投的主張與皮洛及亞里斯投的思想無異時，卡投提議陳述說明斯多葛學派的思想及用語。

## 16-29　證明（I）

16-18　所有的動物皆有自我保存的本能，但追求快樂不可被置於自然的第一原理原則中；即使在小孩身上也可見某種理性推理的活動，這可證明知識應就其自身被追求；此外同意虛假比違背自然還糟。

18-19　博學明智者能以清晰明瞭的語言陳述偉大的事物。

20　　合乎自然之物是有價值之物，反之則無價值；一個合宜的行為首先是自我保存，其次是保有依循自然之事及揚棄與此對反之事；善是選擇忠於及合於自然的合宜行為。

21-22　至善是就其自身被追求，且比其他合乎自然的行為更有價值。

23-25　行為，無論是出於本能、思慮或以德性為目的，皆顯示一種生命藍圖，並非漫不經心。它包含智慧、雄心及正義。

26　　至善是順其自然，智者因此活得愉快，因為他不受運氣制約，事物阻撓，不受限制且自給自足。

27　　善之物＝值得讚美之物＝道德

28　　有德的生活＝幸福生活＝值得誇耀的生活

29　　有勇氣者＝對生命有信心者＝幸福者

## 30-50　證明（II）

30-31　至善在於依據與自然原因相關的知識，做出正確的選擇，且應選擇合乎自然的事。

32　行為的善與惡不是就結果來論定，而是就行為者的德性來判定。

33　善是出於自然之物，此物是有助益之物；觀念出於經驗、連結、相似及推論等四個活動，其中推論使得理智從順應自然推論出至善的觀念。

34　善是絕對的，不是藉由比較而生。

35　情緒是靈魂的過激波動及非理性的活動。

36-37　德性是唯一的善，且善就其自身被追求。

38-39　對醜陋可恥之行為或人要避之唯恐不及；若有德之事是唯一的善，它比那些中間物更有價值。躲避惡不是因它產生的結果，而是因它自身。

40　西塞羅讚美卡投以拉丁文清楚表達斯多葛學派思想。

41　卡投認為斯多葛學派與逍遙學派在幸福的議題上有實質的立場分歧。

42　逍遙學派認為智者不總是幸福；斯多葛學派則認為痛苦不是惡。

43-44　逍遙學派主張幸福有程度之別，但斯多葛學派否認；智慧加上健康比單獨的智慧更值得追求，但健康並不是個善；此外它也沒有比德性更有價值。

45-48　生命延長不會比短暫更幸福，時機是最重要的；此外智慧不具程度的，只有有與沒有之別，且主張在

德性上進步是荒謬的。

49-50 德性雖不具程度，但可擴張：財富及健康不是屬於善的事物，但若被以有智慧的方式使用，它們可以被包含在善的事物裡。

**50-59 證明（III）**

50-54 卡投接續論述有些事物有「不善不惡」之名，因為它們與幸福無關；此外這些事物又可區分為兩種：一種是較受喜愛的，另一種是較不受喜愛的。

55 關於善的事物的區分：組成終極目的、有效益或兩者皆是。

56-57 相同的區分亦適用於較受喜愛的不善不惡之事上。

58-59 合宜的行為是出於對合乎自然的不善不惡之事的選擇；智者的行為是正確的行為。

**60-73 證明（IV）**

60-61 自殺是合乎自然的行為。

62 愛子女是合乎自然之事。

63 人與人之間的互助是自然的要求。

64 世界一邦的思想及愛國主義。

65 對後代的關心。

66 保護弱者。

67 保有私人財產。

68 參與公共事務及家庭生活。

69-71 友誼及正義就其自身被欲求；善的事物有益於所有

的智者；智者絕不會有不正義的行為。

72　對斯多葛學派而言，邏輯是德性，它可使人避於同意謬誤。

73　物理學也是德性，它可使人理解自然及宇宙的運作，且知道人類與諸神在其中的位置。

## 74-76　結論

74-76　斯多葛學派的思想是完整及嚴肅的系統；智者值得擁有一切的美讚；智者是自由人、有德者及幸福之人；哲學最珍貴，德性最神聖。

# 第三卷

[I]（1）布魯圖斯，若快樂[409]無法為自己說話，也無法具有如此堅決的擁護者，我認為，在上一卷已證明，它其實將向價值[410]俯首稱臣。事實上它會是可恥的，若它抗拒德性再久些，或若它將愉快置於道德之前，或主張身體的愉悅感或出於身體的愉快感受要比靈魂的嚴肅與綱常更有價值[411]。因此讓我們揚棄它而且讓我們要求它把自己限制在自己的範圍內，所以討論的嚴肅性不會受到它的諂媚與誘惑的阻撓。（2）應該探究[412]我們想要發

---

409 卷三以「快樂」開卷，是延續卷一及二，特別是卷二，對伊比鳩魯將它視為至善的批判。西塞羅在此以擬人的手法描寫，快樂與價值及德性競爭，這顯示他的批判與其說是立基於邏輯，不如說是立基於道德。

410 dignitas 這個拉丁字有「道德尊嚴」之意，但在此脈絡中較適合理解為「價值」（worth）。

411 「靈魂的嚴肅與綱常」是指一個人品格狀態，藉此足以使他抗拒生理快樂的誘惑。嚴肅（gravitas）及綱常（constantia）是斯多葛學派（特別是羅馬斯多葛學派）的道德理想，以與享樂主義對抗。

412 一位匿名審查人建議應將 'quaerendum est enim' 譯為「重新要探究的問題是」，但這不符合文義，因為 quaerendum est 是「動詞狀形容詞（gerundive）」加上 be 動詞，表示必要、義務或應該；此外這句拉丁文裡並無「重新」的意思。

現的那個至善在何處，因為快樂是與它相去甚遠而且相同的論述
幾乎可以用來陳述反對那些希望至善是痛苦的真空之人；確實任
何缺乏德性之事皆不會被證明是至善，無物能比德性更卓越。

　　因此雖然我們在與投爾夸圖斯的談話中不曾懈怠，但這個即
將與斯多葛學派哲學家展開的論辯是更尖銳，因為關於快樂的陳
述不是以精確及不模糊的方式討論；為快樂辯護者在討論中並不
是有技巧，反方陳述者不是駁斥困難的事例。（3）伊比鳩魯自
己也說不應該爭論快樂，因為關於它的判斷是在感官中，所以我
們有此提醒便已足夠，他所關切的事無一可學。因此我們的討論
單純的只在一方[413]。在投爾夸圖斯的談論中沒有任何混淆或複雜
的觀點，我的論述，依我所見，是清晰明瞭。然而你不會不知道
斯多葛學派哲學家討論的方式是更加難解或困難[414]，這不僅是對
希臘人而言，更是對我們而言，我們甚至為這些新的觀念創造新
字及新名稱[415]。對此其實沒有任何有中等知識的人會感到驚訝，
他思考在所有非為了一般及共通的利益的技藝中有著諸多新的名
詞，當與那些事情有關的語詞確立後，它們會被置於各個技藝
中。（4）因此希臘人本身不懂他們所使用的辯證及物理學的語
詞，其實幾何學的及音樂的，甚至文法的語詞，以它們的法則陳
述。演說者的技藝，完全是屬公共及群眾的領域，儘管如此在教
學上它們使用的是所謂的私人及個人的語詞。

---

413 揚棄伊比鳩魯學派之後，只剩斯多葛學派。

414 斯多葛學派視理性是人最重要的本質特性，故邏輯論證在該學派的倫理學思
　　想扮演關鍵角色。

415 當有困難的論證等著他陳述時，西塞羅一如陸克瑞提烏斯，就會言及將希臘
　　哲學以拉丁文表達會遇上的諸多問題。

　　[II] 再者我將忽略這些優雅及高貴的技藝，所以工藝師們不能保護他們的技術，除非他們使用我們所不知的語詞，而使用他們所熟悉的語詞。甚至農耕，它與一切較精緻的優雅不同，儘管如此它注意那些事，在其中它忙於新的名稱。在哲學中應做得更多，因為哲學是關乎生命的技藝，關於它的討論不能從市集中學習語詞[416]。（5）雖然斯多葛學派哲學家以所有的哲學家為基礎有諸多創新的看法，但芝諾[417]，他們的領袖，是位新語詞的發明者，更勝於是位新觀念的發明者[418]。但若在較豐富的語言中大多數人認為，最有學問之人使用不普遍及不常見的語詞談論事情是可被允許之事，對我們而言應該再允許多少，我們現在是第一次敢於處理那些觀念[419]？由於我們經常說，且事實上帶著某個不僅與希臘人有關，也與那些希望自己被認為是希臘人而非羅馬人有關的抱怨，我們不僅不會被希臘人以豐富的語彙給擊倒，而且在語言中我們甚至較優秀，這必須詳述，我們不僅在我們的技藝中有此主張，在希臘人的技藝中亦然。雖然有些字我們因古代的傳統取拉丁文而代之，如哲學、修辭學、辯證法、文法、幾何學及

---

416　蘇格拉底在《艾爾奇比亞德斯篇》（The *Alcibiades*）曾質疑，艾爾奇比亞德斯的正義觀是在市集上向群眾學習得來的，因為他不認為群眾可以成為教授正義的老師（110d5-112d10）。

417　參見 II, v, 17。

418　西塞羅強調斯多葛學派思想是承襲與融合先蘇哲學家亞納西曼內斯、赫拉克利圖斯，以及之後的蘇格拉底、小蘇格拉底學派的犬儒學派、柏拉圖及亞里斯多德；此外此學派只是以新的語言講述舊的思想，換言之，斯多葛學派的思想並無創新。

419　西塞羅所言不實，他刻意忽略陸克瑞提烏斯《論萬物的本質》所做的努力（I, 922-950；IV, 1-25）。

音樂[420]，雖然它們可以拉丁文表達，但，因為在使用上它們已經被理解，我們或可將其視為是我們的語詞。

（6）但這些其實是與事物的名稱有關。然而關於這些議題，布魯圖斯，我常常擔心我會受責罵，當我寫這些事給你時，你不僅在哲學中有相當的成就，且是在最佳的哲學中。但若我這麼做就像是在教導你，我受責罵是應該的。但我全無此意[421]，而且我寄給你此書不是為了你可知道你極為熟悉的事，而是因為在你的名字中我感到舒適，且因為我視你是在那些我和你共同分享的研究上最公平的批評者及評判者。因此你注意，一如你慣有的專注，你將評斷我與你舅舅之間的爭議，他是卓越特出之士。

（7）當我在位於圖斯庫倫[422]的別墅時，我想使用一些出於陸庫路斯的兒子[423]的圖書館的書，我到他的別墅所以我可，一如往常，取書。當我到那兒時，我不知道馬庫斯・卡投[424]也在，我見他坐在圖書館中，被許多斯多葛學派哲學家的著作圍繞著。其實在他身上，如你所知，有著閱讀的渴求，他無法獲得滿足，因為他真的無懼群眾空洞的譴責經常在元老院中閱讀，經常是當議員集合之時，他並沒有延宕國事。更甚者，在完全休息及有最豐富

---

420　philosophia, rhetorica, dialectica, grammatica, geomatrica 及 musica 皆為希臘文；政治上羅馬征服了希臘，但文化上卻成為希臘的俘虜。

421　ad eo plurimum absum 的原意是「我離此地最遠」。

422　此城位在羅馬東南方，距羅馬 15 英哩，是第一座被給予羅馬公民權的城市；西塞羅大部分的哲學著作皆完成於此。

423　他是 II, xxxii, 107 的陸庫路斯的兒子。

424　馬庫斯・卡投（Marcus Porcius Cato, 95-46 BC），因於烏提卡（Utica）自殺，故又名烏提卡的卡投；著名的政治家與哲學家，在彭沛烏斯與凱撒之間的內戰支持前者；是布魯圖斯的舅舅。

的書籍時，他似乎就像是個書的貪食者，若在如此卓越的事件上應該使用這個字的話。（8）當我們不期而遇，他立即起身。然後在見面時我們經常說的第一句話：「你怎麼來這兒？」他說「一定是從你的別墅來的，我想，」及「若我知道你在這兒，我會來拜訪你。」

「昨天」我說「比賽開始後我從城中出發，晚上到的。此外來這兒的理由是在這兒我可取些書籍。事實上，卡投，我們的陸庫路斯應該注意這全部的資源，因為我喜歡他在這些書中感到高興，更勝於對別墅中的其他的裝飾感到高興。這對我而言是很大的憂慮（雖然這其實是與你的義務相稱）他要受到如此的教育，所以他可以像他的父親、我們的凱皮歐[425]、你及他的親人。此外我的焦慮不是沒有原因，因為對他舅舅的記憶感動了我（因為你不是不知道我對凱皮歐有極高的評價，若他還活著的話，如我的看法，他會是領袖人物之一），且〈陸奇烏斯·〉陸庫路斯在我眼中不僅是在一切〈德性〉上是位傑出之士，而且在友誼及所有態度上與看法上他都與我緊緊相繫。

（9）「你做得甚好，」他說「當你保有對此二人的回憶，他們兩人在遺囑中將小孩託付於你，且你也愛這個孩子。然而你說的義務我當然不會拒絕，但我要把你附加上去[426]。我也要附帶地說，這個孩子已傳遞給我諸多與榮譽及天賦有關的徵象，但你看他的年紀。」

---

425 凱皮歐（Quintus Servilius Caepio，卒於90 BC），於100 BC任財務官，他是卡投同母異父的兄弟，是布魯圖斯及小陸庫路斯的舅舅。

426 從此可見，卡投對小陸庫路斯有正式的法律責任，因為他是其舅舅，而西塞羅有非正式的責任。

　　「我確實知道，」我說「但儘管如此現在他應該接受這些知識的教導，當他年輕之時若他浸淫在這些事物之中，他在年紀稍長之時會較有準備。」

　　「那麼，我們真的要更專心而且更經常相互談論那些議題，且我們要一起行動。但讓我們坐下，」他說「若你願意的話。」我們就這麼做好了。

　　[III]（10）然後他說：「你自己有那麼多書，你究竟在此找什麼書？」「一些關於亞里斯多德的筆記[427]，」我說「我知道它們在這兒，我來是為了拿書，我在閒暇之餘可讀；其實我不是常有空[428]。」

　　「我多麼希望」他說「你轉向斯多葛學派的思想啊！因為除了德性外它不會視，若任何人的，你的任何事為善。」

　　「注意，關於相同的議題我認為，」我說「你不要有自己的名詞較好，你不要將新名詞置入觀念中，因為我們的思想一致，但說法不同。」

　　「事實上一點都不一致，」他說「因為除了道德之外任何應該追求之事你說及將之歸為善，你破壞了道德，就像澆熄德性之

---

427「亞里斯多德的筆記」指的是，他在上課時的授課筆記，通常被稱為私密的作品（the esoteric works）；發行出版的作品，如對話錄，被稱為公開的作品（the exoteric works），但這些作品現皆失佚。因此我們現有的亞里斯多德的作品皆屬前者。西塞羅拿的書或許是亞里斯多德《政治學》，因為隔年（51 BC），他完成《論共和國》。

428 這再次反映了西塞羅個人及一般羅馬上層階級對哲學研讀的態度。哲學研究不是一項職業，而是公餘後的智性活動。儘管如此，無論希臘人或羅馬人咸認為，從事哲學思辯活動需有閒暇（scholē 或 otium）。

光，且完全摧毀德性。」

（11）「這些是，卡投，了不起的說法，」我說「但你知道你在語言表述上的榮耀是與皮洛及亞里斯投共享[429]，他們視一切為平等嗎？關於他們我想知道你的看法。」

「你是問我的看法嗎？」他說「他們是好人、勇者、正義之士及節制之人，無論是我們在國家中聽說或親眼看過，他們沒有任何學說，只遵循自然，並完成諸多值得讚美之事，自然給他們的教育比哲學能給他們的更佳，若他們讚許任何其他的哲學的話，除非它在善之中只有道德，在惡之中只有不道德；其他的哲學理論，全部或或多或少，但儘管如此它們將一切與德性沒有關連之事算在善與惡的事中，我認為這些理論不僅對我們變得更好沒有助益及鼓勵，且敗壞了人性。因為除非有此主張，道德是唯一的善，否則不可能證明德性產生幸福生活；可是若事實是如此的話，我不知道為什麼要在意哲學。若某位智者可能是不幸之人，我不認為光榮及值得回憶的德性應該被賦予高度的評價。」

[IV]（12）「到目前為止，卡投，你說的這些」我說「你也可以有相同的論述，若你是皮洛或亞里斯投的追隨者。事實上你並非不知，對他們而言道德不僅是至善，而且，如你所願，是唯一的善。但若這是如此的話，隨之而來會是我知道那件你想要的事，每位智者一直是幸福之人。因此你認為我們應該」我說「遵循他們的美讚與看法嗎[430]？」

---

429 關於此二人，參見II, xi, 35。

430 西塞羅的論述頗有挑釁的意味，因為（11）指出兩個立場：a）德性是唯一的善；b）德性之外與德性無關之物，即外在美善之物，也可是善。（a）是亞里斯投的主張，而（b）是亞里斯多德的主張。斯多葛學派無論贊同（a）

「完全不遵從那些人的看法，」他說。「因為這其實是德性的特質，一個人在諸多事物上所有的選擇應符合自然[431]，他們以如此的方式將一切視為平等，以致於他們使得在兩邊的事物成為平等[432]，所以他們沒有從事任何的選擇，這些人破壞了德性[433]。」

（13）「這個」我說「你說得真的很好，但我問難道你不也應該做了相同的事，當你說無物為善，若它不是正當及有德之事，你移除了其餘事物中一切的區別。」

「若這是事實」他說「我移除了事物之區別性，但我保留了。」

（14）「以何方式呢？」我說。「若只有德性，你只稱它為道德，是正當、值得讚美及合宜之事（因為它是什麼樣的事物，若以各種不同的語彙表達相同的事物會較為人所知），因此它，我說，若是至善，你將擁有什麼，在你所追求的事物之外？或，若無物為惡，除了不道德之事外，可恥、下流、卑劣、放肆及邪惡之事（我也以不同的名詞呈現此特質），你將說還有什麼應當避免的嗎？」

「對我將說之事」〈他說〉「你不會不知，但如我猜測，因為你會從我簡短的回應中抓住某一觀點，我將不逐一回應：反而我將說明，因為我們都有空，除非你做他想，芝諾及斯多葛學派整

---

或（b）皆顯示，此學派沒有屬於自己的主張。

431 這是明智的表現，亞里斯多德云：一個在嚴格意義上的好人不會不具備實踐智慧（《尼科馬哥倫理學》1144b30）。

432 即善惡之事難以區分。

433 史投巴伊烏斯（Stobaeus）記載，德性對斯多葛學派而言，雖是一，但各別的德性有其各自關切的領域（ta hupotetagmena），參見LS 61D。

體的觀點。」

「我當然不做他想，」我說「且你的解說會令我們在所探究的事上有長足的進步。」

（15）「因此讓我們試試看，」他說「即使斯多葛學派的理論有較困難及模糊之處。在希臘文中之前那些關於諸多新觀念的名詞是看不見的[434]，持續的習慣現在已使它們變得平常：在拉丁文上你認為將來會如何？」

「其實這是極其簡單的事，」我說。「若芝諾可以，當他發明某個不常見，也不常聽的觀點，他於該觀點中置一名詞，卡投何以不行？儘管如此逐字模仿對應是無其必要[435]，如不流暢的譯者習以為之，當有較常見的字表達相同的意涵；其實我也經常以幾個語詞表達一個希臘字，若我以其他方式無法表達的話。然而我認為我們應該許可自己使用希臘字，若有時候拉丁文完全沒有的話，這個『ephippiis（馬鞍）』及『acratophoris（酒甕）』不會比『proēgmenis（較喜歡之事）』及『apoproēgmenis（受拒絕之事）』更可令人接受；雖然前者其實可正確地說為『praeposita（較喜歡之事）』，且後者為『reiecta（受拒絕之事）』[436]。」

---

434 OCT版本在「是看不見的」（non videbantur）的前後置匕首符號，表示這段文字缺漏敗壞。Madvig認為缺漏的文字應是 'nova erant ferenda'（2010: 362），中譯文是「新名詞似乎是不可容忍的」。然而 Wright 則認為 Madvig 的修補沒有必要（1991: 123），且提出 'nova videbantur' 的讀法，中譯文是「似乎是奇怪的」。

435 西塞羅在著作中甚少對希臘文獻做逐字翻譯，例如《論老年》II, 6-III, 7-8，他節譯或改編柏拉圖《理想國篇》第一卷中柯法婁斯（Kephalos）的談話（328e-330b）。

436 之所以用拉丁字「馬鞍」及「酒甕」來與希臘字「較喜歡之事」與「受拒絕

（16）「你做得好，」他說「因為你幫了我，其實你剛才說的
那些觀點我喜歡使用希臘文，更勝於拉丁文；在其他的事情上你
來幫忙，若你看到我一臉茫然。」

「我會盡心做。」我說「但『勇者的運氣』；因此嘗試吧，我
要求你。我們能夠從事比此更神聖的事嗎？」

［V］「那些」他說「我贊同他們的理論的人有此共識，一旦
動物出生[437]（因為應該從此開始），牠與自己連結[438]，且委身於
自保及自身狀態，且那些維繫牠的狀態的事須持續受其關注，
但牠遠離死亡狀態及那些似乎會帶來死亡的事。事實是如此，
因此他們贊同在有快樂與痛苦感受之前[439]，幼獸欲求有利之事而
且蔑視與此相反之事，這不會發生，除非牠們愛自身的狀態，
害怕死亡。然而牠們欲求某事是不可能發生，除非牠們對自身
有感受而且藉此牠們愛自己。從此應理解，源頭是出於自愛[440]。

---

之事」比較，或許是這兩字和希臘字一樣冗長，參見 III, xvi, 52。

437 這是斯多葛學派著名的「搖籃論證」（the cradle argument）的起點，普路塔
　　荷《論斯多葛學派的自我矛盾》（*On Stoic Self-Contradictions*）有言，此觀
　　念出於克呂希普斯，他不斷在物理學及倫理學的著作裡提及（1038b）。

438 「牠與自己連結」表達出斯多葛學派 oikeiōsis（視為己有），根據這個理論，
　　初生的嬰孩或動物對自身有親近感，故會戮力維繫自身性命安全，以求存
　　活。這個概念與 oikeion（屬於自己的）相關，有別於屬於他者。動物一出生
　　即有一種自我歸屬感，此感有助於個體存活。

439 「他們」是指斯多葛學派哲學家；反之，伊比鳩魯學派主張，新生幼獸已有
　　快樂及痛苦的感受（I, xi, 30）；批評伊比鳩魯的內容，參見 II, x, 30 及 V, ix,
　　24-xi, 33。

440 自我保存的概念，亦可見於《論義務》I, iv, 11。斯多葛學派在此論述有以下
　　的要點：第一，動物對自己的認知；第二，愛自己；第三，愛自己的狀態及
　　遠離死亡；第四，自我保存的最初本能；第五，對自身的體質及什麼可維繫

（17）大多數的斯多葛學派哲學家［關於他們所看重之事］不認為快樂應被置於自然的第一原理原則之中。我非常贊同他們，否則，若自然認為快樂可以是那些首要被追求的事物中的一員，接下來會有許多醜陋可恥之事發生[441]。然而這對論證而言似乎是足夠，因為我們所看重的那些事物主要是自然所允許之物，亦即沒有人，當他不受限制時，不會喜歡身體的每一部分是連結緊密及完好無缺，更勝於，在相同的效益上，受傷或扭曲變形[442]。此外，對於事物的認知，我們稱為理解（comprehensiones）或感知（perceptiones），若這些字較不令人滿意或較不易懂，也可稱為瞭解（catalepsis），因此我認為這些字應就其自身被接受，因為在它們身上有著某種所謂的擁抱及包含真理[443]。再者，這可在幼兒身上理解，我們看得到他們感到喜悅，即使他們不在乎任何事，若他們藉由自身的方式發現某物[444]。（18）我們也認為技藝應

---

此體質的愛；第六，朝保存狀態之物運動，避免與之對反之物。M. R. Wright 強調，這六點在斯多葛學派的希臘文文獻裡並不得見（1991: 125）。

441 對斯多葛學派而言，快樂是醜陋可恥之事（aischron），凡醜陋可恥之事無一為善。西塞羅甚至在《斯多葛學派的悖論》裡言，視快樂為至善是畜牲說的話（vox pecudum），不是人話（I, iii, 13）。

442 這段論述強調：身體健康無傷是合乎自然之事。其實擁有健康無傷的身體是自愛及自我保存的持續表現。

443 斯多葛學派的 katalēpsis 是指，觀念完全掌握（grasp）它與之對應的經驗事物，且當我們給予此對應關係心理上的同意時（sunkatathesis），便產生瞭解或認識（cognition）；反之，觀念與它所對應的經驗事物不相符，便出現不掌握（akatalēpsis）的狀態，即不認識（incognition），參見 LS 40A, C。值得一提的是，這個心理上的同意是「由我們決定」（eph' hēmin），故是自由的。

444 小孩以不計利害的方式對事物感到好奇及找到解決之道，是初生的理智的微

就其自身被接受，因為在它們身上不僅有某個值得接受之物，而且在觀念上一致及在思維方式上保有某種相互對應性[445]。他們還認為，就同意虛假之事而言，我們比同意那些違背自然之事更與自己疏離。

〔現在關於身體的成員，亦即部分，有些似乎是為了它們的用處，自然所賦予的，如手，血液，腳及身體的內部器官，它們的用處即使在醫生之間也具有不小的爭議，但有一些是與用處無關的部分，而是為了某種裝飾，如孔雀的尾巴，鴿子顏色多樣的羽毛，男人的乳頭與鬍鬚[446]。〕

（19）這些或許是較脆弱的論述，因為它們是所謂的自然的首要元素，完整豐富的論述可能難以適用於其之上，其實我也不想試著追求此種論述。儘管如此，當你訴說與較偉大的事物有關的真理時，這些事本身掌握住語言；因此論述不但變得較重要，而且變得更卓越。」

「正如你所言，」我說。「但每一個關於好的議題的清楚陳述，我認為是優秀的陳述。然而想以那種綴飾的方式陳述事情是幼稚之舉，能夠明白而且清楚地說明是博學明智之人的特質[447]。」

---

兆。由於小孩具有理智的種子，若能夠得到妥適的教育，他們會成為智者（LS 65M）。

445 根據奧林皮歐都洛斯（Olympiodorus）的記載，芝諾主張技藝是關於有系統地整合各種不同的認知（katalēpseōn），以對追求生命的目的有助益，參見LS 42A。

446 這整段根據OCT的版本是後人的竄插。

447 斯多葛學派不以堆砌詞藻、冗長論證進行論述，而是以簡潔的論述，如針刺般，完成論證，參見西塞羅《斯多葛學派的悖論》（Paradoxa Stoicorum）導論，1。

[VI]（20）「因此讓我們向前邁進，因為」他說「我們離開了這些自然的第一原理原則，接下來的觀點須與它們若合符節。那接著首先是這個分類：斯多葛學派哲學家說有價值之物（因為我們這麼說，我想）是依循自然之物或促使此類事物產生，所以它是值得選擇之物，因為它具有某種與價值相稱的重要性，他們稱價值為 aksia，反之是無價值之物，與上述對反[448]。因此前提如此確立，那些服膺自然之物是就其自身應被採用，與之對反者，同理，應被揚棄[449]，第一項義務（因為我稱 kathēkon［合宜之舉］為義務）是在自然的狀態中自我保存，其次是保有依循自然之事而且驅逐違背自然之事。在發現選擇及揚棄的標準之後，接著便是義務的選擇，然後持續此選擇[450]，直到最後忠於自然及合於自

---

448 史投巴伊烏斯記載，一切符合自然之事具有價值；反之則無價值，參見 LS
　　58D。阿里烏斯・狄迪穆斯（Arius Didymus）的《斯多葛學派的倫理學概
　　要》（Epitome of Stoic Ethics）有言：善或有價值的事物是德性或參與德性之
　　事（metechon aretēs）（5a7-9）。後者指的是，若一事有助於德性的產生，它
　　本身應也是善，如正義的行為參與正義且因此是善，參見 Pomeroy1999:
　　105。「無價值之物」（inaestimabile）或許不僅有缺乏價值之意，更有對
　　「不具價值」的一種強化否定的意涵。如此三階的分類可對應到善、不善不
　　惡及惡的區分，參見 Wright 1991: 130。

449 史投巴伊烏斯記載安提帕泰爾（Antipater）的主張：要持續選擇符合自然之
　　事；要不選擇違背自然之事，參見 LS 58K。

450 人類發展的初期階段與動物相仿，合宜的行為選擇是出於本能，人類的選擇
　　在成長過程中逐漸由理智主導，故合宜的行為是理智使然。此外理性選擇是
　　著眼於合乎自然之事，一旦成了一種選擇的習慣，人的生命便合乎自然。這
　　段論述裡可見五個發展階段：1）本能地朝向合乎自然之事運動；2）持續此
　　項運動；3）理性選擇此項運動；4）使此項運動成為習慣；5）生命符合自
　　然。Inwood and Donini 2005: 728-729 認為理智的出現是在（2）至（3）兩
　　階段間；（2）至（4）與（5）的差別在於，前者是表現在合宜之事的一貫

然，在自然之中能夠真的被說是善的事物首先開始存在，並可理
解它是何物。

（21）事實上人最初是傾向於符合自然的事物。然而一旦他
擁有識別能力，或更恰當地說擁有觀念[451]（notio）斯多葛學派哲
學家稱此為（ennoia），且他知道處理事物的秩序，一如我會這
麼說，調合一致，我看重它遠勝於一個人一開始所喜愛的那些事
物，因此在思想及推論中一個人可結論，他可確立在調和一致中
座落著與人相關的那個至善，它是就其自身受讚揚及被追求。座
落於其中的觀念斯多葛學派稱之為homologia，讓我們稱為一致
（convenientia），若你同意的話——因為在它之中的善是一切事
物應該參照的，德行或道德本身——只有它被認為是善，雖然它
是之後產生的——儘管如此它是唯一因其力量與價值應被追求之
物，而與自然有關的原初的事物中無物是就其自身應被追求[452]。
（22）其實那些我說是義務的事是出自於自然的第一原理原則，
前者必須以後者為依歸，所以一切的義務可被正確地陳述是以我

性（consequentiality），後者是完美的一致。

451 （抽象）觀念的形成是以感官經驗為基礎，小孩將源源不絕的感官知覺儲存
　　在記憶裡，隨時日推移它們形成觀念，且獨立於感官知覺之外（《論法律》I,
　　x, 30；《在圖斯庫倫的論辯》I, xxviii, 60-70）。艾提烏斯（Aetius）有言，斯
　　多葛學派認為，人的靈魂像一塊白板，從出生到七歲都不斷地藉感官知覺在
　　這板子上留下印記（LS 39E）。藉助觀念人們可以分別事間的因果關係，
　　並形成真與假的命題。

452 C. Gill認為20及21指出斯多葛學派對道德增長的論述並不以其物理學為基
　　礎（2006: 164-166）；G. Reydams-Schils則對Gill的主張提出質疑，他認為
　　「忠於自然及合於自然」（constans consentaneaque naturae）已顯示倫理學與
　　物理學的緊密關係（2008: 192）。

們所獲得的自然第一原理原則為依歸，但這並不是至善，因為德行不是內在於這些自然的原初的傾向之中；是尾隨其後，之後發生的，如我之前所言。儘管如此它是依循自然而且鼓勵我們追求它遠勝於追求之前的一切事物[453]。

　　但從此論述中首先應移除謬誤，所以任何人不會認為他追求兩個至善。若某人企圖將長矛或箭瞄準某物，就像我們說在諸多善之中的終點一樣，因此為了瞄準目標應做一切的事，儘管如此，他做一切為的是獲得他所企圖之事，這是所謂的目標（這類的事我們稱之為生命中的至善），然而目標，當它命中時，是像被選擇，而不是被追求[454]。

　　[VII]（23）此外由於所有的義務皆出於自然的第一原理原則，智慧本身也必須出於這些原理原則。但正如這是經常發生之事，一個人被引薦給某人[455]，他對所見之人的看重更多於引薦

---

453 理智比本能更有力量鼓勵及驅策我們追求合乎自然之事；然而這個追求德性的種子也有被敗壞的可能，參見《論法律》I, xii, 33。

454 安提帕泰爾主張價值有三種意涵：就其自身有價值、專家的讚賞及選擇的價值（selective value）；第三個價值是在情況允許之時對某些特別事物所做的選擇，如選擇金錢財富，不選擇貧窮，但這與成為有德之人並無直接關係，可選可不選，因此至善只有一個，即成為有德之人，不會有兩個，參見LS 58D。C. Gill認為 vi, 20-22 的論述具有三個面向：1）從對看似善之物的自省性的追求，轉變為對它們的有意與理性的選擇，就像「依據本性」；2）認為這類型的理性選擇，特別是它所展現的一致性，比其他表面上的善更有價值；3）認為「正確的行為及正確自身」組成選擇及拒絕的標準；且此一認知是人類理解什麼是「依據自然」的不可少之一部分（1990: 145）。

455 儘管這句表述有性暗示，但它具體表現出從本能轉變為智慧的過程。前者是舊愛，後者是新歡，當新歡被引薦時，目光焦點皆在它身上。此外在此轉變的過程中，合乎自然之物居其間。

者，因此這一點都不令人吃驚，自然的第一原理原則將原初的智
慧推薦給我們，但之後我們對智慧的關愛更勝於對那些藉由它們
我們來到智慧面前的事物的關愛。事實上我們被以如此的方式
賦予各個部分，所以顯然是被賦予了某種生活的方式，在此方
式下還有靈魂的欲望，希臘文稱hormē，我們似乎不是被賦予任
何種類的生活，而是某種形式的生活[456]，同理，理性及完美的理
性。（24）正如演員及舞者不是被賦予任何動作與舞步，而是確
定的動作與舞步，所以生命的進行也是依據某種固定的方式，不
是漫無目的；我們說的是和諧一致的方式。我們不認為智慧與掌
舵或醫藥的智慧相似，但比較類似我剛才所說的演戲及跳舞[457]，
目標是在其自身之中，而非求於外，亦即技藝的展現。儘管如
此與這些技藝自身相較，智慧還是有些不同，因此在那些以正
確的方式為之的事中，沒有包括每一個組成它們的部分；然而
我們稱正確的行為或行事正確，若你同意的話，斯多葛學派稱
為katorthōmata，它們包括一切德性的部分。只有智慧完全指向
其自身，在其他的技藝中不會出現相同的事[458]。（25）此外將醫藥

---

456 不同於伊比鳩魯學派，斯多葛學派認為生命不是機械式的運作，而是朝向一
　　目的前進，才是最佳狀態。

457 掌舵及醫藥技藝皆有一外在於技藝的結果，平安抵岸與恢復健康；演戲及舞
　　蹈則沒有，它們的結果與技藝的展現是同時的，故智者與演員類似，參見
　　LS 58G。德性與演戲及跳舞相似，因為它們皆與實踐有關，而且皆有固定
　　的社會或舞台角色要扮演，且皆非生產性活動；斯多葛學派認為這類活動的
　　追求（epitēdeumata）有助於德性的追求，參見LS 26H。值得一提的是，德
　　性的養成以舞台上角色扮演來比擬凸顯，德性的獲得與社會角色履行實踐的
　　關係，這或許是受到帕奈提烏斯的影響。

458 有德的行為是由行為者的和諧一致的靈魂決定（LS 61A）；好的舞蹈是由舞

及掌舵的目標與智慧的目的比較是不得體的，因為智慧包含了雄
心[459]與正義，且判斷一切發生在人身上之事皆從屬於它，相同之
事不發生在其他的技藝上。然而無人能擁有那些我剛才言及的德
性，除非他確立無物是相互不同及有差異，除了德性與惡行外。

（26）現在讓我們看看從我剛才所提出的那些看法中會得出
這些多麼明確的結果。這是最終（其實你感覺得到，我相信，我
一直以來稱希臘人說的目的（telos）為最終（extremum）、終極
（ultimum）或盡頭（summum）；也可以說是目的（finem）以取
代最終或終極）──因此這是最終，活著服膺及順應自然，這是
必然的結果：每位智者總是活得愉快，因為不受運氣的制約[460]，
不受事物的阻撓，沒有任何的限制，也沒有缺乏。然而這個結論
包含的是我提及的那個理論，還有生命及我們的運氣，亦即我們
判定道德是唯一的善，這其實可以用長篇、大論、所有精心雕鑿
的語言和極為嚴肅的觀點，以修辭的方式充實與綴飾之，但斯多

---

者所展現的藝術性決定。前者形諸於內，後者形諸於外，故有所不同。此外
德性生命，不像舞蹈演戲，不具間歇性；也不像後者必須有額外的協助，如
伴奏、編舞、劇本、導演等；精於演戲者不必然懂得舞蹈，但德性涵蓋的是
生命整體。

459 magnitudo animi 字面上的意思是靈魂的偉大，西塞羅的用法通常是雄心之
意，《論義務》有言，雄心有兩項特質：1）鄙視身外之物；2）有雄心者會
做重要而且有用的行為，但會使自己的生命充滿危險與艱辛（I, xx, 66）。阿
里烏斯・狄迪穆斯曾言：雄心是一知識，藉由它我們會做出超過
（huperanō）在好與不好的情況下自然發生的事（5b2）。換言之，雄心追求
的是比一般德性追求的更卓越之事。亦可參見《論目的》III, viii, 29。

460 類似的觀點，參見《在圖斯庫倫的論辯》V, xiv, 40-42 及 xxviii, 81。智者是自
由的，因為他具有依其所願生活的能力，西塞羅稱此能力為自由，參見《斯
多葛學派的悖論》V, i, 34。

葛學派哲學家簡短而且精確的結論令我感到滿意。

[VIII]（27）因此他們的論證歸結如下：善的事物皆為值得讚美之物；此外值得讚美之物皆為道德；因此善是道德。你認為這是個令人滿意的結論嗎[461]？當然，因為從這兩個假設產生的看法你會看到結論的存在。從這兩個假設所得到的結論經常不會與之前所說的對反，一切的善都值得讚美，因為值得讚美之事是道德是被認可的說法。然而這是極為荒謬之事，任何的善不是應追求之事，或應追求之事不是令人愉快之事，或，若是善，也不應選擇；因為它應受肯定；也如此地值得讚美；它確實是道德。因此這是確定之事：善的事物也是有德之物。

（28）再來我問有誰能夠誇耀悲慘的生活或不幸福的生活。因此只有誇耀幸福生活。從此產生誇示，如我可這麼說，這是與幸福生活相稱之事，因為這是不可能的事，除非適切地發生在有德的生活上。因此這是確定之事：有德的生活是幸福的生活。此外由於適切的讚美發生於他身上的人具有某種與合宜及榮耀有關的標誌，所以因為這些重要的標誌的緣故他可以被適切地稱為幸福之人，相同的道理也可以最正確的方式陳述這種人的生活。因此若幸福生活被以道德來理解，有德之事應該只會被認為是善的事物。

（29）然後呢？這〈絕不〉能以任何方式否認，任何具有穩定、堅實，及雄心的特質的人，我們稱他為勇者，可能出現，除非痛苦不被確立為惡[462]？因為將死亡置於惡之中的人不可能不懼

---

461　關於西塞羅反駁此三段論證，參見 IV, xvii, 48。

462　錫蘭學派及伊比鳩魯主張痛苦是惡；伊艾洛尼穆斯認為免於痛苦是至善；芝

怕它，因此沒有人在任何事上能夠不在意他認為是惡的事而且鄙
視它。在提出此看法後，它在所有人的贊許下被接受，一個有雄
心及有勇氣之人鄙視一切發生在人身上的事，且視它們為無
物[463]。若事實是如此，它所產生的結果是，沒有一個惡不是無德
之事。這位崇高卓越之士，具有雄心，是位真正的勇者，是人世
間的一切皆在他之下，我說，是我們想造就及尋找之人，他一定
應該對自己有信心，且對自己過去及未來的生活有信心，他對自
己有不錯的評價，並認為惡事不可能發生在智者身上[464]。從此可
理解相同的道理，有德之事是唯一的善，善是活得幸福，活得有
德──亦即合乎德性。

[IX]（30）其實對於哲學家們不同的意見我不是不知，我說
他們將至（summum）善，我稱至（ultimum）善，置於靈魂之
中。雖然有些人是指向錯誤的標的，但那些將德性與至善分開的
哲學家不僅有三類，他們將快樂，痛苦的真空或自然的原始傾向
置於至善之中，還有另外三類哲學家認為德性沒有其他東西的輔
助會是殘缺的，因此他們各自加上我上面所說的那三件事[465]──

---

諾、亞里斯投及皮洛皆認為痛苦不是惡，參見《在圖斯庫倫的論辯》II, v,
14-vi, 15。斯多葛學派不視痛苦為惡，產生的悖論是：被折磨拷問的有德者
如何是幸福的？

463 伊比鳩魯學派認為心靈的力量可以克服痛苦，如回想過去美好時間；斯多葛
學派選擇直接與痛苦對抗，後者符合羅馬人的道德傳統。而必須提醒，無論
是痛苦或是死亡，斯多葛學派皆視為不善不惡之事。

464 呼應蘇格拉底的主張，「壞事不會跟著好人，無論生前或死後。」《辯護篇》
（The *Apology*）41d1。

465 有三類將德性與至善分開的哲學家分別視至善為：1）快樂；2）痛苦的真
空；3）自然的傾向。另有三類哲學家將德性分別加在（1），（2）及（3）

儘管如此，我喜歡那些將至善置於靈魂及德性之中的哲學家，無論他們是哪一類哲學家，更勝於這些哲學家。（31）然而那些說至善是有知識地活著，無物有所區別[466]，及因此智者將是擁有幸福的人，且不會在任何時候視一物更重於另一物的人是荒謬之人，如某些學院哲學家據說有此定見，智者的至善及終極義務是拒絕表現而且堅決地停止對它們表示贊同[467]。對這些各自的立場經常是以冗長的方式回應，但這些清晰的立場不須有冗長的回應。還有什麼會比此更明顯，若在違背自然之事及順應自然之事中無選擇之事存在的話，〈結果是〉每一個人所追求及讚美的明智會被移除[468]？

因此在我剛才所提出的看法及那些與之類似的看法被排除之後，剩下的是，至善是使用關於那些順應自然而生的事物的知識，選擇合乎自然之事，揚棄違背自然之事，而活，亦即順應及服膺自然而活。

（32）〔但在其他的技藝上這被稱為『有技巧地』，它應該被認為是在某種程度上之後或隨後的，這斯多葛學派哲學家稱為epigennēmatikon（隨後發生之事）；然而在事情中我們說『有智

---

上形成：1a）德性與快樂；2a）德性與痛苦的真空；3a）德性與自然的傾向。主張（1a）的哲學家有卡利弗及狄農馬庫斯（Dinomachus）（V, viii, 21；《在圖斯庫倫的論辯》V, xxx, 85）；提議（2a）的是狄歐都魯斯（II, xi, 34；V, viii, 21）；支持（3a）的是亞里斯多德。

466 指皮洛、亞里斯投及艾里魯斯（Erillus），三位哲學家在《論義務》I, ii, 6皆被視為對義務理解不當。

467 這是指「新學院」哲學家提倡的「懸置判斷」（epochē）的理論。

468 卡投回應西塞羅在 III, iii, 10-11 的質疑。

慧地』，從一開始它就是被以最正確的方式陳述。其實任何出於智慧之事，它應該會持續地填滿它的每一部分；因為我們說應被追求的事物是被置於其中。例如背叛國家，忤逆父母，掠奪神殿是為惡之事，這些事是就結果而言，而恐懼，哀傷及在慾求之中也是惡，但不以結果論。真理是，後者為惡不是就過去及未來而論，特別是就其持續性而論，因此出於德性之事應該從它一開始的作為，而非其完成來判定它們是正確之事[469]。〕

　　[X]（33）此外『善』，在此談話中經常使用的字，也要以定義解釋之。但斯多葛學派哲學家們的諸多定義之中有著些微的差異，儘管如此它們都著眼於同一件事。我認同狄歐金尼斯[470]，他對善的定義是從自然而出之物[471]。接續這個定義之後的是有助益之事（我其實是這麼說的，ōphelēma）他說運動或靜止是出於自然。當關於事物的觀念出現在理性之中，若某事是以經驗，連結，相似性及推論的歸納被認知，善的觀念是由我置於最後一位，第四個方式所完成的。因為從這些符合自然之物理性藉由推論的歸納上升到善的觀念。（34）此外這個善不是藉由增加、減少，或與他物比較，而是藉其特有的力量，我們覺得而且稱它為善[472]。例如蜂蜜，雖然它是最甜美之物，但它是以它特有的一種

---

469　後人竄插。儘管如此，這段文字顯示斯多葛學派對德性的看法。不同於亞里斯多德視德性為一種潛能，它的實現是在行為實踐，斯多葛學派認為德性存在即活動，一如塞內卡《書信》言，正義是一種活動及有益之物（Agit aliquid et prodest）（CXIII, 10）。

470　參見I, ii, 6。

471　參見LS 58K1。

472　參見III, xiv, 45。關於善的描述。

味道，而不是與其他事物比較才被認為是甜美的，因此我們所討論的這個善其實應該被視為最有價值之事，但這個價值的影響力是在種類上，不是在量上。價值（它被稱為aksia）既不算是善，也不算是惡，你可在其上增加任何東西，它會保持原樣[473]。因此德性的價值是另一種特質，它的影響力是藉由種類，而不是藉由增加。

（35）其實靈魂的波動也不是[474]，它們使得不智之人的生活悲慘及艱辛（希臘人稱它們為pathē；我可以在翻譯上稱這個字為疾病（morbos）[475]，但這不適用在所有的事情上，因為有誰習慣說同情或憤怒是疾病呢？但斯多葛學派哲學家說pathos[476]；因此它是波動干擾，且似乎是以敗壞之名稱呼它〔那些波動干擾不是受某個自然的力量所影響[477]〕）——這些波動干擾共有四種，每種有諸多部分，悲傷、恐懼、慾望及斯多葛學派哲學家以與身體及靈魂有關的名詞來稱呼的愉快（hēdonē）[478]，我喜歡稱愉悅

---

473 aksion（複數aksia）這個希臘字，價值，原來是經濟用語，指物與物之間等重，就有等量的價值，因此在此字的原始意涵上無善惡的道德意義。

474 史投巴伊烏斯記載，情緒是靈魂非理性及對反自然的活動；它既過度也不遵循理性的指導（LS 65A）。西塞羅《在圖斯庫倫的論辯》將此譯為 'appetitus vehementior'（過於激烈的欲求）（IV, xxi, 47）。

475 蓋倫（Galen）記載克呂希普斯認為情緒是疾病，參見LS 65L。關於靈魂的疾病與治療的方式的討論，或可溯源至畢達哥拉斯。柏拉圖《高爾奇亞斯篇》以傷疤描述未受妥善照顧及不健康的靈魂（524e-525b）。

476 pathos（情緒）其複數為pathē。

477 後人竄插。

478 參見安卓尼庫斯（Andronicus）在《論情緒》I中的記載：悲傷是不理性的沮喪，恐懼是不理性的退縮，慾望是不理性的延伸欲求；快樂是不理性的膨脹

（laetitia），所謂的機動的靈魂中情慾的高張[479]。然而波動干擾不是受任何自然的力量驅使，它們全部都是在意見與判斷上的懈怠[480]。因此智者一直沒有靈魂上的波動。

[XI]（36）此外一切有德之事應該就其自身被追求是我們與其他哲學家們共同的看法。除了三個不將德性含括於至善中的學派外[481]，其餘所有哲學家一定都有此主張，儘管如此斯多葛學派哲學家在被認為是善的事物中特別只欲求有德之事。可是這其實有最簡單及最有用的辯護。現在有誰或過去有誰曾經有如此熾熱的貪婪，或有如此放蕩的慾求，想要在任何地方以惡行獲得的事，他喜歡不以諸多慾求的方式，更勝於以之前的方法獲得相同的事，即使當向他提出惡行無罪的建議嗎[482]？

（37）我們想要知道對我們而言是神祕的事，是什麼方式及什麼原因驅動那些位於空中的事物，我們追求這事確實有效益或利益嗎？此外有誰以如此野蠻的方式活著，或有誰以如此強烈的

---

（LS 65B）；這四種情緒的次分：悲傷之下有憂愁、擔心、嫉妒等；恐懼之下有猶豫、焦慮、混淆及害怕等；愉悅之下有因他人的不幸而愉快及自我滿足等；慾望之下有性慾、渴望、對財富及榮譽的愛等，參見 LS 65E。

479 相同的觀點，參見 II, iv, 14。

480 斯多葛學派認為情緒與理智是同一個靈魂的不同活動，情緒是拙劣的看法或判斷（doxas einai kai kriseis ponēras），參見 LS 65G。不同於柏拉圖，早期斯多葛學派不認為情緒及理智分屬靈魂的不同的部分。

481 指錫蘭尼學派及伊比鳩魯學派主張的快樂是至善；伊艾洛尼穆斯的至善是免於痛苦；新學院對德性是否包括在至善中不置可否。

482 斯多葛學派追隨蘇格拉底主張，一個人不會在明知故意的情況下為惡。關於後者的論述，參見《高爾奇亞斯篇》467a-468a；《普羅大哥拉斯篇》345d-e及 352a-357e；《米諾篇》77b-78a。

態度反對研究自然，以致於他從相稱於知識的事物中退縮而且沒有任何快樂或利益他不探究那些事，並視它們為無物？或有誰知道馬克希穆斯家族[483]、阿菲里康奴斯家族[484]，或你總是掛在嘴上的我的曾祖父[485]，及其他諸多勇者及有卓越德性之人的行誼，言談與忠告，在心中不會有任何快樂的感受？（38）然而有誰在良善之家中安身及接受高尚的教育不會被醜陋可恥冒犯，即使它不會冒犯他？有誰會以平和的心看著他認為是以不潔及卑劣方式度日的人？有誰不會憎恨拙劣、不可信賴、輕浮及下賤之人？此外還能說什麼，若我們確立醜陋無恥不應就其自身被避免，人們不會在任何惡行中抑制自己，他們在黑暗中及獨自為惡，除非醜陋無恥透過自身以它的可怕遏止他們[486]？在此觀點中有無數事例可說，但沒有必要，因為關於此無物可以比此更令人懷疑，道德應就其自身被追求，且同理不道德應就其自身被避免。

（39）在確立我們之前所說的之後，有德之事是唯一的善，這更應該被理解為有德之事被視為有價值之事，與那些從有德之

---

483　昆圖斯・法比烏斯・馬克希穆斯（Quintus Fabius Maximus Verrucosus, C3 BC），因與漢尼拔的戰爭中延遲不動，故有延遲者（Cunctator）的封號；他曾五任執政官，並於203 BC去世前任最高祭司12年；祖父馬庫斯・法比烏斯（Marcus Fabius Ambusus, C4 BC）曾三任執政官。

484　參見I, I,7及II, xvii, 56。

485　即老卡投（Marcus Porcius Cato, 234-149 BC），又名監察官卡投（the Censor），以新人（novus homo）之姿晉身監察官的第一人。

486　斯多葛學派主張，理性之法是人性之法，且人性之法是自然之法。在自然法的框架下，斯多葛學派不認為，智者會選擇醜陋可恥的行為。如《論法律》云：靈魂裡的理智是法律，智者視法律為實踐智慧或明智，它具有阻止人為惡的能力（I, vi, 19）。

事中獲得的中間物[487]比較。此外我們說愚蠢、懦弱、不正義及不節制應該避免，因為那些由它們所產生的事，我們不是這麼說，所以這個理論似乎與那個被提出的說法，不道德是唯一的惡，唱反調，因此這些事不是指涉身體上的不利，而是指涉從惡中所產生的可恥行徑（因為希臘人稱惡（vitia）為kakias[488]，我喜歡稱惡更勝於惡意（malitia[489]））。」

[XII]（40）「你真的，」我說「卡投，以清晰明白的語詞表達你的看法！因此我認為你是以拉丁文教授哲學而且賦予哲學所謂的公民身分；事實上它直到現在似乎在羅馬還是位旅客，尚未以我們的語言呈現它自己，這特別是因為在觀點及字詞上的某種細緻的精準性。（其實我知道有些人能夠以任何語言從事哲學，因為他們不使用任何分類與定義，且那些人說他們只會贊許那些沉默的自然贊許的觀點。因此在完全不晦澀的議題上他們之間的討論不會太費力[490]。）因此我不懈怠地專注於你，且我全心記住你在所談的議題裡放置的名詞，因為我將來或許也會使用那些名詞[491]。我認為你，依據我們言說的傳統，非常正確地將惡視為德

---

487 「中間物」指的是，明智在非道德的層面上選擇合乎自然的事物。

488 kakias是kakia的複數型受詞。

489 malitia一字也有惡的意思，但西塞羅或許是將它以「惡意」用之，所以它與惡不同，參見III, xii, 40。亞里斯多德在《修辭學》1389b提及惡意（kakoētheia）是對事物以負面方式思考（to epi to cheiron hupolambanein panta）。此外《在圖斯庫倫的論辯》IV, xv, 34有言，德性的對反詞是vitiositas（惡），malitia指個別的惡，而vitiositas泛指一切的惡。

490 應指伊比鳩魯及其學派，參見I, vii, 22-23。

491 完成本書隨後數月，西塞羅陸續寫成《在圖斯庫倫的論辯》、《論神的本質》、《論命運》及《論義務》，這幾部作品皆涉及將希臘哲學拉丁化的工作。

性的對反。惡其實是就其自身應受斥責,我認為它是因其自身被稱為惡,或受斥責也是由惡來描述。但若你說惡是惡意,拉丁語的傳統會帶我們至另一個明確的惡:現在每一個德性都以對反之名呈現於惡之前。」

(41)然後卡投說:「由於你提出了如此的看法,」他說「嚴重的爭議隨之而來,逍遙學派哲學家們以拙劣的方式處理它(其實他們說話的習慣不夠精確,因為對辯證的無知[492])你的卡爾內阿德斯[493]在辯證法上以某種卓越的操作與辯才無礙將最重要的議題帶進最終極的區分,因此他不停地在每一個被稱之為善與惡的問題上爭論,斯多葛學派哲學家與逍遙學派哲學家沒有實質上的爭議,而有名詞上的爭議[494]。然後我認為無事是如此顯而易見,哲學家們各種觀點的相互對立,與其說是語言的分歧,不如說是實質上的意見分歧;我說斯多葛學派哲學家與逍遙學派哲學家之間實質上的歧異更勝於語言上的歧異,因為逍遙學派哲學家說凡是他們稱為善的事物皆屬於幸福生命,我們斯多葛學派哲學家不認為幸福生命是由每一個具有任何價值的事物所完成[495]。

[XIII](42)那些將痛苦置於惡事之中的人的論述裡,智者

---

492 西塞羅應該不是藉卡投之口批評亞里斯多德及塞歐弗拉斯圖斯不懂邏輯與辯證,他或許是指逍遙學派在他們兩人之後的學者重倫理學,輕邏輯辯證,參見 V, v, 13-14。

493 參見 II, xi, 35。

494 類似的說法參見《論神的本質》I, vii, 16;《學院思想》I, x, 37;II, v, 15。西塞羅在本書卷四將此議題視為對斯多葛學派主要的批判之一。

495 史投巴伊烏斯記載斯多葛學派認為,只有依德性及循自然而行才有幸福的生命,參見 LS 63A。因此不同於逍遙學派,值得選擇的外在美善事物,與幸福的獲得並無任何關係。

不可能幸福，當他在拷問台上受折磨時[496]，難道沒有比此更確定
的事嗎？然而那些沒有將痛苦視為惡的一員的人論述堅定地認
為，在一切的折磨中智者的生命都維持幸福。其實若是相同的痛
苦，為了國家接受它們所承擔的苦會比為了較微不足道的原因而
接受所承受的苦令人更能忍受，是信念，而非自然，使得痛苦的
力量或大或小。（43）這並不是個首尾一致的觀點，如逍遙學派
哲學家的看法，有三種善[497]，任何一位較幸福之人，他在身體或
外在美善事物上較充裕，這我們斯多葛學派哲學家不會同意，擁
有被認為與身體有關的有價值的事物愈多的人愈幸福。逍遙學派
哲學家認為幸福生活由身體的利益完成[498]，我們斯多葛學派哲學
家完全沒有相同看法。這是共識，我們真正地稱為善的事物的充
足富裕並不會使得生活更幸福，或更應該追求，或更有價值，大
量的身體上的利益真的與幸福生命關係甚少。（44）其實若擁有
智慧及健康是應該追求的事，這兩者結合比單一智慧更應追求，
然而若它們各自有其相稱的價值，追求兩者結合不會更勝於單獨
追求智慧自身。例如我們認為健康適於某種價值，但我們不會將

---

496　亞里斯多德有此主張，《尼科馬哥倫理學》1153b19-21。拷問（eculeus 或
　　　equuleus）是用來使奴隸招供，以成為法庭上的證據的虐刑。此拉丁字原意
　　　是「小馬」，它是一種剌刑，犯人站在削尖的木樁上，讓手不斷承載重物，
　　　增加腳部的剌痛感。

497　亞里斯多德提出有三種善，表現在三種不同的生活型態：愉悅的生活，政治
　　　的生活及沉思的生活，《尼科馬哥倫理學》1095b15-19。

498　亞里斯多德不止一次地提及外在美善事物，如金錢，地位及美貌等，對幸福
　　　生命的追求有助益，《尼科馬哥倫理學》1096a1-3；1197b15-20 及 1099a29-
　　　1099b1。

它置於善之中[499]，同理我們認為沒有任何事物有如此重大的價值，以致於它比德性更優越。逍遙學派哲學家並無相同的主張，他們說有德的行為是沒有痛苦，它比帶著痛苦的同一個行為更應被追求。我們有不同的看法；正確或不正確，之後再述；但在觀念上的歧異可能更大嗎？

[XIV]（45）正如燈光因陽光而昏暗不明，一滴蜂蜜消失在廣大的愛琴海中，在克羅艾索斯[500]的財富中增加兩毛五分錢[501]，及在從這兒往印度的路上的一步，因此這是一定的事，當斯多葛學派哲學家提及一物為至善時，所有與物質事物有關的價值都因德性的光輝而黯淡無光，銷聲匿跡，及毀壞敗亡[502]。就像時機（opportunitas）（我們斯多葛學派哲學家稱eukaria）不會因時間的延長而更好（因為被稱為時機的事是達到其終點），正確的作為（effectio）也是如此（我稱katorthōsis，因為被稱為正確的行為是katorthōma）——因此正確的作為，也是符合上例，最後善自身，至於其中之物是符合自然之物，不會有任何增加的產生。（46）如時機，我之前所提的事物不會隨時間的延續變得較重要，因此斯多葛學派不認為幸福生命，若生命漫長，比生命短暫的幸福生命更值得欲求及追求，他們使用譬喻：例如，若靴子獲得讚美，是它剛好合腳，靴子多不會比靴子少好，較大的靴子也

---

499　健康對斯多葛學派而言，不是善而是無關乎善惡的事物中較受人喜歡之事，參見LS 58A；亦可參見III, xvi, 53。

500　參見II, xxvii, 87。

501　teruneus是四分之一的意思。

502　類似的觀點，亦可見於《在圖斯庫倫的論辯》II, xiii, 30。與斯多葛學派主張的德性相較，和身體及運氣有關的善的事物皆變得暗淡無光。

不會比較小的靴好，因此，靴子的好是由適切及時機[503]決定，較多不會比較少好，較長不會比較短好[504]。（47）他們說得其實不夠精準：若長期的好的健康狀態比短期有更高的價值，任何在智慧上有最長時間的使用也是最有價值之事。他們不瞭解健康的價值是由時間判定，德性的價值是由時機來判斷，如那些陳述此事之人似乎會說：好死及好生的過程長比短好。他們沒注意有些事短暫較有價值，有些事漫長較有價值。（48）因此這與那些人的論述所提出的觀點一致，他們認為那個善的目的，我們稱最終或終極[505]，能夠增長——這些人同意，有人比他人更有智慧，同樣地，有人比他人更錯或做得更對，我們不可有此說法，我們不認為至善會增加。例如沉入水中之人所能呼吸的，若他們離水而不遠，隨時可浮出水面，不會比若還深沉水底的人多，一隻幼犬接近看得見的時候，牠的辨識力不會比剛出生的狗仔好，同樣地，在德性擁有上有某種程度的進步與沒有進步之人是一樣悲慘[506]。

---

503 opportunitas（時機）在此亦可譯為合適，《論義務》有言：適時與好秩序（eutaxia）有關，好秩序被斯多葛學派置於節制這個德性中（I, xl, 142）。

504 普路塔荷記載斯多葛學派認為善不會因時間的延續而增加，所以幸福生命不以生命長短判定，參見 LS 63I。關於斯多葛對自殺的態度，參見 III, xviii, 60-61。

505 參見 III, vii, 26。

506 普路塔荷有言，根據克呂希普斯，智者無等級之分（LS 61J），因此德性亦無等級之分，擁有德性之人中並無誰比誰更有德性的問題，所以無進步的問題；努力擁有德性之人，即尚未擁有德性之人，與不具德性之人一樣，都還不具被稱為有德之人的資格。因此進步不適用於有德之人，或許適用於努力成為有德之人（參見 IV, xxiii-xxiv, 68）。換言之。對斯多葛學派言，德性只有有與無的區別，在成為智者之前，每個人皆為無德者（進一步說明，參見

[XV] 我知道這些觀點看來特別，但先前的論述確實是牢不可破，合理正確，此外這些結論與這些論述首尾一致，其實關於它們的正確性是無庸置疑。然而雖然他們否認德性與惡會增加，〔且〕儘管如此他們認為它們各自會以某種方式有所謂的擴散及擴展 507。

（49）狄歐金尼斯認為財富不僅擁有力量，所以它們像是通往快樂及好的健康狀態的領導者，而且也包括這些事物：在德性及其他的技藝中他不認為財富會做相同的事，錢可能是通往這些事的領導，但它不可能包含它們。因此若快樂或若好的健康狀態是屬於善的事物，財富也應該被置於善的事物之中；可是若智慧是善，則不會發生我們還說財富是善的事。屬於善的事物不可能被任何不屬於善的事物所包含，因此之故，由於關於事物的認知與理解促成技藝，驅動欲望，當財富不屬於善的事物時，沒有任何技藝能為財富所包含 508。（50）若我們認可關於技藝的論述，儘管如此關於德性的論述並不相同，因此德性需要極廣泛深入的研究與經驗累積，這與技藝並不相同，德性含括整體生命的穩定，安定及不變，在技藝中我們看不到相同的事。

接下來要解釋事物的差異性，若我們說沒有差異性存在，整

---

IV, xxiii, 64 的注釋）。

507 斯多葛學派視參與公共事務為不善不惡之事，儘管這些事或許會對眾人產生好處，參見 LS 66B。因此一個擁有權力及財富的人，雖然不是嚴格意義下的有德之人，但其財富可使他有機會是位慷慨之人，其權力能讓他執行正義，參見《論義務》II, xv, 52-53。

508 若技藝或知識是善的事物，不屬於善的事物的財富無法成為技藝或知識的基本組成元素。

個會處於混亂之中，如亞里斯投所言[509]，找不到智慧的義務與工作，當屬於過活的事情裡沒有任何區別而且沒有任何選擇應該被使用。因此這不僅足以確立，道德是唯一的善，不道德是唯一的惡，而且在它們之間無物對活的幸福或悲慘有影響，然而斯多葛學派哲學家希望存在著某種差異性，有些事有價值，有些事沒價值，有些事不好不壞。（51）那些應被視為有價值之事[510]，與其他事物不同，有足夠的理由比某些事物更受人喜歡，例如在健康上的事，在感官知覺完好無缺的事上，在痛苦缺乏的事上，在榮耀、財富及類似的事物上，然而其他事物卻不相同，關於那些不配有價值的事物一部分有充分的理由揚棄它們，例如痛苦、疾病、感官知覺喪失、貧窮、恥辱及類似這類的事，但有另一部分沒有。因為這個原因產生芝諾所稱的 proēgmenon（較喜歡之物），這與 apoproēgmenon（較不喜歡之物）對反，在豐沛的語言中他可使用諸多人為的新名詞，這在我們貧瘠的語言中是不允許的；儘管如此你經常提及拉丁文其實較豐富。但說明芝諾使用這個字的理由並不奇怪，為了讓這個字的意義更容易理解。

[XVI]（52）正如，芝諾說，沒有人說在皇宮中國王[511]好像是被晉升至備極尊榮的地位（這其實是 proēgmenon），而是說那些在某個位階上的人，他們的位階接近第一位國王，僅次於他，同樣地在生命中不是那些位於第一順位的事物，而是那些擁有第

---

509　亞里斯投認為身體強壯與孱弱並無不同（II, xiii, 43）。

510　這節的敘述是關於不善不惡之物，此類事可分為：1）有價值且能促使人追求之物；2）有價值但無法促使人追求；3）無價值但應揚棄之物；4）無價值但無充分理由將之揚棄之物；5）完全無關於善惡之物。

511　應指波斯國王，因為波斯權位是世襲制，國王無晉升的制度。

二順位的事物被稱為 proēgmena，亦即較好的事物（producta）；我們或許會這麼說（這是字面上的意思），promota（較喜歡之事）及 remota（較不喜歡之事），如之前我們說 praeposita 或 praecipua（特別之事）及 reiecta[512]。當意思懂了之後，在字詞的使用上我們應該輕鬆自在。

（53）由於我們說每一個善都占有第一順位，一定是非善非惡[513]之事我們才稱為較喜歡或較好的事物。我們是如此定義它：不善不惡之事，帶著適度的價值；其實斯多葛學派哲學家稱它為 adiaphoron，我想到它，所以我說不善不惡。事實上不可能在任何方式下發生此事：在善惡之中沒有任何依循自然或違背自然之事；當在其中有某物存留，有充分價值之物會被置於其中，當這個說法提出後，就有某些較受喜歡之事存在。（54）因此這是正確的區分方式，且斯多葛學派哲學家還提出這個譬喻，為了使這個觀念能更容易被理解：他們說，若我們假設這是所謂的目的及終極，以這種方式擲蹠骨，它會以正確的方式落下，這對目的的獲得具有某種較受喜愛的特質，反之，以不同的方式擲丟，那個蹠骨的較受喜愛的特性不屬於我剛才說的目的，因此較受喜愛之事是以目的為依歸，但無物屬於目的的意義與本質[514]。

---

512　參見 III, iv, 15。

513　根據狄歐金尼斯‧拉爾提烏斯（Diogenes Laertius）的記載，斯多葛學派認為 adiaphora 有兩種意涵：一種是指對幸福或不幸福無實質影響的事物；另一種是指不會產生衝動或嫌惡之事。前者是斯多葛學派所著重的意涵，參見 LS 58B。

514　這個譬喻與其說對不善不惡之事有輔助說明之效，不如說它語焉不詳；然而根據斯多葛學派的思想，有些不善不惡之事具有可被選擇的價值（eklektikē），

（55）接著是那個區分，有些善的事物是屬於那個終極事物（我事實上以如此的方式稱他們所謂的telika，因為我們可決定，如我們同意，以諸多的字來表達我們以〈一個字〉無法表達之觀念），但有些善的事物是有效用之事，希臘人稱為poiētika，有時事物是兩者皆是。關於屬於至善之事物無一為善，除了德行外，關於有效用之事無物為善，除了朋友，但他們主張智慧既屬於至善，又產生至善，因為智慧是合宜的行為，它是位於我說的那個屬於的種類，然而因為它帶來及產生德行，〔它〕可以說是具效用性[515]。

[XVII]（56）這些我們稱為較受喜愛之物部分是就其自身較受喜歡，部分是因為它們產生某事，部分是因兩者皆有：就其自身，例如某種說話的特質、表情、姿態及動作，在這些事中有些應該是較令人喜愛，有些應該是被摒棄；其他由於那個利益被稱為較受喜愛之事，因為它們產生某事，例如金錢，此外另一些事是因為這兩個利益，例如感官知覺的完整及好的健康狀態。（57）然而關於好名聲（他們稱為eudoksia，在這兒稱好名聲比榮耀來得恰當），其實克呂希普斯及狄歐金尼斯曾說，名聲移除了效益不該為它費心；我非常認同他們。可是他們的繼承者，由於無法抵禦卡爾內阿德斯[516]，說我之前提及的好名聲是就其自身較受人喜歡及被採用[517]，且受過高尚教育的自由人希望從父母、

---

但它們不是幸福生命的內在組成分子。

515 史投巴伊烏斯記載明智（phronēsis）是關於善惡的知識，或關於什麼該做，什麼不該做的知識，參見LS 61H。

516 關於卡爾內德斯對斯多葛學派的質疑的內容並不清楚。

517《在圖斯庫倫的論辯》曾區分兩種名聲，一種出於群眾口耳相傳，另一種出

親人及好人聽到讚美，這是為了名聲，而不是為了效益，且他們還說，我們決定關於小孩的法令，即使他們將存活於未來，為了他們，因此我們應就名聲自身考量我們死後的名聲，即使效益被移除。

（58）但雖然我們說道德是唯一的善，儘管如此這與義務的履行一致，雖然我們將義務置於不善不惡的事之中[518]。這是因為在這些事中有某種可靠性，正如可提出關於義務的論述，因此也可以可靠地提出與行為有關的論述。此外以如此的方式履行義務是某種中間物[519]，它既不被置於善的事物之中，也不被置於對反物之中，因為在這些既非德性也非惡的事物中有某個東西可能有用，它不該被移除。此外還有這類的行為，就像理性要求執行及從事這些中間物中的某一個；因為這是依據理性的行為，我們稱為義務；因此義務是這類的事，它不被置於善的事物中，也不被置於其對反事物中。

[XVIII]（59）這也是顯而易見之事，在那些中間物中智者從事某事；他因此判斷，當他行為時，這是義務，因為他在判斷中從未出錯，在中間物中將有義務。這個說法的理由是由此結論產

---

於好人的鑑定，法官公正的裁判；前者是榮耀的魅影，後者才是我們應追求的（III, ii, 3-4）。

518　參見III, vi, 20；斯多葛學派主張合宜的行為（kathēkon）適用於描述理性及非理性的存有（LS 59B2）；正確的行為（katorthōma）只有有德之人或智者才擁有。所以前者是不善不惡之事，而後者是善。

519　關於「中間物」的概念不是指，在kathēkon與katorthōma間有第三種的行為，而是指在義務此類型（type）的行為「中」，有兩行為的個例（tokens），即kathēkon與katorthōma，且前者是處於不善及不惡的行為之間，參見Brennan 2007: 181, n. 7的論述。

生：因為我們知道某事我們稱為正確的行為，亦即完全的義務，〔然而〕還有不完全義務[520]；例如，若按時歸還押金是屬於正確的行為，歸還押金是被認為是義務，因為當它被加上『按時』後，它變為正確的行為，然而歸還押金自身被認為是義務。那麼這是無庸置疑之事，在我們稱為中間物的事物中，有的要採用，有的要揚棄，任何以如此方式發生或陳述之事皆被包含在義務之中。從此可知，因為每個人依其本性愛自己，無知者與智者皆採用合乎自然之事，揚棄違背自然之事。因此這是某個智者與無知者的共通義務，從此產生從事我們所說的這些中間物[521]。

（60）既然所有的義務都出自這些中間物，說我們所有的思慮都以義務為依歸不是沒有道理，走出生命及留在生命中也在其中[522]。在生命中有較多符合自然之事，活著是一個人的義務；然而在生命中有較多違反自然或將來似乎有較多違背自然之事，死亡是一個人的義務。從此可見有時候智者的義務是死亡，儘管如

---

520 根據史投巴伊烏斯的記載，完美的合宜行為或義務，斯多葛學派也稱為正確的行為（kai katorthōmata legesthai），參見LS 59B4。

521 I. G. Kidd 1955: 185 強調，在 kathēkonta 中存在一些能幫助行為者達成行為目的之規則與格訓，但它們並不運用於執行行為時行為者的心靈態度。然而當 kathēkonta 變為 katorthōmata 時，行為者的心靈狀態成為重要的因素，它區分了智者與無知者。

522 西塞羅在此指涉小卡投本人，身為斯多葛學派哲學家，選擇自殺。值得一提的是，西塞羅在此的記述顯示，自殺可以是智者及非智者共通的選項，例如罹患絕症便可為兩者選擇自殺的理由（Diog. L. VII, 130）；然而選擇自殺的理由，對斯多葛學派而言，不是單一固定的，有時他們允許自殺是出於利他的理由（Diog. L. VII, 130），有時接受由於避免不道德的行為的理由（Inwood and Donini 2005: 736）。

此他幸福，愚者的義務是活著，儘管如此他悲慘 523。（61）那個我現在常言及的善與惡是後來的結果；那些主要符合或違背自然之事是由智者判斷及選擇，且那些事是智慧的主題及材料。因此關於活著或死亡的所有理由應由我之前所提及的那些事來評判。有德之人不會留在生命中，無德之人不必然遇見死亡。智者的義務經常是與生命別離 524，儘管如此他是最幸福的人，若他可在對的時機做這事。因此斯多葛學派哲學家認為，活得幸福與時機有關，因為這是以合乎自然的方式生活。所以智慧要求智者放棄它，若有必要的話。因此惡沒有力量賦予自願死亡原因，這也是顯而易見之事，愚蠢之人的義務是活著，他們或許還是悲慘之人，若在生命中有較大部分的事是我們說的合乎自然，因為愚蠢之人不論死生皆為悲慘之人，較長的時間對他而言不會使得生命應被逃避，這麼說不是沒有道理，對那些能夠享受諸多自然之事的人應該活著。

[XIX]（62）此外斯多葛學派哲學家認為這是重要的事，瞭解父母對子女的愛是自然而然發生 525；以此為起點我們追溯人類

---

523 普路塔荷曾記載克呂希普斯說，德性與活著無關，惡與死亡無關，參見LS 61Q。

524 很難不令人直覺是在指涉蘇格拉底，參見柏拉圖《費多篇》，真正的哲學家追求死亡（64b），但須得到神祇的允許或召喚（62a）。

525 根據希艾洛克斯雷斯（Hierocles）的記載，每個人都被許多圓圈圍繞著，最內部的一圈是自己意識到自己的存在，特別是身體，所以自我保存是每個人的天賦能力（oikeiōsis）。第二圈是父母，兄弟，姐妹，妻女等。第三圈是其他的親屬。第四圈是族人，村民，同胞。最後一圈是全人類（LS 57G）。由此可知對父母的認知是oikeiōsis的自立發展。

共同的社會的發展[526]。首先理解這事，從身體的形狀與部分，他們主張身體繁衍的理由一定是從自然中獲得[527]。這些觀點其實不可能相互一致，自然希望被繁衍，且它不在意後代被愛與否。即使在動物中也可見自然的力量；當我們看到牠們在育養及教育上的辛勞時，我們似乎聽到自然本身的聲音。因此這是顯而易見之事，我們自然而然從痛苦中退縮，因此我們愛我們所產生的事物看來是自然本身的驅使。（63）從此也產生人與人之間的共通的自然價值，所以人應視人為人，因此人不是陌生人。例如，在身體的利益，如腳及手[528]，同樣地許多身形龐大的動物的出生只為了自己，但那些據說在大貝殼中的海松，牠從貝殼中游出（牠，因為看護海松，被稱為寄生蟹[529]）當牠回來時又被包圍在同一貝殼中，所以牠似乎在提醒海松要提高警覺。同樣地螞蟻、蜜蜂及白鶴也會為了其他同類做某些事。人與人之間的關係更緊密。因此我們天生適合群眾，集會及城邦[530]。

（64）此外，斯多葛學派哲學家認為世界是由眾神的意志統

---

526 人類形成社會是出於自然，參見《論義務》I, iv, 12；《論法律》I, x, 28；《論目的》V, xxiii, 65。

527 類似的觀點，參見《論義務》I, iv, 11。

528 肢體間的相互合作及與整體的和諧互動，參見《論目的》V, xii, 35 及《論神的本質》II, liv, 134-135。

529 pinus（海松），pinoteres（看護海松，即寄生蟹）。

530 Gill 1990: 149 認為，此段論述不可直接被視為，人類自然擁有與他者有關的德性，因為西塞羅在此的論證過於簡略，不足以支撐這樣的詮釋。然而（64）提供了此詮釋的理論基礎，個人道德行為及性格的秩序在宇宙及其組成部分中也有相同的秩序。《論法律》I, xii, 33 的論述指出，追求正義是出於人性，凡有理性者皆接受正義。

治[531]，且它就像是人與神共同的城市與國家，我們每一個人都是這個世界的一部分[532]；從此自然而然得出，我們看重共同利益更勝於我們個人的利益。所以法律將全體的安全置於個人安全之前，遵循法律即不怠惰公民義務的有德之人與智者會依同理斟酌全體的利益，更勝於任何單一個人或他自己的利益[533]。叛國者與共同利益及安全的背棄者皆應受譴責，為了他個人或安全的緣故。從此得出，為國犧牲之人應受讚揚，因為愛國更勝於愛我們自己是件合宜之事[534]。那些否認自己反對當自己死後，整個地球隨即陷入火海的人的主張被視為不人道及邪惡（這經常在希臘某一通俗的詩句中敘述著），應該為未來的人著想也是千真萬確之事。

[XX]（65）從此善意的感受中產生死者的遺囑與託付，且無人希望活在極度的孤獨生命中[535]，就算有無限充分的快樂，這很容易理解，我們是為與人結合聚集及為了自然的情誼而生[536]。此外自然驅使我們，所以我們希望盡可能與眾人為善，特別是在知識的教導及理論的傳授上。（66）因此不容易發現有知識之人不將

---

531 狄歐金尼斯・拉爾提烏斯記載，斯多葛學派認為神、理性、命運及宙斯等名詞皆指涉世界及萬物的創造者，參見 *Diog. L.* VII, 135-136。

532 斯多葛學派芝諾認為我們應視所有人為同胞公民（LS 67A）；阿里烏斯・狄迪穆斯記載，這個世界是眾神與人的住處（LS 67L）。

533 這法律指的是自然法（LS 67L3），並參見西塞羅《論法律》第一卷。

534 這是一個明確的利他主義的思想，維護共同利益勝於保有個人利益，參見《論義務》III, vi, 27。

535 參見《論友誼》XXIII, 86-88。

536 類似的觀點，參見《論義務》I, iv, 12；沒有朋友一個人不可能快樂，參見《論友誼》XV, 55。

之傳授於他人；如此我們不僅有學習的傾向，也有教導的傾向。
此外，如牛有如此天性，以極大的力量與衝勁為了小牛對抗獅
群，同理，那些力量過人而且有能力為之的人，如我們聽過的赫
丘雷斯[537]及利貝爾[538]，自然驅使祂們為人類服務。再者，我們也
以最優秀、最偉大、救星、客人保護者及遏制者來稱呼朱比特，
我們希望人的安全是由祂來保護這件事受人理解。然而這一點都
不合適，要求不朽眾神照顧及關愛我們，當我們相互之間作賤與
漠視對方。就如我們在學得是什麼實用的原因我們擁有四肢之
前，我們已使用它們，因此在我們之間自然將我們聚集結合成一
公民的社會。若自然沒有如此作為，不會有正義與仁慈的位置。

（67）但正如斯多葛學派哲學家認為人與人之間有法的制
約，因此在人與動物間沒有法律。事實上克呂希普斯有傑出的說
法，其他事物是為了人與神而生，但人與神是為了他們的社群與
社會而生，所以人們可以為了個人利益使用動物，且不違法。由
於這是人的本性，所以所謂的公民法介入個人與人類之間，維繫
它的人將是正義之人，僭越它的人將是不正義之人。但就像，雖
然劇場是公共場所，但可以正確地說每一個位置都有一個占有
人，因此在共同的城市與世界之中，法律不反對個人所有物是個
人的[539]。（68）此外，由於我們知道人是為了保護及維繫人們而

---

537 參見II, viii, 23。

538 Liber，是羅馬的富饒之神及酒神，在西元前五至四世紀祂的神殿成為庶民
聚會的中心；利貝爾主要負責鼓勵農作及人類的生育繁衍。

539 傳統上學者們將此節觀點賦予克呂希普斯，這使得早期斯多葛學派亦贊成私
有財產制（Annas1997: 167）；Erskine1990: 105-107則認為，這是過於單純
的詮釋。他主張這一節在言及劇場之前的論述，或許是屬於克呂希普斯的思

生，這是與此自然吻合之事，智者希望經常管理國家，且，如他依自然而活，結婚生子。他們甚至不認為愛若是聖潔的也是與智慧抵觸[540]。然而有些斯多葛學派哲學家說犬儒學派的理論及生活是與智慧相合[541]，若這樣的機會可能發生，此事應為，但另一些斯多葛學派哲學家完全不做如是想。

[XXI]（69）為了社會真的被維繫，每一個人以同情關愛之心待人，斯多葛學派哲學家希望利益與損失共同承擔，他們稱為 ōphelēmata 及 blammata；前者是有利，後者是有害；他們曾說這些不僅是共同分擔之事，而且它們是相等之事。此外，他們也希望共同擁有方便與不方便之事（我其實是以此稱 euchrēstēmata 及 duschrēstēmata），但不希望它們是相等之事。事實上那些有益或有害之事是好事或壞事，它們必須是相等之事。然而我們說方便與不方便之事是屬於較喜歡及被揚棄的這個面向；它們可能不是相等之事。但利益〈及損失〉被稱為共同擁有之事，然而正當及

---

想，但劇場的觀念則不是，它是屬於羅馬人的觀念。不同於希臘人，羅馬人視劇場的座位有階級意涵，因此西塞羅可能是以此觀念批判早期斯多葛學派不贊成私產制的思想。

540「愛」在此是指男同性戀的行為。在柏拉圖《饗宴篇》（The *Symposium*）及《費德若斯篇》可見，男同性戀的社會風俗，有其教育的功能及意義；《論神的本質》有言，在雅典年長的哲學家喜歡年輕人的陪伴（I, xxviii, 79）；《在圖斯庫倫的論辯》云：斯多葛學派的智者亦有愛的經驗，但不具任何慾望（IV, xxxiv, 72）。關於斯多葛學派如何看待情愛與智慧的關係，參見 Nussbaum 1998: 271-304。

541 犬儒學派認為依循自然是德性，特別是發展到狄歐金尼斯（Diogenes of Sinope，約410-320 BC），他鄙視一切社會的傳統風俗及慣例，主張追求野狗般的生活。斯多葛學派雖受犬儒學派的影響，但僅止於依循自然而活這個概念，並未摒棄人類生活文明。

錯誤的行為不是共同擁有之事[542]。

（70）此外他們認為應加上友誼，因為它是出於有益之事的種類。雖然有些人說在友誼中朋友的事與智者及自己的事同等重要[543]，但有些人認為自己的事比任何人都重要，儘管如此這些後者也承認這是與正義衝突，我們似乎是為正義而生，從另一物中拿走一物，並據為己有。關於我所言之事這個學派真的一點都不贊同，為了利益接受或贊許正義或友誼。相同的利益其實可能摧毀及扭曲它們。事實上完全不可能有正義及友誼的存在，除非它們就其自身被追求[544]。

（71）再者可以如此的方式陳述及稱呼的法律是依據自然[545]，且這並不適合智者，不僅是對他人行不正義之舉，而且傷害他人。將不正義與朋友或善行結合連繫也是不正當的事，這是以最嚴正及最確實的方式主張，公正絕不可與利益分開，且任何是公平正義之事也是有德之事，將也會是正義及公平之事。

（72）在所討論的那些德性上斯多葛學派哲學家還加上邏輯與物理學[546]，且他們以德性之名稱呼這兩件事，前者因為它具有

---

542 Woolf 2001: 87, n. 45認為這段敘述在整個行文脈絡中似顯突兀，可能在用語上比較適合置於第55段前後。

543 carus原意是親愛的或貴重的，在此譯為重要的。

544 參見《論友誼》VIII, 26-28。

545 斯多葛學派視法律出於自然，統管一切人類及神聖的事物（LS 67R）。西塞羅《論共和國》言：真正的法律是合乎自然的正確理智，具有普遍適用性，永恆不變（III, xxii, 33）；《論法律》亦言：法律區辨正義及不正義之事，且合乎自然（II, v, 13）。

546 這顯示斯多葛學派的思想是完整的哲學系統，對每一部分的理解都須參考整體。

理性推理，所以我們不會同意謬誤，也不會被虛假的可能性所欺騙，所以我們能夠維繫保護我們曾學過的與善有關的那些事，因為沒有此項知識他們認為任何人都可能被帶離真理而且受騙。因此，若在一切事情上的不假思索與無知是惡的話，那項移除它們的知識被稱為德性是對的。

[XXII]（73）物理學被賦予相同的榮譽也不是沒有原因，因此任何將依循自然而活之人，他應該從世界整體及它的管理出發。任何人不可能對善與惡有真確的判斷，除非他理解整個自然及眾神的生命之理，及人性是否與宇宙相符。有些智者們的老格言，他們要求『順應時間』，『遵循神祇』，『知道自己』及『切勿過度』[547]，沒有物理學無人能知道這些格言所具有的意義（它們具有的最大意義）。此外這個對自然所產生的影響的認知也能轉移至正義的培養，友誼及其他的親密關係的維護。對眾神虔敬及應該對祂們有多少的謝意，沒有自然的解釋不可能懂。

（74）但現在我感覺我被帶至超過原本計畫所要提出的理論。該學派令人讚佩的系統及對觀念不可思議的安排拖著我；不朽眾神在上，難道你不對它心感佩服嗎？在自然中，無物比自然更合宜及有更好的安排，或在手工製造的作品中能夠發現什麼事是如此緊密接合及牢固連結的系統？什麼較後之物不會與較前之物一致？什麼隨之而來之物不會應和先前之物？什麼事不是以一物接另一物的方式連結在一起，若你移走一個字母，所有的事物

---

547 後兩句格言刻在德爾菲神廟，參見柏拉圖《普羅大哥拉斯篇》343b；第二句格言可能是出於畢達哥拉斯，第一句格言則似乎不見存於古希臘格言中。

都會瓦解。都一樣,沒有一物可被移走[548]。

(75)智者的性格具有多麼嚴肅,多麼莊重及多麼一致的特質!智者,當理性教他道德是唯一至善時,總是一定活得幸福而且擁有那些無知者經常嘲笑的稱號。事實上他比塔爾昆尼烏斯[549]更適合被稱為國王,後者無法統治自己,也無法統治臣民,也比蘇拉[550]更適合被稱為人民的主人(因為他是獨裁者),蘇拉是三個具破壞性的惡的主人,他是奢華、貪婪及殘酷的主人,也比克拉蘇斯更適合被稱為富有[551],除非他有所缺乏,他不曾想要越過幼發拉底河為了戰爭的緣故。他們說得好,只有懂得使用一切事的智者才擁有一切事物,智者也適合被稱俊美(因為靈魂的樣貌比身體的外形更美),只有智者適合被稱為自由,因為他不臣服於任何人的支配,也不順從慾望,智者適合被稱為萬夫莫敵,就算他的身體被繫縛,但沒有任何的枷鎖能夠繫在靈魂上。(76)智者不會期盼生命的任何時候,所以到那時他最終會被斷定為幸福之人,在他完成生命中最後一天之時,因為那位七賢之一[552]以不智的方式[553]警告克羅艾索斯;若他曾經是位幸福之人的話,他

---

548 斯多葛學派認為在這世界中所發生的一切現象都有緊密聯繫因果序列,即所謂的命運(heimarmenē),克呂希普斯稱命運為關於世界的說明(ho tou kosmou logos),參見 LS 55M。

549 關於塔爾昆尼烏斯,參見 II, xx, 66 陸克瑞緹雅的注釋。他是羅馬最後一位國王,於 510 BC 被放逐。

550 參見 II, xviii, 57 馬庫斯・克拉蘇斯的注釋。

551 參見 II, xviii, 57。

552 即梭倫,參見 II, iii, 7。

553 小卡投認為梭倫給了克羅艾索斯不智的建議主要是因為,他不認為克羅艾索斯是位幸福之人,使他在兒子不幸喪生後執意攻打波斯的居魯士,在敗戰後

可將幸福生命帶至他的兒子所堆疊的火葬柴堆上。但若事實是如此，沒有人是幸福之人，除非他是有德之人，且所有有德之人皆為幸福之人，什麼比哲學更應培養，或什麼比德性更神聖？」

---

被綁在柴堆上接受火刑時，克羅艾索斯提到梭倫鼓勵他與波斯為敵，參見希羅多德《歷史》I, 86-87。

# 《論目的》第四卷結構分析

**主旨：西塞羅質疑斯多葛學派提出的，善的分類及德行足以使人幸福等觀念的合理性。**

## 1-2　導論

1-2　西塞羅與卡投相互譏諷，前者認為在觀念的使用上，逍遙學派比斯多葛學派清晰易懂，後者強調晦澀難懂本是存在於觀念中的特質。此外欲釐清此二學派思想之異同，須檢視它們的理論。

## 3-23　陳述理論

3-5　西塞羅敘述柏拉圖的學生們及他們的學生的思想特色，並強調芝諾與其師及前人的思想並無二致。這些哲學家的思想可歸結成三點：a)人生而適合追求德性；b)對知識人具有與生俱來的欲求；c)人為群眾生活而生。因此哲學可區分為三部分：倫理學、物理學及政治學。

5-7　在政治學裡這些哲學家留下了優秀的法政作品及演

說修辭與辯證的典範；然而斯多葛學派在這些方面的成就卻乏善可陳。

8-10 除了克呂希普斯外，斯多葛學派在辯證法上毫無建樹。

11-13 在物理學上斯多葛學派援引他人思想，並無創建，且思想不完整。

14-15 在倫理學上關於至善是依據自然而活的想法及從其衍生的三個意涵，皆可見於贊諾克拉特斯及亞里斯多德的思想。

16-18 關於自我保全的概念，斯多葛學派之前的哲學家認為，人雖由身體與靈魂構成，但後者之價值顯高於前者，且希望智慧是人的保護者。此外正義、勇氣、節制等一切的德性皆出於自然。

19-20 芝諾認為外在美善事物其實是無關幸福的不善不惡之物。

21-23 這產生了幾個悖論：所有的錯皆相等；道德增長不可能；不幸不是惡等。學院/逍遙學派的善與斯多葛學派的較受喜愛之物並無差別；此外帕奈提烏斯認為痛苦是惡。

## 24-55 駁斥（I）

24-26 卡投認為西塞羅所言欠精確；西塞羅指出，斯多葛學派及之前的學派皆主張自我保存是至善，且為達致此善應盡量擁有大量多樣的事物。

26-29 斯多葛學派的至善擯棄了下述事物：a) 身體；b) 合

乎自然但不受我們掌控之物；c)義務。然而這個思想甚至無法滿足不具身體的靈魂。克呂希普斯提出三種動物的區別，並主張人不由他物組成，除由靈魂外。

29-31　身體值得我們給予關注，即使它在獲得幸福生命上扮演微不足道的角色，但依然是幸福生命的一部分。

32-34　人性不應忽略身體，斯多葛學派應說人本能地愛自己最佳的部分。

35　　智慧不應忽略人的任何一部分。

36　　智慧應保護人的整體，即靈魂加上身體。

37-39　就算人的最完美狀態只見於智者，但其他較低階的官能依然受理性的保護。

40-42　德性的存在須建立於對合乎自然之事的選擇，這包含了整個欲求的範圍。

43-45　故德性不是唯一的善；斯多葛學派不應將與人性有關的原初事物和至善分開。

46-48　因為這個「分開」將造成思想上的不一致：a)將德性視為一種選擇的行為，會使至善欲求更多的事物；b)將德性視為唯一的善，使得義務無須被履行。

48-51　斯多葛學派的邏輯及三段論證有誤。

52-55　在論證上錯誤的結論是出於錯誤的前提，所以斯多葛學派的主張：凡善皆同凡惡皆同，是不會被常民接受的。

## 56-77 駁斥（II）

## 78-80 結論

# 第四卷

[I]（1）當他話告一段落之後，我說：「你真的，」我說「卡投，你以如此精準及清楚的方式說明那些如此繁複及難解的議題。因此我要麼放棄任何想要回應的想法，要麼我將花時間思慮；這個學說是以那麼勤勉費心的方式奠基建立，即使沒那麼真（但我其實尚不敢說這事），儘管如此要以〈非常〉精確的方式學得通透並不容易。」

然後卡投說：「真的嗎？」他說「因為我看到你，根據新法[554]，在同一天回應指控者而且在三個小時內結案，你想在這個案子上我會延展時間嗎？此外，你的答辯並沒有比那些你偶爾擁有的辯詞好。因此也要對此案子有企圖心，其他人特別處理它而且你也經常處理它，所以不可能少了你的論述。」

（2）再來我說：「以赫丘雷斯之名為誓」我說「我幾乎不常反駁斯多葛學派哲學家，不是因為我相當認同他們，而是受謙遜的阻止；他們說了那麼多我很瞭解的觀點。」

「我承認」他說「有某些難懂的地方，但儘管如此他們不是

---

故意這麼說，而是在觀念中存在著晦澀不明的特性。」

「可是為什麼當」我說「逍遙學派哲學家陳述相同的觀念時，沒有一個字我不懂？」

「相同的觀念嗎？」他說；「難道我沒有討論斯多葛學派與逍遙學派的差別不只是語言，而是在全部的觀念及整體的看法上的不同嗎[555]？」

「儘管如此，」我說「卡投，若你可維持這個看法，你讓我臣服於你是完全依法有據。」

「我想，」他說「我說得確已足夠。因此首先是關於此事的討論，若你願意的話；但若你想討論別的事，等一下。」

「是的，就這事，」我說「在此議題上每一件事＊＊＊[556]除非我有不正當的主張，以我個人的判斷。」

「你高興就好，」他說。「雖然我的看法其實較適切，但對任何人讓步[557]是件合理之事。」

[II]（3）「我認為，」我說「卡投，柏拉圖以往的那些學生，史沛烏希普斯[558]，亞里斯多德，贊諾克拉特斯[559]，然後這些人

---

555 參見 III, xii, 41。

556 闕漏。

557 或可譯為「認可每個人」。

558 史沛烏希普斯（Speusippus，約407-339 BC），柏拉圖的外甥，是柏拉圖去世後的學院繼任主者者；他著述甚豐，惜只留斷簡殘篇。

559 贊諾克拉特斯（Xenocrates，約396-314 BC），繼承史沛烏希普斯成為學院之主事者，他主張靈魂的非理性部分及動物的靈魂也不朽，且幸福是由擁有德性及有助德性產生之事獲得。此外他區分實踐及科學智慧，而後者是真正的智慧。參見 J. Dillon 2005: 98-155 的討論。

的學生，波雷莫[560]，塞歐弗拉斯圖斯[561]，有以相當豐富及優雅的方式建立的學說，所以芝諾[562]沒有理由，當他受教於波雷莫時，與他的老師及前人有所區隔。他們有此原則，在其中你注意我的想法，你認為任何須修正之事，你不要等到我回應你所說的一切，因為我認為他們全部的理論會與你們全部的理論相衝突。（4）他們知道我們是以如此的方式出生，以致於我們一般而言與那些德性有所連結，它們既為人所知，又高尚卓越，我說的是正義，節制，及其他同類的德性（所有其他的技藝都有相似的特質，它們只有在較擅長的部分，在處理方式上有所不同[563]），且他們知道我們以更壯大及更熱切的心追求那些德性，我們也對知識有某種內植的，或更恰當地說，與生俱來的慾望，且我們是為了人的群聚，人的社會與社群而生，且這些特質在最優秀的特質中特別光芒閃耀，他們將哲學整個區分為三部分，我們知道這個區分是芝諾的主張[564]。（5）其中一部分他們認為是關於道德性格的形

---

560　參見 II, xi, 34。

561　參見 I, ii, 6。

562　參見 II, vi, 17。

563　換言之，德性是一，但在不同的情境上會以不同的名字稱之。

564　西塞羅在《學院思想》I, v, 19提及這三個區分，倫理學、物理學及邏輯，是繼承於柏拉圖；塞克斯圖斯・恩皮里庫斯卻在《駁斥邏輯學家》（*Pros Logikous*）I, 16認為真正將哲學區分為三部分的人是贊諾克拉特斯。Woolf 2001: 91, n. 6，認為此區分應肇始於斯多葛學派，但Dillon認為塞克斯圖斯的記載可信度極高。然而在此西塞羅言及的哲學分科卻是，倫理學、物理學及政治學（2005: 99）。Rackham 1999: 304, n. a認為，這只是一「表面的」區分，在隨後的論述裡，他又回到邏輯（iv, 8-10），物理學（v, 11-13）及倫理學（vi, 14-15），可是 vi, 15討論的是政治，因此Schofield認為，西塞羅在論述中對哲學的分科，似乎有跑野馬之勢。然而他強調，這或許只是西塞羅

成，我拖遲這一部分，它就像這個問題的根，因為它是至善，這
稍後討論；在此我只說這個我們認為是以正確的方式稱為政治的
議題（希臘人說politikon），這個議題逍遙學派及學院哲學家有
嚴肅及充分的處理565。

　　[III] 關於國家及法律他們的著述是多麼豐富啊！他們留下那
麼多關於學好知識的格訓及學好演說術的諸多典範啊！首先這些
須以精確的方式討論的事，他們以優雅適切的方式陳述之，其次
他們下定義，然後分類，如你們也是；可是你們的作法較粗糙：
他們的理論，你知道，光彩耀人。（6）再來，那些需要華麗高
貴論述的議題，他們是以多麼壯麗及多麼輝煌的方式陳述啊！關
於正義，〈節制〉，勇氣，友誼，過日子，哲學，參政，〔節制及
勇氣〕這些人不會像斯多葛學派哲學家吹毛求疵及雞蛋裡挑骨
頭566，他們反而希望以華麗的方式陳述重要的事，以平實的方式
陳述較次要的事。因此這些是他們鼓勵與勸說，甚至是寫給最優
秀之人的警語及建議啊！其實在他們之間，關於那些議題的本
質，言說的練習有這麼兩種。例如探究一事時，它要麼與自己的
類有關，不涉及個人與時間，要麼當加上這些因素或在法律及名
稱上的論辯567。因此他們有這兩種練習，且這個訓練形成了他們
在這兩種言說中相當的流暢性。（7）這整類的事物芝諾及他的

---

　　對安提歐庫斯在某一特殊脈絡下提出的倫理理論的使用（2012: 175）。

565 例如柏拉圖的《理想國篇》，《政治家篇》及《法律篇》；亞里斯多德《政治
　　學》。

566 spinas vellentium 及 ossa nudantium 原意是挑魚刺及把骨頭暴露出來，在此以
　　吹毛求疵及雞蛋裡挑骨頭分別替代之。

567 亦即不是關於普遍概念，就是關於個別概念的論述。

繼承人，不是無能，就是不想，真的棄之不顧。雖然克雷昂塞斯寫過修辭的技藝，克呂希普斯也寫過，但這就像若有人想保持沉默，他不應該閱讀任何其他的書籍[568]。因此你知道他們怎麼說話：他們發明新詞，放棄慣有的語詞。他們膽子多大啊！這整個世界是他們的村落啊！你知道這會是件大事，居住在奇爾克伊[569]的人認為他們的鄉鎮是這整個世界。因此他[570]激勵了聽者。什麼？他會激勵嗎？若有人接受了熾熱的火，它會以更快的速度熄滅。那些你簡短言及之事，只有智者是國王，獨裁者及富有之人[571]，這其實是你以適切及優美的方式說的話；當然，你一定是從修辭學家那兒擁有這個方式：事實上他們的那個關於德性的力量的說法是多麼地糟糕，他們希望它有強大的力量，所以它可就其自身達到幸福生活！他們以精巧簡短的論證，就像刺針一樣，來抗衡，就算人們同意這些論述，他們在心中也不會有任何的變化，他們離開時與來時一樣。他們的觀點或許為真，也確實重要，但卻沒有以該有的方式處理，反而有幾分過於挑剔。

[IV]（8）接下來是關於討論的理論及關於自然的知識；關於至善，如我所言[572]，我們將很快知道，且我們將一切的論辯都以說明至善為依歸。在這兩部分的議題中芝諾不會熱中於改變任

---

568 西塞羅的意思是，若只閱讀斯多葛學派哲學家所寫的修辭學的著作，會使人無開口論述的能力。至於學院與逍遙學派哲學家皆有重要的修辭學著作，如柏拉圖的《高爾奇亞斯篇》或《費德洛斯篇》；亞里斯多德的《修辭學》。

569 Circeii位於羅馬南部的海洋城鎮。

570 某位斯多葛學派哲學家。

571 參見III, xxii, 75。

572 參見IV, ii, 5。

何看法。事實上他對這兩部分有清晰的觀點。古人遺漏了什麼
事，之中有對討論有影響的那類事物？他們定義過相當多的語詞
而且傳承了定義的知識，每一件事都附上定義，所以事物被區分
成部分，他們做了此事，就像將它傳繼下來我們應依樣行之；同
理關於對反詞，從中他們得出類概念及它們的諸多形式573。對結
論的理論而言他們認為有一起頭，他們說這是最明顯之事，然後
他們依論證的次序，再來在每一個最終的個別事例上為真的事即
為結論574。（9）此外他們在結論的理論上有各式各樣的論證，而
且他們的論證與危險的三段論證不同575！他們在諸多地方提出警
告，讓我們不要在沒有理性的情況下探究感官知覺的可信度，也
不要在沒有感官知覺的情況下探究理性的可信度，且我們不要將
前者與後者分開？然後呢？現在的邏輯學家所傳授之事，難道不
是由他們所建立〔發明〕的嗎？在這些事上若克呂希普斯特別努
力費心，但芝諾比古人的努力還少；此外他的某些作品比古人還
差，有些議題他完全棄之不顧。（10）無論如何都存在著這兩項
技藝，在其中充分地包含推論及言說，一個是累積議題的技
藝576，另一個是討論的技藝，斯多葛學派及逍遙學派繼承了後
者，但逍遙學派單獨地577傳承了前者，斯多葛學派完全沒有觸及
它。你們斯多葛學派對從這些所謂儲藏室的地方帶出論證是毫無
所悉，然而他們的前輩傳承了一套理論與方法。這項技藝的效果

---

573 亦即類概念與種概念。

574 即三段論證。

575 西塞羅在此批判斯多葛學派的邏輯必須與實際現象相符應。

576 inventio 是指哲學議題的發現。

577 egregiē 也可譯為特別優秀地。

其實是，沒有必要總是重複相同的事，就像複誦規則一樣，且無法離開自己的筆記，因為他知道每一件事在哪兒，及知道如何來到它面前，就算它被掩埋了，他也能夠挖出來而且總是能在論辯中有自己的看法。但若某些人天生具有好的天賦，他們擁有流暢的言談不藉助理論，儘管如此知識是比自然還要好的領導者。以詩人們的習慣傾倒出語詞是一回事，以理論及知識區分你所言之事又是另一回事。

[V]（11）關於自然的說明也可有類似的說法，逍遙學派及你們斯多葛學派皆擁有關於自然的說明，且不只是為了兩個原因，如伊比鳩魯認為，排除對死亡與迷信的恐懼，還有關於天體的知識帶來某種謙遜，給那些觀察在眾神之中也有的偉大的規則，偉大的秩序之人，及帶給那些瞭解眾神的工作與行止之人崇高的心靈，還有帶來正義，當你擁有對至上主宰及主人的意志，想法與意向有所認知時；哲學家們說那些真正的理性及至高無上的法律是與眾神的本質契合。（12）在同一個關於自然的解釋中存在著出自於探究事物的某種無法被滿足的快樂，我們可高貴而且不受拘束地活在快樂之中，當我們完成必要的事及免於工作時[578]。在這整個關於最重要的事物的論述上斯多葛學派是跟隨逍遙學派，如他們說眾神存在而且萬物由四元素組成。然而一個非常困難的問題被提出，是否有第五個元素存在，從它而產生理性及悟性，在其中也被問及靈魂的種類，芝諾說是火[579]，接著有一些不同處，但是小問題；然而關於最重要的議題他有相同的立

---

578　關於羅馬人對哲學的態度，參見 II, xiv, 46 及 III, iii, 10。

579　史投巴伊烏斯記載，芝諾認為靈魂是具有意圖的火，參見 LS 46D。

場，宇宙及它最偉大的各個部分是由神聖的心靈及自然管理[580]。關於這些議題的素材在斯多葛學派中我們知道不多，但在逍遙學派中我們有極為豐富的經歷[581]。（13）關於所有事物的種類，繁衍，肢體部分及生命周期，關於從地底而出的事物，及關於各式各樣的事物中一物何以出現及解說一物何以出現，逍遙學派哲學家有多麼大量的研究及收集啊！關於解釋個別事物的本質的論證因為這一切，會被認為是最豐富及最確實。因此至今就我所知的範圍內似乎沒有改變名稱的理由；事實上，若斯多葛學派不是追隨逍遙學派每一個觀點，不可因此認為芝諾不是出自於後者[582]。其實我認為伊比鳩魯在物理學上也是追隨德謨克利圖斯。他所做的改變很少，或很多，若你想的話[583]；然而不僅是關於諸多議題，而且當然是關於最重要的議題，他異口同聲。你們斯多葛學

---

580 亦即逍遙學派及斯多葛學派都以目的論的角度看待宇宙自然的運行；斯多葛學派認為世界是理性的，因為它由世界魂主導，參見 LS 54F。

581 值得一提的是，亞里斯多德的物理學及形上學思想有目的論的立場，但塞歐弗拉斯圖似乎只在倫理學的討論顯示目的論的思想。不同於亞里斯多德，他不處理存有及實體的問題。

582 Woolf 2001: 95, n. 13 認為西塞羅對逍遙學派及斯多葛學派在物理學及形上學思想上的差異過於輕描淡寫。西塞羅所言一部分正確，斯多葛學派採用了亞里斯多德的形式概念，但一部分昧於事實，雖然斯多葛學派採用形式的概念，但卻以物質的方式待之，而亞里斯多德則視其為非物質。

583 伊比鳩魯在原子論的貢獻至少有三：1）原子除了有形狀及大小的本質特性外，尚有重量。這使他得以說明原子何以有垂直運動的狀態；2）垂直運動的原子有時候會產生肉眼不可見的偏斜，使得原子間產生碰撞，這說明了事物生成的現象；3）偏斜理論也使伊比鳩魯與德謨克利圖斯分道揚鑣，避免了決定論，能說明人有選擇及作決定的意志活動。這些改變對古典原子論者而言不可謂不大。

派也做同樣的事，他們對發明者們的感謝不夠大。

　　[VI]（14）但這說得夠多了。現在讓我們看看，我要求，至善的事，它組成了哲學，究竟他可提出什麼樣的理由，他與發明人們，就如他的雙親一樣，有不同的見解。在此議題上雖然你，卡投，已有努力不懈地說明，正如斯多葛學派說的這個至善是什麼〔它組成了哲學〕，但我還是要陳述，所以讓我們檢視，若我們有能力的話，芝諾提出了什麼新觀點。他的前輩們常說，其中波雷莫說得最明白，依循自然而活是至善，斯多葛學派說在這句話中有三個意涵，第一個是，以應用關於出自自然的事物的知識的方式而活，他們說這是芝諾的目的，它指出了你所謂的順應自然而活[584]。（15）另一個意涵是說以遵守所有或大部分的公共[585]義務的方式而活[586]。這個呈現出與前一個不同的意義，因為正確的行為（你稱為katorthōma）只發生在智者身上，然而這是關於任何一種義務的開始，不是關於完美的義務，它可降臨在任何不智者身上。此外第三個意涵是，以享受一切依循自然的重要之事而活。這不是奠基在我們的行為上，因為它是由一種享受德性的生活，及由那些遵循自然而且不是在我們能力範圍之內的事所完

---

584　西塞羅在此似乎錯誤地陳述芝諾的思想，因為根據史投巴伊烏斯的記載，芝諾認為幸福（eudaimonia）是生命的順流（euroia biou）（LS 63A），且以和諧的方式（homologoumenōs）活著；之後克雷昂塞斯說生命的目的是依循自然（homologoumenōs tē phusei）而活，而克呂希普斯認為是依循自然發生的經驗（kat' empeiran tōn sumbainontōn）（LS 63B）。

585　media（中間的）亦有公共的意涵。

586　但斯多葛學派認為正確的行為不僅是履行義務而已，而是「以明智及正義的方式」履行之（LS 59B4）。

成。可是這第三個意涵的至善,是依至善過活,因為德性與至善相繫,只發生在智者身上,且這個至善,如我們在斯多葛學派哲學家的著作中所見,是由贊諾克拉特斯及亞里斯多德奠立的。因此他們幾乎是以這些語言陳述自然的第一原理原則,你也是從此開始[587]。

[VII](16)每一個自然希望是自己的維護者,所以它可存活而且在自己的種族中得以保全性命。關於此事他們說也需要諸多有助於自然的技藝,在其中生活技藝是特別受青睞,它可以維護自然所賦予之事,獲得所缺乏之事。他們將人的本質區分為靈魂與身體;他們說它們各自應就其自身被追求,他們還說它們各自的德性也應就其自身被追求;〈此外〉他喜歡具有某種無限價值的靈魂,更勝於身體,他們也喜歡靈魂的德性更勝於身體的美善事物。(17)可是他們希望智慧是整體人類的守護者及管理者,它是自然的同伴與助手,他們說這是智慧的義務,此外在以如此簡潔的方式建立起的一個觀點後,他們以更精緻的方式追求其他與身體有關的美善事物,並認為自己擁有清晰的理論;然而關於與靈魂相關的美善事物他們探究得更精確,且他們特別發現在這些事物中存在著正義的種子,他們是所有哲學家中最先教授,這

---

587 雖然贊諾克拉特斯、亞里斯多德與逍遙學派,以及斯多葛學派皆有共同的主張,幸福是依循自然而活,且依循自然而活是依循德性而活,但西塞羅忽略了斯多葛學派與前三者間存在一個差異。晚期斯多葛學派,如塞內卡,認為人最初所有那些與自我保存有關的本能,在獲得德性後我們應將它們拋棄,或至少不應將之視為目的的一部分(參見 LS 57B3);贊諾克拉特斯與亞里斯多德及逍遙學派的立場則為,無拋棄的必要,把它們納入德性的實踐,參見 Dillon 2005: 142。

是天賦的行為，父母愛自己的後代，且，這是比時間的順序更久遠的事，他們說男人與女人的婚姻是自然的結合，從這個根產生家庭的親密關係。再者，他們從這些第一原理原則出發，並追求一切德性的源頭及發展。在德性中也存在著靈魂的高貴性，藉此可輕易地抵禦抗拒運氣，因為最重要的事是在智者的力量之中；然而以古代哲學家們的格訓所建立的生活可不費力地克服各式各樣運氣的傷害。（18）並且自然所賦予的第一原理原則激起了一大堆美善事物，有一部分是出於對神祕事物的沉思，因對知識的愛是心靈與生俱來的，伴隨這愛而來的還有理性說明及討論的欲望；人是唯一的動物生下來就是羞恥與謙遜的分享者，且追求與人共同生活及群眾，並留心注意他所做及所說的一切，所以他不會做任何事，除非是以有德及合宜的方式為之，〈且〉從這些我剛才說的自然所賦予的原初的種子中完全開展出節制，謙遜，正義及一切的德行 588。

　　[VIII]（19）「卡投，」我說「你現在擁有我提及的這些哲學家的觀點。在呈現這觀點後，我想知道是什麼原因芝諾偏離了這個古代的規範，他不贊同他們什麼觀念：是他們說整個自然是其自身的維護者，或是所有的動物都為自身利益著想，所以牠希望自己的種族安全及健康，或由於一切技藝的目的是自然特別追求的目標物，關於整體生命的技藝也應以相同的方式建立，或，因

---

588 西塞羅在16-18的論述應是受到安提歐庫斯的影響，關於安提歐庫斯的倫理學思想更清楚地陳述，參見本書第五卷，及Dillon 1996: 69-80的說明。此外人天生具有社會性及尋求男女結合婚姻，皆可見於亞里斯多德《政治學》1252a24-31, 1253a2-3及《尼科馬哥倫理學》1097b11, 1162a16-19。

為我們是由靈魂與身體組成，我們應該使用它們的德性，為了德性的緣故。或者他真的不滿意靈魂的德性被賦予如此崇高的優越性嗎？或關於他們所說的明智，事物的知識，人種的結合，節制，謙遜，高貴的靈魂，及一切的德行？斯多葛學派哲學家們坦承這一切都陳述得非常清楚，這不是芝諾偏離的理由。（20）他們有一些其他的說法，我相信，古人犯了大錯，芝諾，是熱中探索真理之人，完全無法忍受。事實上有什麼會比將好的健康狀態，一切痛苦的真空，眼睛及其他感覺官能的完整置於美善事物中更扭曲，更不可忍受及更愚蠢？他們說在那些事物之間完全無區別，也無衝突，這是更好的說法嗎？因為古人所說的那些美善事物，是較令人喜愛的事物，而非善；同理，那些在身體上卓越特出之物，古人愚昧地說應就其自身被追求；它們應被使用更勝於被追求；簡而言之，富有依循自然的其他諸多事物的生命不比全部都由德性所形成的生命更應該被追求，而是更應該使用；且雖然德性自身可以如此方式達成幸福生命，以致於不可能有更幸福的生命，儘管如此智者們有時候會有某些缺乏，即使他們是最幸福之人；因此他們做這事，驅除痛苦，疾病及孱弱。

[IX]（21）喔，強大的天賦力量及正確的理由是新學派得以存在的原因！持續前進，因為接下來的議題是你理解得最透澈的事，與一切事物有關的不智，不義，以及其他類似的缺失，一切的錯誤皆平等，且那些藉由自然及學習在德性上有長足進步之人，除非他們完全獲得德性，他們是極為悲慘之人，在他們的生活中無事是與最扭曲邪惡之事有別，就如柏拉圖，他是位如此偉大之人，若他不是位智者，他不會比任何一位最扭曲邪惡之人活得更好更快樂。這顯然是對古代哲學的改進與修正，這個修改完

全不可能擁有通往城市，廣場及元老院的任何入口，因為有誰能夠忍受這位說話者，他自詡為以嚴肅及有智慧的方式生活的權威〔他改變觀念的名稱〕，他在任何時候都與每個人有相同的想法，他賦予諸多觀念相同的意義，卻置入其他的名詞，只改變語言，關於看法意見他沒有任何的偏離[589]？（22）律師會在訴訟案中為被告人結辯說，他否認放逐與財產充公是惡嗎？這些事應被揚棄，不應被避免嗎？判官不應有同情憐憫之心嗎？此外，若有人在講壇上演說，若漢尼拔已來到了城門口而且以標槍射穿了城牆，他會否認被逮，被販售為奴，被殺及失去國家是惡事嗎？難道元老院，當它為阿菲里康奴斯[590]決定了凱旋勝利遊行，『由於他的德性』或『由於他的好運氣』它可說，若德性及好運氣皆不可真正用來描述任何人，除了智者之外？因此那個在廣場中以它自己的字來陳述公共律法的哲學是什麼？特別是當他們以自己的語言所指涉的觀念中並無新意，〔關於這些觀念無一改變〕相同的觀點以不同的方式維持原樣。（23）事實上這有何區別，你說財富，權力及健康是美善事物或較令人喜愛的事物，當某人說那些事物為善時，他賦予它們的價值並沒有比你稱相同的事物為較受人喜歡之事更高？因此人，特別是高貴嚴肅之人，如帕奈提烏

---

589 根據安提歐庫斯，西塞羅指責斯多葛學派的思想背離常識。斯多葛學派亦不會接受西塞羅的說法，因為亞里斯多德接受有助德性實踐的事物為善，如金錢有助於慷慨的實踐，所以它是（外在）美善事物；斯多葛學派不作如是想，金錢對他們來說充其量只是較令人喜愛的無關善惡之物，而非善，因為善只指涉德性。因此斯多葛學派與亞里斯多德不是只有「語言」上的差異，兩者實為殊途。

590 參見 II, xvii, 56。

斯，他是史奇皮歐[591]及賴立烏斯[592]尊貴的友人，當他寫給昆圖斯‧圖貝洛[593]關於承受痛苦之事，他不曾提出什麼事應該是痛苦不是惡的重點，若這可被證明的話，但他提及它具有什麼樣的特質，在它之中具有的傷害程度，然後什麼是承受它的方法；其實我認為他的看法，因為他是位斯多葛學派哲學家，要受責難，且是空洞的語言[594]。

[X]（24）「但是我將更接近你，卡投，所陳述的議題，讓我們以更簡明扼要的方式處理你適才所說的觀點，我們將你的那些觀點與我所喜歡的觀念做一比較。我們以如此的方式使用我們與古人共通的觀點，就像是認可古人的看法；讓我們討論那些具有爭議的觀點，若你高興的話。」

「我真的」他說「高興以更精確及，如你自己所言，更簡要的方式進行，因為到目前為止你所提出的看法是大眾的觀點，但我希望你提出更精緻的說法。」

「你要我這麼做嗎？」我說。「我會努力，但儘管如此，若我想到的不多的話，我不會避免那些眾人之言。（25）首先提出的是，我們都關切自身利益，且擁有這出於本性的原始欲求，我們自我維護。這無異議；接下來的是我們關注我們自己是誰，所以我們保有適合我們的事物。因此我們是人；我們由靈魂及身體

---

591　參見 I, iii, 7。

592　參見 II, viii, 24。

593　昆圖斯‧圖貝洛（Quintus Aelius Tubero, C1 BC），西塞羅的朋友，於內戰之時投效彭沛烏斯陣營；他曾著有羅馬歷史與法律等相關作品，但均已失佚。

594　儘管中期斯多葛學派較凸顯斯多葛學派思想的實踐面，而非理想面，但這不足以證成早期斯多葛學派思想是空洞的。

所組成，它們具有某種類型，我們應該，如自然的原初欲望的要求，愛它們而且依據它們確立那個最高及終極的善。它必須以如此的方式確立，若我們的起點為真的話，關於那些依循自然的事我們要盡可能多樣及大量擁有。（26）它們因此維持這個目的，我以較多的語詞，但他們以較簡潔的語彙表述，依循自然而活，他們認為這是至善。

[XI] 來，現在那些教授，或更恰當地說是你（因為有誰在那些議題上比你更優秀），從相同的第一原理原則出發你們以什麼方法得出，以有道德的方式而活（即符合德性或自然的生活）是至善，以及用什麼方法與立場你們突然放棄身體及那一切依循自然，但不在我們能力範圍之內的事，最後你們放棄了義務自身？因此我問，智慧何以突然放棄這些出於自然的重要價值。（27）但若我們不是探究人的至善，而是任何一種生物的至善，然而它除了是靈魂外，不會是它物（我們可以想像有任何這樣的事物，藉此我們可較容易發現真理），但你們的這個目的不屬於那個靈魂，因為它欲求健康，痛苦的真空，也追求自我維護及那些事物595的保護，並為自己確立目的，依循自然而活，亦即，如我剛才所言，擁一切或最多與最大的順應自然之物。（28）事實上你組成任何種類的動物，就算它沒有身體，如我們的想像，然而在靈魂中必須有與在身體中某些相似的事物，所以完全不可能確立至善除非如我所做的說明。然而當克呂希普斯說明動物的種類時，他說牠們之中有些在身體上出色，但有些在靈魂上傑出，有些在這兩方面皆有能力；然後他討論適合為每一種類的動物建立

---

595 即健康及痛苦的缺乏等事。

什麼樣的目的。此外由於他將人置於這類動物中，所以他賦予人
靈魂的優越性，他確立這是至善，不是由於人的靈魂優越，而是
由於人似乎是無物，除了靈魂外[596]。[XII]然而只有在一種方式下
至善可被正確地置於德性之中，若動物完全由心靈組成，此外動
物自身會是這樣的狀態，心靈不具任何與自己有關的依循自然的
事物，如健康[597]。（29）但是動物其實無法被認為是這樣的事物，
所以牠不會自相矛盾。

　　但若克呂希普斯說有些動物隱而不顯，也不可見，因為牠們
非常小，我們也會認可，因為伊比鳩魯也這麼說快樂，極小的快
樂經常是隱而不顯而且被埋沒。可是身體如此有價值的利益是那
麼持久及那麼眾多，它們不屬於這種事物。因此在那些事物中，
由於它們的細微，擁有隱而不顯的特質，這是經常發生之事，我
們承認擁有或沒有它們並無差別，就像在陽光下，如你所言，點
盞燈並無差別，或在克羅艾索斯[598]的錢上增加二毛五也不會有任
何不同。（30）然而如此程度的隱而不見不會發生在這些事上，
儘管這是可能發生之事：它所造成的差異不大。例如對一個有十
年愉快生活的人而言，若均等地於每一個月再加上愉快的生活，

---

596 西塞羅似乎故意曲解斯多葛學派對「人是什麼？」的看法，因為斯多葛學派
　　不曾把人視為靈魂，而是以靈魂加上身體的複合物視之，且前者是此複合物
　　的維繫者。此外當他們以主導指揮的官能稱呼靈魂，不是把人理解為靈魂，
　　而是指靈魂能使人具有感官知覺，欲求，情緒及思維等活動（LS 53B5,
　　F）。Woolf 2001: 99, n. 20 認為，此誤解是受安提歐庫斯的影響。

597 由於健康是與身體有關（xiii, 35），若動物不具身體，只有靈魂，那健康對
　　牠而言便毫無意義。

598 參見 III, xiv, 45。

因為這具有某種影響，愉快的增加，這是善；然而若不許增加的話，持續的幸福生命不會被移除。身體的善與我所提出的後者類似，因為它們具有價值上的增加，值得為它努力，所以在這件事上我認為斯多葛學派偶爾開開玩笑，當他們這麼說，若雙耳陶罐[599]或刮板加到德性生命之上，智者寧願在生活上加上這些事物，儘管如此他不會因此更幸福。（31）這究竟是什麼相似的例子？它不該一笑棄之，而該以論述棄之嗎？有誰〈不〉值得受人譏笑，若他憂心有沒有雙耳陶罐？但在肢體壞損及痛苦折磨中若有人減輕舒緩它，他會贏得許多感謝；若那位有名的智者被暴君強押至拷問者的刑架上[600]，他不會有如掉了雙耳陶罐的類似表情，而會如走進一場重要及困難的競賽，因為他知道要與自己致命的敵人，痛苦，奮力一搏，他激起勇氣及耐力的一切原理原則，藉由它們的保護他走入那困難的競賽中，如我剛才所言，重要的戰爭。接著，我們探究的不是隱而不見或滅絕的事物，因為它非常之小，而是這類可以達到頂峰的事物[601]。在肉體歡愉的生活中一個快樂被諸多快樂給隱沒，但儘管如此，無論是多麼小的快樂，它都是這以快樂為基礎的生命的一部分。錢在克羅艾索斯的財富中被湮沒，但它還有財富的一部分。因此這些我們說順應自然的事也隱埋於幸福生命中，無論如何它們是幸福生命的部分。

599 這應是指裝橄欖油的罐子，通常在進行角力練習或比賽時會在身上塗油，在結束時會以刮板將身上的殘油剃除，這個傳統是承襲自古希臘，參見柏拉圖《卡爾米德斯篇》（The *Charmides*）161e。

600 參見III, xiii, 42。

601 即至善。

[XIII]（32）再者，我們之間應取得共識，若有某些天生的欲望是依循自然的欲求，關於那些欲求應該形成某個頂峰。若這確立的話，然後我們可以閒適地探究那些與幸福生命有關之事的價值及優越性，及關於那些隱而不顯的事物，它們，由於，甚少或不那麼少現身。關於什麼事我們沒有爭議？事實上無人會有別的說法，一切事物所指涉的東西對每一個事物的本性而言皆相似，亦即事物所欲求的終極。每一事物都天生愛自己，因為有什麼事物曾放棄自己，或自己的某一部分，或自己的部分的習慣或力量，或任何那些順應自然的運動或狀態？此外什麼事物的本性會遺忘它原初的習慣？真的沒有一個事物的本性不是從頭到尾保有它的力量。那這是如何發生的，指有人的本性會遺棄人，它忘了身體，它不將至善置於人的全體之中，卻置於人的部分之中？（33）此外，因為斯多葛學派也認可而且主張這是所有人的看法，這將何以維持，我們所探究的那個至善對所有的事物的本性而言皆相似？那這會是相似之物，若在其他的事物的本性中它對任何事物的本性而言也是至善，因為它在任何一個事物的本性中具有優越性。這類的事其實被視為斯多葛學派的至善。（34）那你為什麼猶豫改變自然的第一原理原則？你為什麼說所有的動物，在牠出生的同時就專注於自愛及忙碌於自我保存？你為什麼不如這麼說，所有的動物都投身於牠最優秀的事物上而且牠忙碌牠的那件事的保護，其他的事物的本質不會從事其他任何的事，除非牠們保存在每一件事上皆為最優秀的事？然而為何是最優秀，若除了它之外，無物為善？若應該追求其他的事物，為什麼，亦即事物所追求的終極，這不被對一切事物，或最多的事

物，或最重要的事物的欲求所包含？例如菲迪亞斯[602]能夠從頭安排一座雕像而且完成它，他也可以接受別人未完成的作品而且完成它，智慧與後者類似，因為智慧不生產人類，但它接受自然未完成的作品；因此它應該注視著自然所設立的作品，就像要完成雕像一樣。

（35）自然著手建立什麼樣的人？智慧的義務與工作為何？什麼是智慧應該完成及完工的？在人身上無物應該被完成，除了某個天賦的運動，即理性：對理性而言至善一定是依德而行，因為德性是理性的完美。若無物存在除了身體：那些事物會是最佳的狀態：健康，無痛苦，漂亮及其他。[XIV]（36）現在我們探究人的至善；那為什麼我們要猶豫探究在人的整體本質中產生什麼事？所有人皆主張智慧的一切義務與服務是致力於人的教養上，有些人（你不要認為我只為言反對斯多葛學派）提出一些看法，他們將至善置於我們能力之外的那類事物之上，好像在談論無生命之物，另一方面有些人，好像人沒有身體，因此除了靈魂外他們不關心任何事，特別是靈魂本身也不是不占空間的事物[603]，我不知道它為何物（因為我無法理解它），而是屬於某種物體，所以它其實不會滿足於某個德性，而是尋求痛苦的真空。因此這兩種人各自做相同的事，忽左顧右，或他們，如艾里路斯所做的[604]，處理靈魂自身的認知，遺漏了行為。事實上在這所有

---

602 參見II, xxxiv, 115。

603 斯多葛學派並不認為靈魂是非物質物，根據蓋倫（Galen, 129-199 AD）的記載，斯多葛學派認為靈魂是氣，參見LS 53E。

604 參見II, xiii, 43。

的事例中，只要他們選擇追求一事，就會有諸多的漏失，就像不完整的觀點；然而當他們探究人的至善時，他們的完善及完整的觀點其實是，在靈魂及身體的保護上無一遺漏。

（37）然而你們，卡投，藉由德性的光輝令我們靈魂的能力感到炫目，因為德性，如我們每個人都承認，在人身上擁有最崇高的地位及無與倫比的優越性，且我們認為那些智者是絕對的完美，其實在一切有生物中有最高及最好的事，如在馬或狗之中，儘管如此沒有痛苦與保持健康是必要之事；因此在人的例子上道理一樣，那個完美狀態是受人稱頌，最有能力處於那狀態之中，即處於德性之中的人，是最優秀之人。因此我認為你們並未充分地考量自然應走的路及它前進的歷程。在農作物上自然有如此作法，當自然引導農作物從葉子到穗子，它會放棄葉子，因為它毫無價值，自然在人身上不做相同的事，當它引導人至理性的狀態，因為人性總是以如此的方式接受一物，所以它不會丟棄它原本所認可之物。（38）因此它在感官知覺上加上理性而且當理性運作時它沒有放棄感官。例如，若葡萄藤的培育，當葡萄藤盡完義務之後，它盡最大的能力保有它的一切的部分——但我們是這麼理解（因為我們可以，如你們也經常，想像某事，為了教學的緣故）——因此若葡萄藤的培育是在葡萄藤本身，我相信，它對其他與葡萄藤培育的事的欲求一如先前，然而葡萄藤會喜歡自己更勝於所有的部分，且它會認為在葡萄藤中無物比它自己更優秀[605]；同樣地感官知覺，當它被加諸於事物的本質時，它確實會

---

[605] 西塞羅在《論老年》也曾論及葡萄藤的生長，參見 XV, 51-53。葡萄藤的比喻不是為了證成人的發展過程會保存屬於人的特質，而是用來說明人如葡萄

保護那件事物的本質，但也會保護它自己；然而當理性被接受時，它被置於如此重要的主宰地位，所以一切自然的那些原初特質都將臣服於它的保護之下。（39）因此理性不會離開管理它們的職位，它應該指導每一個生命，所以我相當確定斯多葛學派的思想不一致，因為他們稱自然的欲求為hormē，且同樣地他們希望與那些事有關的義務，甚至德性本身皆順應自然。然而當他們來到至善時，他們跳過一切的事物而且留給我們兩項工作，而非一項工作，所以我們使用一些事物，追求另一些事物，而不是將這兩者含括在一個目的之下。

[XV]（40）但這將會被駁斥，〔因為〕你說德性不可能被確立，若有些德性之外的事也隸屬於幸福生活。這完全相反，因為德性完全不可能被帶進來，除非它選擇及摒棄的一切事物都以單一個至善為依歸。若我們完全忽略自己，我們會陷入亞里斯投[606]的過錯與瑕疵而且遺忘我曾賦予德性自身的原理原則，但若我們沒有忽略那些原理原則，儘管如此我們並沒有將它們以至善為依歸，我們偏離艾里路斯的輕率不會太遠，因為我們必須掌握兩種生活的原則。其實他主張兩個分離的至善，它們皆為真的至善，但它們應該是結合在一起：現在它們以如此的方式分離，以致於它們沒有連繫，無物可能比此更扭曲。（41）因此這與你所言對反，因為德性完全不可能被確立，除非它擁有那些與自然有關的原初特質是屬於至善。事實上所追求的德性不是放棄自然而是保護自然；可是那個德性，如你所同意的，保護了某一部分，放棄

---

藤般，在發展過程中人的整體，身體與靈魂，是被整體保留。

606 參見 II, xi, 35 及 xiii, 43。

其他部分 607。

　　此外若人的構造的本身會說話，它會說此事，身體具有一些原初的特質，即所謂的欲望的初始，為了在它所出生的自然之中自我保存。然而這尚未充分地說明自然最想要的是何物。因此將解釋之。我們要瞭解什麼其他的事，除了不要忽略人性的部分外？在人性中若除了理性別無他物，至善就只在德性之中；可是若還有身體，那個對自然的解釋當然會產生這個結果，我們放棄那些在解釋前我們所擁有的事物。因此服膺自然而活是背離自然。（42）例如有一些哲學家，他們從感官知覺出發看到某些更壯麗及神聖的事物後，便棄置感官知覺，因此那些斯多葛學派哲學家，當他們從與事物相關的欲求看到德性之美，他們拋卻他們所看到的一切，除了德性自身外，他們忘了與所欲求之物有關的一切本質擴及的範圍是如此之廣，它從起點貫穿至終點，且他們不瞭解他們移除了那些美麗及令人讚嘆的事物的基礎。

　　[XVI]（43）因此我認為他們全都犯了錯，他們說至善是以有道德的方式而活，但有人比其他人犯更大的錯；皮洛 608 顯然錯得最離譜，在德性確立之後，它完全沒有留下任何應追求之物；

---

607　西塞羅忽略了斯多葛學派的一個理論：靈魂，就其為氣，是身體得以維持其形狀及性質的原因，所以靈魂是身體的穩定持續的狀態（hexis 或 tonos, LS 47M, 53A）。因此靈魂的好狀態即是理性功能得以充分展現，並成為行為的指導原則，這亦使得擁有靈魂的身體處於好狀態。強調德性是唯一的善，對斯多葛學派而言，並未偏廢對身體的關注。服膺自然而活是依循德性而活，依循德性而活是遵循理性而活，遵循理性的生活是對一個人的整體（靈魂加上身體）有益的生活。

608　參見 II, xi, 35。

再來是亞里斯投，他不敢不留下任何東西，他反而帶來，受這些事物的驅使智者欲求某物，『任何發生在心靈之事』，及『任何好像會發生之事』。他在這件事上比皮洛優秀，因為他提出某種欲望，但他比其他人糟糕，因為他完全偏離了人性。此外斯多葛學派，因為他們將至善只置於德性之中，與那些人類似；然而因為他們追求義務的起源，他們比皮洛優秀；因為他們不主張那些『發生之事』，他們勝過亞里斯投；此外因為他們說他們不將那些合乎自然及應就其自身被接受的事物與至善連結，他們背離自然而且在某種程度上他們與亞里斯投並無不同。亞里斯投想出一些『發生之事』；然而斯多葛學派其實提出於人性有關的原初事物，但他們將它們與目的及至善分開；由於他們較喜歡這些事物，所以有某個與事物有關的選擇，它們似乎依循人性；然而他們否認這些事物與幸福生命有任何關係，再一次他們放棄了人性[609]。

（44）到目前為止我所說的是芝諾為什麼沒有理由背離前人的權威：現在讓我們看看所剩的議題，除非你想對比，卡投，說些什麼，或我們已花了較長的時間。」

「都不是，」他說；「因為我希望你完成這個論證，且對我而言你的論述不可能過長。」

「太好了，」我說。「對我而言還有什麼能比與卡投，所有德性的權威，討論德性更值得欲求？（45）但首先看這事，你們那

---

609 這「再一次」顯示，西塞羅對斯多葛學派的詮釋太過狹隘，雖然斯多葛學派
　　主張人性最主要的特質是理性活動，但他們將理性置於心臟裡（LS 53D），
　　所以照顧理性即照顧心臟，斯多葛學派心物一元的立場使他們不會放棄「人
　　性」。

個最重要的觀點，它引導學派，道德是唯一的善而且以有道德的方式而活是至善，你們的說法將會與所有將至善確立於德性之中的人有共通性，且由於你們說德性不能被描繪，若任何事被歸為德性，除了道德之外，那些我剛才提及的哲學家這麼說。然而我認為芝諾與波雷莫[610]的討論較公平，他接受波雷莫的看法，自然有些第一原理原則，當他從一些共通的起點前進，看哪裡他首先可立足，然後看哪裡產生爭論衝突的原因，他不與那些不說他們的至善是出於自然之人站在一起，他使用與那些人相同的論證及觀點。

[XVII]（46）我完全無法認同另一個觀點，你們不僅教授，如你們認為，只有善是道德之事，而且你們還說有些必須適合及服膺人性的第一原理原則顯現，藉由它們的選擇德性得以存在。事實上德性不應該建立在選擇之上，想想德性自身是至善如何會追求其他某一事物，因一切必須被使用，選擇及欲求的事物應該都內含於至善之中，所以擁有德性之人不會欲望它之外的事物[611]。你知道對那些認為至善在快樂之中的人而言，該做什麼或不該做什麼是清晰可見的嗎？沒有人會懷疑這些人的一切的義務應該朝向何方，應該追求何事及避免何事嗎？這個至善是我現在要辯護的：它立即呈現什麼是義務及行為。然而你們沒有提出任何東西除了正當與道德之外，你們無法發現義務及行為的源頭從何處發生。（47）因此你們每一個追求此源頭的人皆回到人性之

---

610 參見 II, xi, 34；西塞羅強調芝諾同意統合的柏拉圖─亞里斯多德的思想。

611 換言之，西塞羅認為德性與幸福生命的關係，是擁有前者足以獲得後者，反對對不善不惡之事中較令人喜歡之事的理性選擇，有助於獲致幸福。然而參照 III, vi, 22，斯多葛學派並無涉及兩個至善的理論。

中，且有些人說他們自己及你們追求任何現身及發生在心靈之中
的事。自然會對這些人提出正確的回應，從其他地方尋找幸福生
命的範圍是不對的，而是從自然之中尋找行為的第一原理原則，
因為在一個單一的理論系統中包含著是至善的行為的第一原理原
則，且如亞里斯投被駁斥的觀點，你們說一物與另一物並無區
別，任何事物皆無不同，除了德性與惡之外，在這些事物中有全
然的區別，因此芝諾犯了錯，他說除了在德性之中〔或在惡之
中〕對至善的獲得有重大的影響，雖然他說其他事物對幸福生命
沒有影響力，但對事物的欲求上它們對此具有影響力；就好像這
個欲求真的與至善的獲得無關！（48）此外還有什麼會比此更缺
乏一致性，斯多葛學派說一旦認知了至善，他們會回到人性，所
以他們會在人性之中尋找行為的第一原理原則，亦即義務？因為
關於行為及義務的理論不會促使我們追求那些順應自然之事，而
是這些事促成欲求及行為[612]。

[XVIII] 現在我來到你那些簡短的例子[613]，你說它們是結論，
首先無物可能比此說法更簡潔：『所有的善皆為值得讚美之事；
此外所有值得讚美之事皆為有德之事；因此所有的善皆為有德之
事。』這是把不銳利的匕首啊！因為有誰會承認你的前提？（事
實上若它被認可的話，不需要小前提，因為若所有的善皆為值得
讚美之事，所有的善皆為有德之事）；（49）因此有誰會認可你
的那個前提，除了皮洛，亞里斯投，或其他類似之人，這些人你

---

612 西塞羅指出，斯多葛學派只承認德性與幸福有關，其他事物的選擇與追求皆
　　與它無關，所以他們對至善的說明無法解釋我們在日常生活中進行的一般選
　　擇。

613 參見 III, viii, 27。

皆不贊同？亞里斯多德，贊諾克拉特斯及那整個學派[614]也不會認同，因為他們說有健康，力量，財富，榮耀及諸多其他的善存在，但他們沒說這些是值得讚美之事。此外他們認為至善不是僅包含在德性之中，儘管如此他們喜歡德性更勝於一切的事物：你認為這些將德性與至善完全分離的人將會做什麼事，如伊比鳩魯，伊艾洛尼穆斯[615]，還有那些人，若有人想保護卡爾內阿德斯[616]的至善？（50）此外卡利弗或狄歐都魯斯[617]能以何種方式認同你的前提，他們以其他不同種類的事物與道德連繫？因此卡投，當你使用不被認可的事想藉由它們達成一事，你會感到高興嗎？接著這〈是〉個連鎖三段論證，你認為無物比它還謬誤：善的事物是值得欲求之事；值得欲求之事是應該追求之事；應該追求之事是值得讚美之事；然後以此類推[618]。可是我停在此，因為在同樣的標準下沒有人會認同你，應該追求之事是值得讚美之事。還有這真的不是結論，而是特別愚魯的說法，這顯然是前人的結論，非你的結論，幸福生命值得誇耀，沒有道德它不可能發生，所以任何人皆可正確地誇耀。（51）波雷莫會認可芝諾的這個說法，他的老師，那整個族群及其他喜愛德性更勝於一切事物，但在定義至善上以其他事物來連結的人也會贊同。若德性值得誇示，如它所是，它會超越其他事物甚多，以致於我們在敘述

---

614 即柏拉圖的學院；此外逍遙學派的塞歐弗拉斯圖斯主張德性是獲得幸福生命的必要條件，而非充分條件，幸福生命需要外在美善事物的輔助。

615 參見II, iii, 8。

616 參見II, xi, 35。

617 參見II, vi, 19。

618 dein reliqui gradus，原意是接下來的步驟。

它有困難，且擁有一個德性的波雷莫可能是幸福的，當他不具有其他事物，但他還是無法認同你的說法，除了德性之外無物被認為是善。此外那些認為在至善中沒有德性的人或許不會認可擁有幸福生命之人可以正當地誇耀；雖然他們有時候也會以快樂誇示。

[XIX]（52）因此你看你要麼使用那些不被認可的說法，要麼就算被認可，也對你毫無助益。

在那一切結論之中我確實認為這對哲學及我們自己是有價值之事，特別是當我們追求幸福生命時，我們的生命，計畫及態度，而非語詞，要改進。事實上在聽完那些令你感到愉快的簡潔及明白的論點後，有誰會放棄自己的看法？因為人們希望及欲求聽到痛苦何以是惡，他們說痛苦是艱苦，擾人，令人憎恨，違反人性及難以承受之事，但，因為在痛苦中沒有欺騙，撒謊，惡意，過錯及羞恥，它不是惡。聽到這個說法的人會注意不要笑出來，可是他離開時不會比來時在承受痛苦上更堅強。（53）此外你否認任何能夠是有勇氣之人會認為痛苦是惡。為什麼他是較有勇氣之人，若他認為，你自己也承認的觀點，痛苦是艱辛及難以承受之事？因為懦弱是由事件而生，而非由語言所生。

再者你說，若變動一個字的話，整個理論將會崩解。那麼你認為我要更動哪個字或哪一頁呢？就讓你所讚美的觀點在斯多葛學派哲學家中受到觀念的安排的維護，且每個觀念相互呼應串連（因為你曾如此說過），但我們不應該遵循，若它們是從錯誤的原理原則出發，雖然前後一致而且沒有偏離主題。（54）因此在第一個議題上你的芝諾背離了自然，且由於他將至善置於性格的優秀，我們稱此為德性，且他曾說沒有任何事物為善，除非它是

道德，德性不可能存在，若在其他事物中一物比另一物更好或更糟，他緊緊抓住出於這些看法的結論，你說得對；我無法否認；可是那些結論是如此地謬誤，以致於結論所依據的前提不可能是真的。（55）邏輯學家教我們，如你所知，若跟隨某一觀念的事物是錯的，事物所跟隨的那個觀念本身也是錯的。因此結論不僅為真，而且是如此的明確，所以邏輯學家認為不應再提出說明：若那個，則這個；然而不是這個；因此不是那個[619]。若你們的結論被摧毀，前提也會被摧毀。因此結論是什麼？所有不是智者之人都同樣悲慘，所有的智者皆極度幸福；所有正確的行為都一樣，所有的惡行都一樣：這些論點表面上似乎是崇高的說法，但思考之後卻較不令人贊同，因為任何一個人的感覺，事物的本質及真理自身主張，不可能在任何方式下相信，在芝諾認為平等的那些事物中無物有所不同。

[XX]（56）然後你的那位小腓尼基人（你知道因為奇提恩人[620]是受你的保護[621]，他們是源自於腓尼基），是位聰慧之人，但他並沒有贏得論述，他開始以違背自然的方式扭曲語言，首先他承認那些我們說是善的事物，所以它們被認為是有價值的事物而且符合自然，此外他開始向智者，最幸福之人，顯示，若他擁有那些他不敢稱之為善的事物會較有利，他承認它們是順應自然之事，他也否認柏拉圖，若他不是位智者的話，會與專制者狄歐

---

619 這是 modus tollens（否定後項）的原則：A 則 B；非 B；則非 A。

620 芝諾是奇提恩人，該城位於塞普路斯；之所以稱芝諾為小腓尼基人，或許是以腓尼基人的不可靠暗諷芝諾的思想搖擺，參見 Woolf 2001: 108, n. 30。

621 卡投於 58 BC 被派遣去侵併托勒密（Ptolemy）的塞普路斯。

尼希烏斯[622]處於相同的情況下：對後者而言最好一死，因為對智慧的絕望，但對前者而言最好活著，因為對智慧抱持希望。再者，有些惡行是可以忍受，但有些絕不可忍受，因此有些錯的較多，有些錯的較少，就像僭越各種不同的義務一樣。還有，有些人是如此地無知，以致於他們不可能來到智慧的面前，但有些人可能獲得智慧，若他們向它前進的話。（57）芝諾對一切有不同的說法，但他的想法與其他人相同。他真的不認為那些他否認為善的事物應該比那些人所稱的那些善的事物的價值還低。因此他改變那些語言的用意為何？他至少要從那些事物中的重要性裡移除某物，且他對它們的評價可稍稍低於逍遙學派對它們的評價，所以不僅他似乎所言不同，而且在想法上也不同。然後呢？關於幸福生命自身，一切事都以此為依歸，你有何說法？你否認它的存在是自然所欲求的一切事物的滿足，你把它整體都置於德性之中；因為一切的爭議經常是與事情[623]或與名稱有關，這兩種爭議的任何一個會出現，若事情被忽略，或名稱的誤用。若這兩者皆不是，我們要盡力使用最熟悉及最適切的語言，亦即以這些語言表達事情。（58）因此想必這是無庸置疑之事，若在相同的事情上古人不會犯錯，他們是以較適切的方式使用語言？因此讓我們看看他們的想法，然後我們再回到語言上。

[XXI] 他們說靈魂的欲求被激起，當它認為有某物是順應自然，且所有順應自然之事都值得擁有某一價值，它們的價值應該與它們各自的重要性成比例；順應自然之事，有些在它們身上無

---

622　參見 II, xxiv, 79。

623　即現實的狀態（res）。

物與靈魂有關，關於這些事我剛才常提，它們是既不道德又不值得讚美之事。有些對每一個生物而言是具有快樂，但對人而言它們擁有理性[624]；由於它們是適合理性的事物，它們被稱為道德，美，值得讚美之物，然而之前的那些事物被稱為自然之物，雖然它們與道德結合時會產生及完成幸福生命。（59）此外關於那些有益之事，古人稱它們為善，他們對那些事物的認可並不比芝諾多，但芝諾否認它們為善，有德及值得讚美之事是最卓越之事，但若提出兩種道德，一種是帶著健康，另一種是帶著疾病，自然本身會帶領我們去哪一個是無庸置疑之事；儘管如此道德有如此強大的力量，它比一切事物都卓越及優秀，所以它不可受懲罰與獎勵所動而偏離它判定是正確的事[625]，且一切被視為是艱苦，困難及不幸的事都可能被自然為我們所準備的德性給粉碎；那些事不是輕鬆之事而且不應輕忽（因為在德性中那麼強大的東西是什麼？），但如我們所做的判斷，活得幸福或不幸福最主要的部分並不在它們身上。（60）總而言之，芝諾說的那些事是有價值，應採用及符合自然之事，古人稱相同的事物為善，此外他們稱幸福生命是由我剛才說的那些事所組成〈不是由全部〉，就是由最多及最重要的事所組成。然而芝諾，具有獨特樣貌的事物是被追求的原因，稱此為至善，且唯一的幸福生活是德性生活。

[XXII] 若應該討論事實的話，我和你，卡投，之間可能沒有任何異議，因為你的看法與我並無不同，只是我們賦予這些事

---

624 西塞羅指的是，這些事物也是理性的對象。

625 這顯示斯多葛學派的倫理學思想視道德是就其自身值得追求，而不是由行為的結果決定。

實不同的語彙。芝諾不是不知道，但受到壯麗光輝的語言的眩惑；若他的那些說法是依據字詞的意義的看法，他與皮洛或亞里斯投間會有何區別嗎？然而若他不贊同他們，為什麼他要在意與那些和他在事情上唱同調的人有語詞上的爭論呢？（61）若柏拉圖的那些學生及學生們的學生復活而且以此方式對你說呢？『我們聽了你，馬庫斯・卡投，最熱中於哲學，最正義之人，最佳的評斷者及最審慎的見證人，所提出的看法，我們好奇你喜愛斯多葛學派更勝於我們的理由為何，斯多葛學派哲學家對善與惡的看法是芝諾從波雷莫那兒學得的，他們使用這些語詞第一眼看來令人佩服，但當事實說明之後，便激起訕笑。然而你，若你贊同那些說法，為什麼不以適切的語詞來理解它們呢？但若權威影響了你，難道你喜歡那個人更勝於我們全部及柏拉圖嗎？特別是因為你希望在國家中是位領袖，且為了保護國家我們可以特別為你提供及準備最高的職位。事實上在我們以如此的方式探究，描述，書寫及要求這些事後，關於一切國家的事物我們在政府的種類，形式及變動，甚至法律及城邦的構成與傳統都有完整的著述。能言善道真的是領袖人物最佳的裝備，且我們聽說你在言說上極具影響力，從我們的記載中你可為自己增加更多的影響力啊！當他們說那些話時，你究竟會回應那些偉大之人什麼？』

（62）「我會要求你」他說「替我說，就像你口述那些人的論述一樣，或你可以給我一點空間，所以我可回應他們，但我現在較想聽你說，儘管如此我將擇期回應他們，我是說屆時回應你。」

[XXIII]「但若你想回答實話，這些是你應該說的話，卡投，你不贊同他們，雖然他們是有才智之人而且有極大的權威，但你

注意到，由於年代久遠他們對事實的理解不足，即斯多葛學派所理解的那些事實，且在同樣的事情上斯多葛學派有較精確的討論及更嚴格與堅實的看法，因為他們首先否認健康是應該追求的善，他們說是值得選擇，不是因為健康是善，而是因為它不是全無價值（儘管如此對那些毫不猶豫稱它為善的人而言，它沒有更多的價值）；你真的無法承受那些古人，即所謂的留鬍子的人 626（如我們稱呼自己祖先的習慣），認為任何一個人是依德而活，若他也身體健康，名聲顯著，家財萬貫，且他的生活是較值得欲求，較佳及更值得追求，與那位同樣是有德之人比較，他『在諸多方面』，如艾尼烏斯 627 的阿爾克梅歐，

都被疾病，放逐及貧窮所包圍。

（63）因此那些古人以不是那麼精確的方式認為那是較值得欲求，較優越及較幸福的生活，但是斯多葛學派認為它只有在選擇中是較好的事物，不是因為它是較幸福的生活，而是因為它較符應自然；所有不具智慧之人皆同樣悲慘。斯多葛學派顯然看到此事，但那些前輩們忽略了，〔他們認為〕受到惡行及謀殺所汙染之人不會比那些過得虔敬正直之人更悲慘，但他們並未擁有那個完美的智慧。（64）但在這個議題上你帶出不相似的譬喻，斯多葛學派哲學家經常使用它們。事實上有誰會不知，若眾人想從深

---

626 希臘人及羅馬人蓄鬍的習慣持續到亞歷山大大帝的時代，之後便停止此傳統，但哲學家依舊保留此傳統，因此留鬍子的人也有哲學家的意涵。

627 參見 I, ii, 4；V, xi, 31。

水中浮出，那些接近水表面的人是較靠近呼吸，但他與那些在深處的人皆無法呼吸 628？因此在德性上的前進與進步是毫無助益的 629，在到達德性前一個人還是悲慘的，因為在水中這是毫無幫助；因為即將看得見的幼犬與剛出生的狗仔都是瞎盲，這對柏拉圖而言也是必然之事，因為他在未見智慧之前，在心靈上他與法拉里斯 630 一樣無識別能力。

[XXIV]（65）那些是不具相似性的例子，卡投，在其中無論你有多少的進步，你依然在你想離開的狀態中，直到你逃離開它，因為他在浮上水面前無法呼吸，且幼犬在看得見前等於是瞎眼，就像牠們將一直處於如此狀態。這些是相似的例子：某個人的視力不清，另一個人身體衰弱；在給予照顧之後他們會一天一天好轉；後者日趨健康，前者視力恢復。在這些相似的例子中所有人都熱衷於德性：他們的惡行與錯誤有所改善。除非你或許會認為提貝利烏斯・葛拉庫斯〈不〉比他的兒子幸福 631，當父親致

---

628 普魯塔荷有相似的記載，參見 LS 61T；亦可參見 III, xiv, 48。

629 西塞羅似乎過於簡化斯多萬學派的思想；根據史投巴伊烏斯的記載，一個人能履行德性行為尚不達幸福生命，還須養成固定習慣（hexis）（LS 59K），因此道德上的進步是為斯多萬學派所允許的，只是這進步是瞬間即時，而非長期緩慢，參見 LS 61S 及 U。

630 法拉里斯（Phalaris of Acragas，約 570-549 BC），西西里暴君，統治十六年；亦出現在 V, xxviii, 85。

631 提貝利烏斯・葛拉庫斯（父親）（Tiberius Sempronicus Gracchus, C3 BC 後期），對抗漢尼拔的將軍，於 213 BC 第二任執政官上為迦太基人所殺；提貝利烏斯・葛拉庫斯（兒子）（Tiberius Sempronicus Gracchus，約 164-133 BC），因為提出過於激進的土地改革法，遭致眾怒，於 132 BC 被當時的最高祭司史奇皮歐・納西卡（Scipio Nasica）率眾所殺。

力於穩定國家，兒子推翻國家。然而父親並不是位智者（事實上誰是？或在什麼時候，在哪兒或如何是？）；可是因為他熱衷於讚美與榮譽，他在德性上有長足的進步。（66）比較你的祖父〈馬庫斯・德魯蘇斯 [632] 與蓋伊烏斯・葛拉庫斯 [633]，他年紀幾乎一樣：後者令國家受傷，前者為它療傷。若無物如不虔敬及惡行會使人如此的悲慘，既然所有無知之人一定都是悲慘之人，因為他們一定是，儘管如此給國家建言之人與希望它滅亡之人的悲慘並不相同。因此在德性上有些進步的人身上惡行有顯著的消退。（67）然而你們斯多葛學派說德性上的進步會發生，但否認惡的減退。但那些人為了證明此說所使用的精確的論證值得我們思考。技藝的盡頭，芝諾說，可能延展，它們對反事物的盡頭也可能延伸；然而在德性的盡頭不可能加上任何事物；因此德性之對反物惡當然是不可能增加。究竟是顯而易見之事釐清了令人懷疑之事，還是令人懷疑知識移除了顯而易見之事呢？但這是顯而易見之事，有些惡行比其他惡行更重大，但這是可疑之事，你說至善任何的增加是有發生的可能。然而你們應該以顯而易見之事澄清令人懷疑之事，卻企圖以令人懷疑之事移除顯而易見之事。（68）因此你們會迷失在我不久前所使用的論述中。所以若某些惡行確實不比其他惡行重大，因為你們不認為在至善之上可添加任何事物，但因為所有的惡行不是都一樣，所以你們應該改變你們的至善的觀點。我們堅持這是必要之事，當結論是錯時，它所

---

632　馬庫斯・德魯蘇斯（Marcus Livius Drusus，卒於109 BC），於122 BC及121 BC兩任護民官，並於112 BC任執政官。

633　蓋伊烏斯・葛拉庫斯（Gaius Sempronius Gracchus, 154-121 BC）是小葛拉庫斯的弟弟，他提議土地使用免租稅，因而招來殺身之禍。

依循的前提不可能為真[634]。

　　[XXV] 那麼這些困境的原因是什麼？在決定至善上的誇示。當道德被確立為唯一的善時，你們移除了對健康的關注，與家務有關的勤奮，國家的管理，各類職業的秩序及生命中的義務，最終那個你們希望是一切的道德也應被遺棄；克呂希普斯煞費苦心為言反對亞里斯投。這個困難造成了那些說不實之言的惡意，阿奇烏斯說[635]。（69）因為智慧將無立足之地，一旦移除了所有的義務，此外義務會被移除，當一切的選擇及分辨被扣減後，這〈不〉可能為真，除非所有事物都如此的平等，以致於它們之間沒有任何的差異，從這些困境中出現比亞里斯投還糟糕的觀點。儘管如此亞里斯投的觀點簡單直接，你們的狡詐欺騙。你問亞里斯投，他認為這些事是善，痛苦的缺乏，財富及健康：他會否認。然後呢？那些與這些事對反之物是惡嗎？他更是否認。你問芝諾：他會有相同的答案。我們會驚訝地問，對他們兩位而言我們如何過生活，若我們認為我們的事並無差異，我們健康或生病，我們沒有痛苦或受痛苦折磨，我們是否能夠驅除寒冷與飢餓。『活得崇高顯著』亞里斯投說，『做任何你認為的事，不要擔憂，不要欲求，不要害怕。』（70）那芝諾呢？他說亞里斯投的說法是個怪物，人不可能根據這個理論生活；他自己說在善與惡之間有相當大的差距，某個廣大的距離，但在其他事上便無任何差距。（71）到目前為止他們的說法相同。聽接下來的觀點而且控制你的笑聲，若你可以的話。『那些中間物，』芝諾說『在

---

634　參見 IV, xix, 54。

635　參見 II, xxix, 94。

它們之間並無區別，但它們是這樣的事物，有些會被選擇，有些
被丟棄，有些被忽略，亦即有些事物是你要的，有些是你不要
的，有些你不在意。』但你剛才說在那些事物中並無任何差異存
在。『現在我的說法一樣』他會說『但在德性與惡上並無差異。』

[XXVI]（72）有誰不知道，我問，這事？讓我們聽聽真
理。『你說的那些事』他說『健康，富有，沒有痛苦，我不會說
它們是善，但我會以希臘文說它們是 proēgmena，而拉丁文是較
優先的事物（但我喜歡說較喜歡之事或較好的事物；這較可接受
及溫和）；可是那些疾病，貧窮或痛苦的事，我不稱為惡，而稱
它們為，若你高興的話，被丟棄之物。因此我不說我追求前者，
而是選擇它們，我欲求它們，而是使用它們，然而不是躲避與之
對反之物，而是與之斷絕連繫。』亞里斯多德及柏拉圖其他的學
生說什麼？他們說一切順應自然之事皆為善，反之則為惡。因此
你是否看到你的芝諾在用字上與亞里斯投有共識，但在觀念上有
歧異，他與亞里斯多德及那些哲學家在觀念上有共識，但在用字
上不同[636]？所以為什麼，既然在觀念上有共識，我們不以共通的
方式言說嗎？或就讓他說我將會對睥睨金錢更有準備，若我認為
金錢是屬於令人喜歡之事，而非屬於善，且在承受痛苦上我會更
堅強，若我說痛苦是艱澀，難以承受及違背自然之事，而非惡。

（73）我的朋友馬庫斯・皮叟[637]在其他諸多議題及這個議題
上機智地嘲笑斯多葛學派：『什麼？』他說過；『你否認財富為

---

636 與 III, xii, 41-xiii, 44 比較。

637 馬庫斯・皮叟（Marcus Pupius Piso Frugi, C1 BC 早期），於 71-69 BC 治理西
　　班牙，並於 61 BC 任執政官；在卷五中，西塞羅將他描寫成安提歐庫斯思想
　　的辯護者。

善，你說它是較受喜歡之物：你在鼓勵什麼事？你在減少貪婪嗎？以什麼方式？若我們以字詞為目標，首先較受喜歡之事這個字比善長。』『這完全不恰當！』『這當然不恰當，但它一定是較重要的字，因為我不知道善的稱號從何而來，但我相信較受喜愛之事是出自被置於其他事物之前的事：我認為這是重要的事。』因此他說芝諾與亞里斯多德相較，他賦予財富更多的價值，芝諾將它們置於較受喜愛之事中，亞里斯多德宣稱財富是善，但與正當及道德之事比較不是重要的善，它應受鄙視與蔑視，而且不應過於追求；關於芝諾改變那一切的字詞，皮叟是這麼討論，芝諾否認為善及為惡的事，對前者他以比我們使用的字詞，還受歡迎的語詞來稱呼，對後者他以比我們所使用的字詞更令人生厭的語詞稱呼。因此皮叟以此方式嘲笑斯多葛學派，他是你的最優秀之人，且最受愛戴之人。最後讓我下個句點，在加上幾句話後，因為回應你所說的一切是件費時的事。

[XXVII]（74）從相同的炫麗的語詞中誕生了你們的王畿、帝國及財富，財富是如此的豐沛，以致於你們說普天之下一切的事物都為智者所有。此外只有財富是美，只有智者自由，只有智者是公民，與此對反特質是〈愚蠢之人〉，你甚至希望他們是瘋子。斯多葛學派稱此為paradoxa[638]，我們稱為令人驚異之事。但它們擁有什麼令人驚異之事，當你接近它們時？我將與你一起談論你如何將觀念置於各個字詞之下：這將不會有任何爭議。你說

---

[638] 在《斯多葛學派的悖論》中，西塞羅舉出六個悖論：1）道德是唯一的善；2）在德性生命中是完全幸福；3）犯錯皆相等，正當的行為亦如是；4）每一個愚蠢之人皆瘋狂；5）只有智者自由，所有愚昧之人皆為奴；6）只有智者富有。

所有的錯皆一樣。我現在不與你在相同的事上開玩笑，當我為陸奇烏斯‧穆瑞納[639]辯護，且你是控訴者時。當時那些話是說給非專業人士聽，甚至是給看熱鬧的人聽的事：現在是以較精確的方式討論。（75）『錯皆相同。』是以什麼方式？『因為無物比道德更道德，無物比無德更無德。』再繼續前進，因為關於此事歧見不小；讓我們知道那些適切的論證，為什麼所有的錯都一樣。『想想』他說『以諸多豎琴為例，若它們之中沒有一把琴的弦是調得如此之好，以致於能夠用於演奏會上，每一把琴皆沒有調對音，所以皆犯錯，因為它們失去音準，它們以相等的方式失去音準，因此它們都一樣。』我們在從事模稜兩可的遊戲，因為所有的豎琴都會發生走音之事，但我不會持續這個說法而得出所有的豎琴都同樣地走音[640]。因此這個比喻毫無助益，因為若我們說每一個貪婪皆同樣是貪婪的話，這不會得出我們也會說每一個貪婪皆相等。（76）來，另一個不相似的比喻。『想想』他說『船長犯同樣的錯，若他使載運粗糠及黃金的船翻覆，同樣地，一個人以不正當的方式斥責他的父親及奴隸，他犯相同的錯誤。』這並未理解，船載運的貨物種類與船長的技藝無關！因此它載運黃金或粗糠與舵掌得好或壞並無關係；然而在父親與奴隸之間的不同是應該，也可以被瞭解。因此在掌舵這件事上並無區別，在義務上犯錯與在種類上犯錯有極大的不同。若船隻的翻覆是由於掌舵

---

[639] 陸奇烏斯‧穆瑞納（Lucius Licinius Murena, C1 BC），於 75 BC 任財務官，62 BC 選上執政官，但小卡投指控他賄選，而西塞羅為其清白辯護。關於西塞羅的辯護詞，參見《為穆瑞納辯護》（*Pro Murena*）61-63。

[640] 但音律不準有程度上的不同。

上的疏忽，在運黃金上所犯的錯大於在運粗糠上所犯的錯，因為我們希望那個被共通稱為謹慎的事被分配到每一項技藝，每一位在任何一項技藝上表現出色之人都應擁有它。因此事實上錯誤絕不會相同。

[XXVIII]（77）然而斯多葛學派堅持論點而且沒有一點放鬆。『因為』他們說『每一個錯誤都與弱點及不穩定有關，此外這些惡行在所有愚蠢之人身上都是同樣的重大，錯誤一定是相等的。』這就好像真的是被認可之事：在每一位愚蠢之人身上的惡行都一樣重大而且陸奇烏斯・圖布路斯也具有與普博利烏斯・史凱渥拉相同的弱點及不穩定性，史凱渥拉提案責難他[641]；此外就好像在什麼情況下犯錯也不會有任何影響，然而錯得較嚴重或較輕微在於是在較嚴重或較不嚴重的情況下犯錯！（78）因此（現在其實是論證的結語）我認為你的斯多葛學派特別受到一個謬誤的壓制，因為他們認為自己能夠擁有兩個對反的觀點。事實上有何事會比說道德是唯一的善，同時也說對有益於生活之事的欲求是出自於人性，還要更前後不一？因此當他們想擁有與前一個觀點一致的看法時，他們成為亞里斯投；當他們避免這個看法時，他們所辯護之事與逍遙學派一樣，但頑固地堅持用語。他們再一次不願意在他們的規律中消除那些用語，他們變得更粗魯，更嚴苛及更粗糙，在論述及態度上。（79）帕奈提烏斯避免了他們的嚴厲與嚴苛，他不贊成他們在觀點上的嚴格，也不贊成他們在討論上的困境，他是另一種較溫和及較清晰的哲學家，且總是將柏拉圖，亞里斯多德，贊諾克拉特斯，塞歐弗拉斯圖斯及狄凱阿爾

---

641　參見 II, xvi, 54。

庫斯[642]掛在嘴上,如他的著作所呈現。事實上我建議你應以非常專注勤勉的態度對待他的著作。(80)但因為天色已晚,而且我該回家了,現在就到此為止;真的讓我們經常從事這種討論。」

「我們真的應如此,」他說;「因為還有什麼是我們有能力做得更好的事?我將會要求你的第一份工作是,聽我駁斥你所陳述的觀念。可是記住你同意我們所有的觀點,除了我們以不同的方式使用語詞,然而我不贊同你們的任何看法。[643]」

「語帶猶疑的離去;」我說「可是我們將見分曉。」

當這些話說完後,我離開了。

---

642 狄凱阿爾庫斯(Dicaearchus of Messana,約活躍於320-300 BC),亞里斯多德的學生,是位博學之士;西塞羅在《給阿提庫斯的信》中提及此人為實踐生命的代表,而塞歐弗拉斯圖斯為沉思生命的代表(II, 16, 3)。

643 小卡投這段回應顯示,他完全不接受卷四裡的論述;然而他何以指出,斯多葛學派不贊同逍遙學派思想(及柏拉圖學院思想),但後者贊同前者的思想?小卡投的意思或許是,斯多葛學派思想出自對此二學派思想的批判及釐清,二學派會接受這些批判與釐清,即贊同斯多葛學派的思想。

# 《論目的》第五卷結構分析

**主旨：西塞羅以皮叟之口勾勒安提歐庫斯的思想，並質疑安提歐庫斯的倫理學思想無法支援，德性足以使人獲致幸福的觀念。**

數學、醫術及音樂）一身的博學者。

8　　西塞羅要求皮叟闡述安提歐庫斯的思想。

9-11　逍遙學派的思想有三部分：物理學、修辭學及倫理與政治學。

12-14　逍遙學派的著作可分兩類：一類是通俗的，另一類是嚴謹的筆記。塞歐弗拉斯圖斯強調運氣在幸福生命追求上扮演重要角色；亞里斯多德則認為是德性。塞歐弗拉斯圖斯之後逍遙學派漸走下坡，唯安提歐庫斯忠實於亞里斯多德及波雷莫。

## 15-23　證明（I）

15-17　論至善。至善乃萬事的依歸；卡爾內阿德斯對此有詳盡的討論；至善是明智追求的對象，此追求是合於自然之事。

18-20　至善有三類：快樂，痛苦的缺乏及屬於自然的善的事物；明智是我們生命最重要的引領者，它是被置於第三類善，順應它及順應自然，即道德。

20-22　上述的三類善皆可與德性連結，且都可找到相對應的哲學家，其中第三類加上德性是學院暨逍遙學派的立場。

23　　德謨克利圖斯，皮洛，亞里斯投及艾里路斯的觀點皆被排除。

## 24-75　證明（II）

24-27　愛自己或自我保存是一種普遍的本能；逐漸成熟後

個體意識到自己何以有此本能欲求，且每一物種追求適合該物種的目的，但所有物種都有共通的終極目的：依循自然而活。屬於個別物種的目的相互間相似，但不相同。

27-29　愛自己是普遍的，因為無人會欲求自身的傷害。

30　　愛自己，不同於愛他人或他物，是就其自身。

31-32　人，無論老少愚智，皆怕死，這合於自然。

33　　植物及動物亦有自我保存的本能。

34　　人類由身體與靈魂組成，但後者更為重要。

35-36　身體功能正常合乎自然，但殘缺則違反自然；靈魂完好是身體感官知覺正常的源頭。

36　　靈魂有兩種德性：一種是非自願的，另一種是自願的。

37-38　愛自己是希望靈魂與身體皆完美，這是一種德性生命的追求。

38-40　愛自己亦包括屬於人性較低階部分的德性，因為人性追求的是一個人整體的善。

41-43　認識自我是一漸進的過程：本能，社會化過程，德性養成，點燃理性之火。

44-45　理解自己即是理解靈魂與身體的力量。

46-47　強調人性各個部分的完美。

48-54　靈魂有學習、理解及認知的能力；老學院及逍遙學派認為哲學有慰藉的功能。

55-64　靈魂有道德的本質

　　　　55-57　靈魂欲求活動，在公領域是指政治生活，在

私領域是指知識的研究，這是屬於最優秀者的生活。

58-60 人為活動而生，但活動有一進程：研究天文物理、鑽研政治學，最後是倫理學的推理。理性會逐步帶領我們走向德性知識及實踐。

60-64 倫理行為就其自身就是目的。人除了愛自己外，亦有關心他人的德性行為。

64-68 德性是就其自身值得追求；此外德性不僅關乎行為者自身，亦關乎他人；再者德性是一整體，擁有一個就擁有全部；最後，至善除了包含德性外，亦涵括外在美善事物。

68-72 與人為善是出於各種德性的適切合宜行為，智者從事德性行為是為德性故，較不完美者為榮譽故。德性就其自身可獲得幸福，但與身體有關之外在美善事物會使人更幸福。

73-75 安提歐庫斯的倫理學思想是唯一的一個完整的系統，它包含 1) 知識是至善；2) 追求德性，避免惡；3) 依循自然之事；4) 不痛苦及 5) 快樂及痛苦缺乏分別再加上道德。


**76-94 駁斥**

76-78 西塞羅以新學院思想追隨者的身分認為，安提歐庫斯的倫理學思想的概率不低，但他質疑，若此思想成立，德性就其自身是否足以獲致幸福。

79-82 西塞羅認為，若安提歐庫斯接受外在美善事物，那

他也會接受惡，如此智慧不足以獲致德性。此外，幸福有程度之別嗎？

83-86　斯多葛學派可以主張智者一直幸福，但西塞羅認為安提歐庫斯不行，因為他並未否認痛苦是惡。

86-89　皮叟認為斯多葛學派所謂的較令人喜愛之事，即是較幸福。

90-92　西塞羅認為含有一些惡的生活不是幸福的；皮叟（或安提歐庫斯）認為生命中的善遠大於惡，便可是幸福的。

93-94　逍遙學派承認痛苦是惡，但強調承受痛苦的勇氣使得它比斯多葛學派更合理。

## 95-96　結論

95-96　皮叟再次陳述安提歐庫斯的倫理學思想，但西塞羅認為這是難以被辯護的理論。昆圖斯贊同皮叟的觀點，阿提庫斯欣賞他的言詞清晰。最後眾人前往阿提庫斯在雅典的住處。

# 第五卷

[I]（1）我曾與馬庫斯・皮叟[644]一起聽安提歐庫斯[645]的課，布魯圖斯，我經常聽他的課，在一個名為托勒邁恩的體育館，和我們一起的還有我弟弟昆圖斯[646]，提圖斯・彭波尼烏斯[647]及陸奇烏斯・西塞羅[648]，我的兄弟，在關係上是堂兄弟，但情感上[649]像是同父同母的兄弟。我們決定於午後在學院中散步，主要是因為這個地方在這個時候是沒有人群。因此時間一到我們在皮叟家集合。從那兒我們邊走邊討論各種議題，離狄皮隆門[650]約1200公尺[651]。當我們來到學院不是無故而著名的空地，它是空蕩無人，正如我們的希望。（2）然後皮叟說：「我該說這是」他說「自然賦予我們的東西或是出於幻覺，當我們看到這個地方時，我們承

---

644 參見 IV, xxvi, 73。

645 關於安提歐庫斯，參見導論。

646 昆圖斯・西塞羅（Quintus Tullius Cicero, 102-43 BC），娶阿提庫斯的妹妹彭波妮雅（Pomponia）為妻，在政治上的表現不如其兄。

647 即阿提庫斯，參見 I, v, 16。

648 Lucius Cicero，生平不詳。

649 amore germanus 原意是有著親兄弟的愛。

650 Dipylon 雅典的城門，從雅典市集（Agora）至柏拉圖學院會經過此門。

651 1 stadium 約200公尺，故6 stadia 約1200公尺。

襲了歷史，曾有許多聲名卓著之人在這兒生活過，我們所受到的感動更勝於若當我們聽到他們的行誼或閱讀他們的某部著作？就像我現在心生感動。事實上我想到柏拉圖，我們贊同他是第一位在此經常進行討論的人；此外周邊的小花園不僅帶給我關於柏拉圖的回憶，而且它們似乎使得他本人躍然眼前。這位是史沛烏希普斯，這位是贊諾克拉特斯，這位是他的學生波雷莫，我們看到他的那個座位[652]。其實甚至我看著我們的元老院（我說的是歐斯提利亞[653]，不是這棟新館，我認為它比新館小，之後的較大）我經常注視著史奇皮歐[654]，卡投[655]，賴立烏斯[656]，特別是想到我的祖父[657]，在這些地方有著相當大的警示的力量；所以關於記憶的教授是源自於這些地方不是沒有原因的。」

（3）再來昆圖斯說：「你說得很明白，皮叟，」他說。「當我剛才來到這時，寇嫈內烏斯那個地方引導著我，索弗克雷斯[658]是那兒的居民，他活在我眼前，如你所知，我是多麼地欽佩及喜歡他。事實上在更遙遠的記憶中，當伊底帕斯來到此地而且在那最

---

652 參見 IV, ii, 3。

653 歐斯提利亞（Hostilia），這座元老院是由路圖斯·歐斯提利烏斯（Tullus Hostilius，約672-641 BC）所建。

654 參見 II, xvii, 56。

655 參見 III, xii, 37。

656 參見 II, vii, 24。

657 皮叟的祖父是陸奇烏斯·皮叟（Lucius Calpurnius Piso Frugi, C2 BC），149 BC任護民官，133 BC任執政官及120 BC任監察官；除了在政治上頗有建樹，他也是位史學家，著有羅馬編年史七卷。他認同監察官卡投的憂慮，羅馬處於道德敗壞的時期。皮叟尚有一別號「誠實者」。

658 參見 I, ii, 5。

溫柔的詩句中他問這是什麼地方[659]，有某種美觸動了我，當然是空洞的，但還是感動了我。」

　　然後彭波尼烏斯說：「但我，你們經常攻擊我的投身於伊比鳩魯，經常與我特別喜歡的費德魯斯[660]，如你們所知，待在伊比鳩魯的花園，我們剛才經過它，但古諺警告『記得在世之人』；儘管如此我無法忘卻伊比鳩魯，就算我想，我的同門不僅有他的畫像，在杯子與戒指上也有他的影像。」

　　[II]（4）現在我說：「我們的彭波尼烏斯似乎在開玩笑，」我說「或許是適切的，因為他以如此的方式落腳於雅典，所以他幾乎成了雅典的一份子，看來他將來也會有阿提庫斯這個名字[661]。然而我認同你，皮叟，的這個經驗，藉由這些地方的提醒我們對卓越之人多少有更精確及更專注的認知。你知道我和你在某個時期曾到過梅塔彭屯，再轉道去畢達哥拉斯去世那個地方前[662]，我不去接待者那兒，且我看到了他的座椅。此外現在，雖然在雅典的每個角落，在這些地方有著最優秀之人的諸多證據，

---

659　這是索弗克雷斯《伊底帕斯在寇婁奴斯》（*Oedipus at Colonus*）的情節。伊底帕斯得知自己犯下的過錯及為塞貝斯帶來不幸，弄瞎雙眼及自我放逐，在女兒安緹貢內（Antigone）的陪伴來到寇婁奴斯。

660　參見 I, v, 16。

661　他確實以「阿提庫斯」為名。雖然身為阿提庫斯的摯友，西塞羅在此將他描寫成一位伊比鳩魯的非理性崇拜者。

662　畢達哥拉斯（Pythagoras, C6 BC），生於薩莫斯（Samos），約於 497 BC 卒於梅塔彭屯。531 BC 左右為了逃避波利克拉特斯（Polycrates）的獨裁，移居至南義大利的克羅同（Croton）；是畢式定理的發明者，以數字間的比例來理解宇宙，此外他相信靈魂不朽與輪迴，提倡禁欲的生活及淨化靈魂。

但那個凹處 663 觸動了我。那之前是屬於卡爾內阿德斯的；我似乎看到他（因為他的形象著名），我認為那張座椅少了如此極具天賦之人，且欲求他的聲音。」

（5）然後皮叟說：「由於我們每個人都有一處，我們的陸奇烏斯怎麼辦呢？」他說。「他願意參觀德莫斯塞內斯與艾斯欽內斯 664 經常相互駁斥的地方嗎？因為每個人都會受到他所熱衷之事的引導。」

他紅著臉說：「不要問我」他說「我也曾去過法雷倫港，他們說德莫斯塞內斯經常對著海浪發表演說為了訓練自己以聲音征服群眾的噪音。剛才我也轉到路的右邊，為了接近沛里克雷斯 665 的墓。在這個城市中沒有盡頭，因為無論我們走到哪兒，我們都涉足於某段歷史之中。

（6）皮叟接著說：「但，西塞羅，」他說「你所熱衷之事，若是為了向卓越之士看齊，它們是關乎於天賦；若只是為了知道古老回憶的證據，那是與想知道有關。然而我們都鼓勵你，事實上你如我所期望啟動上路，你想知道這些人，你也想效法他們。」

我說：「雖然他確實做，」我說「皮叟，如你所見，你所要求的那些事，儘管如此你的鼓勵值得我的感謝。」

---

663　即座位。

664　德莫斯塞內斯（Demosthenes, 384-322 BC）及艾斯欽內斯（Aeschines，約397-322 BC）兩位雅典著名的演說家，他們在343 BC及330 BC的論辯，提供我們瞭解當時雅典與馬其頓之間關係的證據。

665　沛里克雷斯（Pericles，約495-429 BC），雅典政治人物及軍事將領，於430 BC左右出兵黑海，最後導致伯羅奔尼薩戰爭；卒於黑死病。

　　然後他以他慣有的最親切的方式說：「讓我們真的」他說「將一切都轉移給這個年輕人，特別是讓他將部分的熱誠也分享給哲學，或讓他模仿他喜愛的你，或讓他能以更優異的方式從事他所熱衷的事。可是我們是否應鼓勵你，陸奇烏斯，」他說「還是你根據自然的傾向？我認為你相當專注地聽安提歐庫斯的課。」

　　然後他害羞地，或更適切地說是謙虛地說：「我」他說「確實這麼認為，但你之前聽過卡爾內阿德斯嗎？我被他給攫住，但安提歐庫斯把我喚回來，除此之外讓我們不要聽任何人的課。」

　　[III]（7）然後皮叟說：「或許這不可能就這樣發生在他身上，當他在這兒時」（他說的是我），「儘管如此我大膽地邀請你從新學院到老學院。在其中，如你聽安提歐庫斯說過，不僅只有那些被稱為學院哲學家的人，史沛烏希普斯，贊諾克拉特斯，波雷莫，克朗投爾[666]及其他的哲學家，也有早期逍遙學派哲學家，他們的領袖是亞里斯多德，除了柏拉圖外我想我說亞里斯多德是哲學家的領袖或許是對的。因此把你自己轉向他們，我要求，從他們的著作及原則中能夠擁有一切文藝的教育，所有的歷史及一切優雅的形式，也能夠擁有相當多不同種類的技藝，所以沒有這個工具，沒有人能在充分準備的情況下走進每一個較卓越的事中。從這些技藝出現演說家，將軍及國家的領導人。然而我說到較次要的技藝，數學家，詩人，音樂家及醫生正是出於所謂一切工藝師的工作室。」

---

666 克朗投爾（Crantor of Soli，約335-275 BC），他是第一位柏拉圖的注釋者，他對《提邁歐斯篇》的注釋，影響後世深遠。

（8）此外我說：「你知道我有相同的看法，」我說「皮叟，但你在適當的時候提及此事，因為我的堂弟西塞羅熱切地想聽你提及的那些老學院哲學家與逍遙學派哲學家對至善有何看法。我認為你可輕易地說明此事，因為拿坡里的史塔塞阿斯[667]曾與你同住許多年而且我知道最近幾個月你在雅典隨安提歐庫斯探究相同的議題。」

他笑著說：「好吧，好吧」他說「（因為你夠聰明想要我成為我們的談話的開啟者）讓我對這位年輕人說明這些事，希望我有這個能力。由於我們的學院已荒蕪，若神祇這麼說，我也不曾認為我會在學院中像位哲學家一樣進行討論。可是我不是要煩你們，當我在滿足年輕人時。」

「滿足我吧！」我說「是我要求你的？」

然後，昆圖斯及彭波尼烏斯說他們也要相同的事，皮叟開始說明。注意他的陳述，我要求，布魯圖斯，你認為他是否充分地掌握安提歐庫斯的想法，我認為你特別贊同他的想法，你曾經常聽他的弟弟阿里斯圖斯[668]的課。

[IV]（9）因此皮叟這麼說：逍遙學派的理論是多麼地卓越，我不久前以盡可能簡潔的方式說過了。可是它的理論，就幾乎如其他的學派一樣，有三個部分：一部分是關於自然，第二部分是關於討論，第三部分是關於生活。他們以如此的方式探究自然，以致於沒有遺漏天空，海洋及大地的任何一部分，如我以詩

---

667 史塔塞阿斯（Staseas of Naples），第一位定居於羅馬的逍遙學派哲學家，皮叟約於92 BC成為其門生。

668 阿里斯圖斯（Aristus），生平不詳。

的形式陳述。但其實當他們以整個世界為基礎談論事物的各種元素時，他們不僅以具可能性的論證，而且以數學家們必然的理論推論出諸多結論，他們將出自於對事物探究的素材用於對隱而不顯的事物的認知。（10）亞里斯多德曾記錄一切有生物的起源，生活及樣貌，此外塞歐弗拉斯圖斯記載了植物的本質而且幾乎所有出於土地的事物的原因及理由；藉由這個知識使得對隱晦不顯之事的探究較容易。關於討論，逍遙學派哲學家不僅傳承了在辯證術上的原則，也傳承了演說者的準則，且亞里斯多德，他們的領導人，確立了對每一件事物以正反兩面陳述的練習，所以他一直都不會說出與每一件事物矛盾的話，如阿爾克希拉斯[669]，同樣地也可以說他在每件事物上以正反兩面的方式顯示任何一個觀點。（11）再者，第三部分是探討活得好的原則，逍遙學派不僅對私領域的生活，而且對公共事務的生活原則提出說明[670]，我們從亞里斯多德，知道幾乎所有城邦的傳統，生活方式及系統，不僅是希臘的城邦，而且還有非希臘的城邦[671]，從塞歐弗拉斯圖斯我們也得知諸城邦的法律[672]。他們兩位皆教授國家的領袖適合具有的特質，此外他們經常對最佳的政治體制著書論述，塞歐弗拉斯圖斯有較多的論述：在政治中有諸多情勢的變化與重要的時機，在其中每當情勢有所要求時，就應有所處置。然而他們最喜歡的生活方式其實是寧靜，即置身於對事物的沉思與知識的獲

---

669　參見 II, i, 2。

670　這是指亞里斯多德《尼科馬哥倫理學》及《政治學》。

671　但現僅存《雅典憲法》（The *Contitution of Athens*）。

672　關於塞歐弗拉斯圖斯在政治與法律的著作清單，參見 TE 589。

得，因為這近似於眾神的生活，似乎是最適合智者的生活[673]。事實上關於這些議題他們有出色而且著名的論述。

　　[V]（12）然而關於至善，由於有兩類相關著作，一類是較普及的著作，他們稱此為通俗的（exōterikon）著作，另一類是較嚴謹的著作，他們將其保留在筆記之中，他們不總是有相同的說法[674]；儘管如此在主要的觀點上在我提及的這些哲學家的著作中或他們之間都沒有任何差異與不一致。可是當探究幸福生活時，亦即這是哲學應該關注與追求的一個議題，幸福生命是否完全在智者的能力範圍之內，或它是否會被不幸之事所摧毀及剝奪，在這件事上他們之間似乎有所差異及不確定。塞歐弗拉斯圖斯《關於幸福生命》的著作特別證明了此說法，在書中運氣被賦予相當的份量[675]；若事實是如此，智慧無法提供幸福生命。我認為這個論述比德性的力量與重要性的主張，如我可這麼說，更軟弱及溫馴。因此讓我們就亞里斯多德及他的兒子尼寇馬庫斯[676]而論，據說尼寇馬庫斯費心所寫的那部倫理著作其實是亞里斯多德

---

673 《尼科馬哥倫理學》卷十有言「真正的幸福在於默觀生活」，這使得卷一至九的論述：「幸福在於德性生活」，與卷十有所出入。

674 參見III, iii, 10注釋。

675 塞歐弗拉斯圖斯說：「運氣是漫無目的（askopos）及有能力把辛苦得來之事拿走，且將看來興旺之事反轉過來，它沒有固定的時間」，參見TE 488。

676 尼寇馬庫斯（Nicomachus）。《尼科馬哥倫理學》是亞里斯多德以其子之名寫的作品，但西塞羅顯然不作如是想。Irwin 2012：154認為，皮叟對亞里斯多德的思想的敘述，不來自於《尼科馬哥倫理學》及《尤迪莫斯倫理學》（The *Eudemian Ethics*），或許是出自《大倫理學》（*Magna Moralia*），類似的觀點，可見Barnes 1997: 58-59。此外此節論述透露另一個訊息，亞里斯多德與塞歐弗拉斯圖斯的倫理學立場並不相同。

的，但我不懂為什麼兒子與父親不能有相似之處。儘管如此在許多事上我們還可參酌塞歐弗拉斯圖斯，只要我們比他在德性中保留更多的力量與活力。（13）因此讓我們對這些哲學家感到滿意。雖然他們的繼承者，依我的看法，比其他學派的哲學家優秀，但他們是如此的墮落，以致於他們似乎是由自己所生。首先是塞歐弗拉斯圖斯的繼承者史特拉投[677]，他希望自己是位自然哲學家；儘管在自然哲學上他是位重要的哲學家，但在諸多新的觀點中甚少與道德有關。他的繼承者是李寇[678]，有豐富的語彙，但卻較缺乏內容，然後是他的優雅精緻的繼承人亞里斯投，但在他身上沒有一位重要的哲學家所需要的份量；當然他著述頗豐而且精煉，但不知怎的他的論述不具權威。

（14）我省略許多哲學家，在其中有位聰穎而且令人愉悅之人，伊艾洛尼穆斯[679]，我不知為什麼也稱他為逍遙學派哲學家。事實上他以痛苦的真空來說明至善；此外他在至善的問題上有不同的意見，他對整個哲學的系統也有不同的見解。克里投勞斯[680]

---

677 史特拉投（Strato of Lampsacus，卒於269 BC），是托勒密二世的老師，約於287 BC成為逍遙學派主事者。由於醉心於自然科學，有「物理學者」之名；雖然同意亞里斯多德的地球中心理論，但其物理學思想較傾向於原子論，並主張自然的過程應由自然的原因解釋，不應訴諸於神祇的行為。

678 李寇（Lyco of Troas，約300-226 BC），在哲學上似無重要建樹，反而要為該學派衰敗負責。

679 參見II, iii, 8。

680 克里投勞斯（Critolaus of Phaselis, C2 BC），於155 BC與卡爾內阿德斯及狄歐金尼斯共同出使羅馬；在自然哲學上，他支持亞里斯多德世界永恆的主張，反對斯多葛學派認為世界會毀滅的主張；在倫理學上，他認為至善是靈魂與肉體的美善事物的綜合，但較重視前者；對修辭學則有嚴厲的批判。

想要效法古人，他在重要性上與古人接近，且有豐富的語言，但他其實也沒有維繫前人的傳統。狄歐都魯斯[681]，他的學生，將痛苦的真空與道德連繫在一起。由於關於至善他有不同的看法，他不能被稱為是真正的逍遙學派哲學家。然而我認為我們的安提歐庫斯極為用心地記錄下古人的觀點，他教授亞里斯多德與波雷莫有相同的觀點。

[VI]（15）因此我們的陸奇烏斯是謹慎為之，他最希望聽到關於至善之事，因為確立了至善就確立了在哲學中的一切。在其他事情上忽略或不知一事所產生的不利是與被忽略之事的重要性等量；然而若對至善無知，一定也對活著的理由無知；從此伴隨著如此重大的錯誤，以致於人們無法知道自身的避難之港。可是一旦知道了事物的目的，當瞭解了至善與至惡為何物，生活的方式與所有義務的安排皆可開展，（16）因此任何事情皆以此為依歸；藉此，所有的事物都追求它，幸福生命的論述可被開展與建立。

由於在此議題中有著重大的歧見，我們應該使用卡爾內阿德斯的分類，我們的安提歐庫斯樂意經常使用它。卡爾內阿德斯不僅考量了至今每一位哲學家對至善的看法，也考量了諸多可能的看法。因此他否認有任何的技藝是出於它自身；事實上總是有在技藝之外之事被技藝所包含。沒有必要在此事上以例子耽擱，因為顯然沒有一項技藝是為自身忙碌，而是一方面存在著技藝自身，另一方面是技藝的目標物[682]。因此，醫術是關於健康，掌舵

---

681　參見 II, vi, 19。

682　柏拉圖《理想國篇》第一卷蘇格拉底主張技藝是關乎他人的利益（342c-e）。

是關乎行船，同理明智是生活的技藝，它也一定是由其他事物所組成而且出自於其他事物。（17）此外幾乎所有人皆同意，明智所關切及想要追求之事應是適合而且符應自然之事，且它是這樣的事物，藉其自身引發及吸引靈魂的欲求，希臘人稱之為hormē[683]。然而以如此方式驅動我們而且以如此方式在我們一出生時就被本性所追求是什麼事物並無共識，且關於此議題在哲學家之間有著全然的歧見，當探討至善時。其實關於這整個問題是考慮至善至惡，在這些目的中找尋最終與終極的目的，應該發現與本性有關的那些最初吸引物的起源；一旦找到起源，它就像源頭一樣帶領著一切與至善及至惡有關的討論。

[VII]（18）有些人認為原初的欲望是與快樂有關，原初的嫌惡是關乎痛苦。〔有些人主張痛苦的真空是一開始所贊許之事，痛苦是最初所逃避之事。〕[684]有另一些人認為從這些他們稱為順應自然的原初特質中產生其他事物，這其中他們列入了每一個部分[685]的安全與保存，健康，感官知覺的完整，痛苦的真空，力氣、美貌，及其他相同種類的事物，與它們相似的事物是在靈魂

---

683　Reesor教授認為早期斯多葛學派哲學家，如克雷昂塞斯，與中期斯多葛學派哲學家，如狄歐金尼斯及安提帕泰爾，思想有所差異。前者強調合乎自然事物的獲得；後者主張人生目的是，對合乎自然事物之持續選擇（1951: 105-106）。然而此種差異不必然表示，早、中期斯多葛學派改弦易轍，而指出早、中期斯多葛學派的著重不同。早期斯多葛學派關注完美智者的生命目的，中期斯多葛學派重視一般有德者的人生目的。事實上Reesor教授也指出，在克呂希普斯的思想中，已存在對一般有德者的合宜行為論述（1951: 103-104）。

684　Woolf 2001: 123, n. a認為這句話不是後人的竄插。

685　即身體的每一部分。

中的原初特質，就像是德性的火花與種子。從這三個分類中的某一個驅使我們的本性欲求或厭惡，除了這三者外不可能有其他事物，避免與追求的義務一定完全以它們之中的一個為依歸，如我們稱為生活技藝的明智，它被視為是這三者中的一個，藉由它引導整個生命的序曲。（19）此外藉由明智可確立最初驅動本性的事物為何，它也使得關於正當及道德的理論存在，此理論可能符合這三個分類的其中一個，所以這是有德的行為，一切的作為是為了快樂，即使你無法獲致，或為了不感痛苦，就算你無法得之，或獲得順應本性之事，即便你一無所獲。因此結果是，在與生俱來的第一原理原則上有相當大的區別，在至善與至惡上也有相當的差異。再者，有些人依這些相同的第一原理原則將所有的義務都以獲得快樂，擁有不痛苦，或得到那些順應本性的原初特質為依歸。

（20）因此現在關於至善我陳述了六個觀點，關於上述的三個觀點的主導者：亞里斯提普斯是關乎快樂，伊艾洛尼穆斯是關於不痛苦，享受那些我們稱為順應本性的原初特質是卡爾內阿德斯──其實他不是創始人，而是為了論述的辯護者。之前的三個觀點有可能成立，其中只有一個被辯護，且是被強烈地辯護過。一切的作為是為了快樂，就算我們一無所獲，沒有人說過，然而如此作為的計畫應就其自身被追求是件有德之事而且是唯一的善。也沒有人會認為在追求事物上避免痛苦應就其自身被追求，除非他真的能避免。然而我們一切的作為是為了獲得順應自然之事，就算我們不得知，斯多葛學派哲學家說這是道德，是唯一就其自身應追求之事，且是唯一的善。

[VIII]（21）因此這是六個關於至善與至惡的單純的觀點，

其中兩個並無贊助人，其他四個有人主張。此外通常還有三個與
至善有關連而且雙重的陳述，其實不會有更多的陳述，若你徹底
思考事物的本質。例如，快樂可能與道德連在一起，如卡利弗[686]
與狄農馬庫斯[687]所同意，或痛苦的真空，如狄歐都魯斯的認可，
或人性的原初特質，如古人所同意，我們稱他們為學院及逍遙學
派哲學家。可是由於不可能同時陳述所有的觀點，快樂應被置於
一旁，因為我們是為某些更重要的事而生，這很快會得以知曉。
關於痛苦真空的陳述經常與關於快樂的陳述幾近相同。〔因此當
與投爾夸圖斯討論快樂與道德時，一切的善都被置於快樂中，當
卡投討論善時，最主要的善的論述是與快樂對反，同樣的論述幾
乎也與痛苦的真空對反。〕（22）其實我們沒有必要找尋其他對
反於卡爾內阿德斯的觀點的論述，因為以任何這樣的方式說明至
善，會導致道德的出缺，在此理論中不可能存在著義務，德性及
友誼。此外快樂或不痛苦與道德連繫，它希望擁抱道德，是使道
德降格。你的所作所為是以這些事為依歸，其一是說，若有人免
於惡，他是在至善之中，另一個是關涉到人性中最不穩定的部
分，它具有使一切道德的光芒晦暗不明的特質，或許我會說具有
玷汙的特質。還剩下斯多葛學派，他們從逍遙學派及學院思想家
複製一切的理論，以不同的語彙追求相同的觀點。──回應這些
觀點較好，但因為現在我們要持續前進；關於那些觀點就待我們
有意願時再論。

---

686　參見 II, vi, 19。

687　狄農馬庫斯（Dinomachus），在此及《在圖斯庫論的論辯》V, xxx, 85 皆與卡
　　利弗並列。

（23）再者，德謨克利圖斯[688]的免於焦慮，即〔所謂的〕心靈平靜，他稱之為euthumia，應該與此討論分離，因為心靈平靜自身是幸福生命；然而我們探究的不是幸福生命是什麼，而是它從何而來。皮洛，亞里斯投，艾里路斯的觀點已遭拒絕與揚棄[689]，因為他們的看法無法落在我所標明的範圍內，它們完全不該被使用。一切與目的有關的研究就像是關於善與惡的事物的最外緣的探究，從此產生我們說過的適合與人性若合符節之事，每一個都是首先就其自身被欲求的事物，這整個概念都被這些人給移除，在這些事中並無善與惡，他們否認有任何理由要喜歡一物更勝於他物，且認為在那些事物中完全沒有任何差異。艾里路斯，若他這麼認為，除了知識外無善存在，移除了一切下決定的理由與義務的發現。因此當其他哲學家的觀點被排除後，因為除此之外不可能有任何觀點存在，古代哲學家的看法一定會具優勢。那麼依據古老學派的傳統，斯多葛學派也使用此傳統，從這兒我們進行序論。

[IX]（24）所有的動物皆愛自己，且一出生牠的作為是為了自我保存，因為自然賦予牠這個維護一切生命的原初欲望，為了自我保存牠具備如此的天賦，以致於牠能夠依循天性處於最佳的狀態，一開始牠具有這混淆與不確定的安排，所以牠只保護自己，無論牠是什麼動物，但牠不知道自己為何物，可能是何物，及牠的本質為何。然而當牠有些進展，牠開始感知任何事物影響

---

688 參見 I, vi, 17-21；II, xxxi, 102-103 及 IV, v, 13；關於euthumia 的概念，參見
　　DK 68B191：人能有愉悅及平靜的生活主要來自於節制、不追求能力範圍之
　　外的事，以及不關心自己沒有的事，只在意自己擁有之物。

689 參見 II, xi, 35 及 xiii, 43。

牠的程度及任何與牠有關的事物，然後牠逐漸開始進步，且意識
到自己與知道為什麼牠擁有我剛才所說的靈魂的欲求[690]，牠並開
始追求那些牠覺得合乎本性的事物，而且嫌棄那些與之對反的事
物。因此那個牠所追求的事物是被置於所有的動物身上，它是符
應本性之事。至善是這麼存在著，依循自然而活，處於如此的狀
態之中，所以這可能是最佳的狀態，且最符合自然。

（25）此外既然每一種動物都有其本性，一定也有屬於一切
動物的目的，所以本性得以獲得滿足（因為無物會阻礙動物與其
他動物及人與動物之間有某些共通性，因為一切動物的本性皆具
有共通性），但我們所探究的那些終極與最高的善，在各種不同
動物中是有所區別及不同的分配，牠們有特屬於各自的至善，且
適合於每一種動物的本性所欲求之事。（26）因此當我們說依循
自然而活是所有動物的至善；而是可以正確地說，一切的技藝皆
具共通的特性，它們關乎某種知識，但每一項技藝有其各自的知
識，因此依循自然而活是所有動物的通性，但本性是殊異的，如
馬的本性不同，牛的本性不一，人的本性有別，儘管如此萬物分
享至善，事實上不僅動物分享，而且所有由自然養育，使之成長
及保護的事物也分享；在這些事物中我們看到各樣的植物，以某
種方式有能力就其自身為了生活與成長完成許多事，所以它們達
到屬於它們這類事物的至善；現在我們可以將一切的事物都涵攝
於一個概念之下，而且可毫不猶豫地說，每一個本質都是其自身
的維護者，而且具有如目的及終極的傾向，所以他盡可能保護自
己的物種於最佳狀態中；一切因自然而繁盛之物一定具有相似的

---

690　參見 III, v, 17。

目的，但不必然相同。從此我們應該理解人的至善也是依循自然而活，這我是這麼詮釋的：依人性而活是徹底完美而且無一缺乏。（27）因此我們應該解釋這些觀點，但若以較長的篇幅說明，你們要見諒，因為我們應該善待陸奇烏斯的年紀，他或許是第一次聆聽這些事。」

「那當然，」我說；「但是你到目前為止所做的論述是以適切的方式陳述給年輕人聽。」

[X]「那麼在指出」他說「所追求的事物的界限後，接下來我應該證明這些事為什麼有如我所說的狀態。因此讓我從我最初所提的觀點開始，這其實是同一個起點，我們知道每一種動物都愛自己。雖然這是不容置疑之事（因為這是在本性中的印記而且是由各個動物的感官所感知，因此若有人想為言反對，他不會受到認同的），然而，讓我們不要有任何的遺漏，我認為我們也應該提出事實何以如此的理由。（28）可是我們如何能理解與思考有種厭惡自己的動物？事實上事實恰恰相反。例如當靈魂的欲望開始有意地取奪某件對它有害之物，因為它敵視自己，由於它做此事是為了自己，它既討厭又同時喜愛自己，這是不可能發生之事。若有人敵視自己，他必然認為善是惡，另一方面認為惡是善，他逃避應追求之事，追求應逃避之事，這無疑是生命的傾圮。其實這不該被認為是恨自己，若有些人被發現尋找陷阱或其他的死亡之途，或在特倫斯[691]的劇中人說『他曾宣告只要他少傷害自己兒子』，如他自己說，『他自己就變得悲慘』。（29）可是有些人受痛苦影響，有些人受慾望所動；還有許多人受脾氣左

---

691　參見 I, i, 3；語出其作《自虐者》（*The Self-Tormentor*）147-148。

右，他們不僅在知情的狀況下衝向惡事，而且認為考量了自身利益。因此他們言不帶猶豫說：

這對我如此有利；需要時你為之，做吧[692]。

有些人會對自己宣戰，他們希望白天受折磨，晚上心苦惱，他們真的不會指責自己，因為他們說自己不當地考量自身利益；事實上他們的抱怨是他們關心及愛自己。因此，無論多麼經常言及有人薄待自己，且敵視及憎恨自己，最終逃避生命，我們要知道在這之下有這樣的理由，從它可知每一個人都關愛自己。（30）這個說法其實並不充分，沒有人憎恨自己，但我們也應該理解，沒有人會以任何方式認為自己所處的狀況是事不關己。靈魂的欲求會被移除，在一些無利害關係的事情上我們是較傾向中立的部分，若我們自己是如何受到影響，我們也認為是事不關己的話。

[XI] 但這也會是件極度荒謬之事，若有人想說某人是這麼地愛自己，以致於那個愛的力量是以其他某物為依歸，而不是以愛自己的那個人為依歸。這是在友誼，義務及德性中的論述，無論怎麼論述，所言之事皆可被理解；然而在我們自己身上其實是無法被理解的，我們為了其他某事，例如為了快樂，愛自己，因為我們是為了自己愛他物，而非為了該物愛自己。

（31）雖然這是較顯而易見之事，但是否有人僅關愛自己，而且強烈地關愛自己？因為有誰或有多少人，當死亡迫近時，不會

---

692　Ibid. 80。

因懦弱而熱血退怯及因恐懼面容慘白呢[693]？

而非常害怕自然的消散其實是一種弱點（對痛苦的恐懼也一樣遭致譴責），但因為所有人幾乎都處於如此的狀態下，這足以證明自然畏怯死亡；有些人對死亡有如此過度的反應，所以我們也具正當性地斥責他們，但我們也會更理解在某些例子上的過度擔心是不會發生的，除了一些出於溫和本性的擔憂。我不是說那些害怕死亡之人，因為他們認為被剝奪了生活中美好的事物，或因為他們擔心死後某些恐怖，或若他們害怕死於痛苦中，他們因此逃避死亡；事實上在小孩子的事例經常可見，他們對這些是毫無想法，若當我們開玩笑地威嚇他們會從某處掉落，他們會害怕。即使是『野獸』，帕庫維烏斯[694]說，

在野獸身上缺乏預先防範的智能，

當陷入死亡的恐懼中『牠們害怕』。（32）此外有誰對智者會有不同的看法，即使當他已決心一死，但他還是會受到與親友別離及放棄天日的影響？在這類的事情中特別顯示自然的力量，許多人承受當乞丐就為了存活，且人們憂心死亡的迫近，當他們以至耄耋之年，在故事中我們看到菲婁克特提斯所經歷的那些事。他沒受到忍受痛苦的折磨，以捉鳥延續生命，『他慢慢地射殺敏捷

---

693　語出艾尼烏斯（參見 I, ii, 4）的《阿爾克邁翁》（*Alcmaeon*）（參見 IV, xxiii, 62）。

694　參見 I, ii, 4。

之物，站著射殺飛物』，如阿奇烏斯[695]的著作所言，他結合羽毛為身體製成覆蓋物。

（33）我說的是人類或全部的動物，但樹木與植物也有相同的本質吧？因為，如一些最有學問的人認為，有某個較偉大及較神聖的原因植入此能力在它們身上，或這是偶然發生之事，我們看得見那些生於大地之物是受到樹皮及根的相當的保護，這發生在動物身上表現在感官知覺的分配及身體各個部分的某種連結。關於此事雖然我事實上是同意那些人的看法，自然是一切的主宰，若自然忽略了某些事物，它們不可能存在，但我允許對此有異議之人有他們想要的主張，或者他們會有此理解，每當我說人性，我說的是人，這其實並無不同，因為一個人與自己分離的同時，就是失去對自身有利事物的欲求。因此最重要的哲學家們正確地從自然之中尋求至善的源頭而且認為對符應自然之物的欲望是產生於萬物之中，因為愛自己是由符應自然所組成。

[XII]（34）接下來應注意之事，因為這是充分可知之事，每一個人天生關愛自己，這是人的天性；這其實就是我們所探究的事。儘管如此人是由身體與靈魂組成也是顯而易見之事，但靈魂的部分為主，身體的部分為副。然後我們也注意此事，身體有如此的形狀，所以它比其他動物優越〈而且〉靈魂具有如此的狀態，以致於它提供了感官知覺及擁有絕佳的心靈，人的一切都自然而然遵循它，在心靈之中有著某種令人驚奇的理性，思維，知識及一切德性的力量。身體的部分與靈魂的部分比較是較不具權

---

695 參見 II, xxiv, 94。

威，而且具較簡單的概念[696]。因此讓我們從它們開始。

（35）我們的身體部分及整體形狀，樣貌及高度顯然是合乎自然，且這也是無庸置疑之事，前額、眼睛、耳朵及其他的部分都可被理解為特屬於人的事物。但它們一定要是健康及有活力，且具有天生的活動與效益，所以這之中任何一個皆不可或缺，也不可生病或殘缺，因為這是自然的欲求。然而也有一種身體的活動是維持順應自然的運動與狀態；在這些活動中會發生錯誤，若有某種扭曲及敗壞，或運動或狀態上的缺陷的發生，例如若有人走進來手不是向前而是向後，他似乎一定會自我逃避，褪卻人性，並憎恨自然。因此也有某些坐姿及佝僂與不雅的動作，所以雖然這是因靈魂的錯而發生之事，但在身體的例子中人性似乎有所改變。（36）因此，反向來看，身體的節制與平和的習性，傾向與作為似乎是順應自然[697]。

現在靈魂不僅真的存在，而且應該具有這樣的特質，它的每一部分都完好而且沒有背離德性。但感官知覺裡也有其各自的優點[698]，所以無物會阻礙任何一個感覺官能在快速敏捷地感知事物上履行義務，這些事物是由感官知覺揭露[699]。[XIII] 再者，靈魂及靈魂各個部分的主導者被稱為理智，它具有諸多德性，但有兩

---

696 亦即，身體較容易被理解。

697 合乎自然（人性）的行為是適切合宜的行為（kathēkonta 或 officia），這是西塞羅《論義務》中的主題（I, xxxvi, 130）。根據卡爾奇迪烏斯（Calcidius）的記載，克呂希普斯認為身體的活動是與靈魂有關，參見 LS 53G。

698 拉丁文的 virtus 就像希臘文的 aretē 一樣，不僅適用於人身上，即德性，也適用於非人的萬物萬物，即優點；例如鋒利是一把刀的優點。

699 亦即外在事物是感官知覺的對象。

種主要的德性，其中之一是由其自身的本性所產生而且稱之為非自願性的德性，另一類德性是被置於自願性之中[700]，它們經常以較適切的名稱被稱呼[701]，它們的優秀是建立在靈魂的榮耀與卓越。前一類的特性是受教與記憶；幾乎所有的事都以這一個能力的名稱稱呼之，且擁有德性之人被稱為有能力之人。然而另一種是重要而且真正的德性，我們稱為自願的德性，例如明智，節制，勇氣，正義及其他同類的德性[702]。

（37）事實上關於身體與靈魂的事必須概略言之，藉此好像描繪了人性所要求之事。因此這是顯而易見之事，因為我們愛自己而且希望在靈魂與身體中的一切事物都臻完美，我們關愛它們是就其自身而且這些事物裡存在著對幸福生命最重大的影響。任何一位主張自我保存之人也必然關愛自己的各個部分，且若它們愈是心愛與完美之物，在它們自己種類的事物中就愈受讚美。其實我們追求靈魂與身體滿是德性的生活，至善也一定被置於此生活之中，因為至善必須是這類的事，所追求事物的終極。一旦有此認知就不能對此有所懷疑，人們就其自身而且自然而然愛自

---

700 非自願性的德性是指理智德性（intellectual virtue）；關於道德德性與自願性之間的關係，參見《尼科馬哥倫理學》1113b3-5，出於選擇的行為是自願的（kata proairesis an eien kai hekousioi）。

701 亦即德性之名是較適合用在自願性的德性上。

702 這段論述直接呼應亞里斯多德《尼科馬哥倫理學》卷二的觀點：「有兩種德性，一種是關於思想的，另一種是關於性格的，思想的德性大部分藉由教導獲得其起源及增長，但性格德性藉習慣現身。」（1103b14-17）。然而不同於皮叟在此的主張，自願的德性是重要及真正的德性，亞里斯多德在卷十認為，藉由理論智慧（sophia）展現的默觀生活才是最幸福的生命型態。

己，且身體與靈魂的各部分及那些在每一個動作與狀態中都受關愛的事的部分，皆是就其自身受珍惜與被欲求。（38）說明了這些事之後我們可輕易推論，那些我們特別應該追求之事是具有極大的價值，所以每個人身上最佳的部分，德性，是最應被追求，它是就其自己被追求。因此結論是，靈魂的德性比身體的德性具優先性，且靈魂的自願德性比非自願德性占優勢，前者被適切地稱為德性，且相當卓越，因為它們出於理性，在人身上無物比它更神聖。事實上一切事物皆由自然所生而且受其保護，那些沒有靈魂或與沒有靈魂相去不遠的事物，它們的至善是在身體上，如在豬身上這句話似乎並非不得體，那個動物被賦予的靈魂是具有鹽的功能，所以牠不會腐敗[703]。[XIV] 然而在某些野獸身上有種類似德性的東西，例如在獅子身上，在狗身上及馬身上，在這些動物身上我們不僅看到某些身體的活動，如在豬身上，也看到出於他們的靈魂的某一部分的活動。然而在人身上最卓越皆屬於靈魂而且屬於靈魂中的理性，德性因理性而存在，它被定義為理性的完美[704]，逍遙學派認為應該對此再三提出解釋。

（39）此外出於大地的那些事物的育養及茁壯[705]與動物並無不同。因此我們說葡萄藤蔓生與死，新枝及老幹[706]生氣勃勃及年

---

703 這是克呂希普斯的觀點，參見普路塔荷《格里路斯》（*Gryllus*）178-179。

704 德性是 absolutio rationis 的說法並不是亞里斯多德或逍遙學派的思想，而是斯多葛學派的思想。亞里斯多德認為道德德性是自然德性加上實踐智慧（phronēsis），參見《尼科馬哥倫理學》1103a14-26。因此安提歐庫斯將後者的思想加諸於前者。

705 perfectio 原意是完美或完全。

706 這句話拉丁原意是新樹及老樹。

老力衰。因此這不是個奇怪的想法，對動物而言，對植物也一樣，有些事是順應自然，有些則不然，且關於植物的成長及看護有位養育者，它是農耕的知識與技藝，修葉、鋸枝、扶正、栽培及支撐，所以它們能夠到達自然所引領之處，就像那些葡萄藤蔓一樣，若它們會說話，它們會這麼說：它們應受管理及保護。現在事實上，我主要是說葡萄藤蔓，保護它的事物是外在於它，因為內在於它自己的力量不夠強大，為了能使自己盡可能處於最佳狀態，若沒有使用任何的農耕的話。（40）但若在葡萄藤蔓上加上感官知覺，所以它具有某種欲求及透過其自身而變動，你認為它會做什麼？難道它之前藉由葡萄園丁所獲得的那些事物，它不會藉由自己戮力為之嗎？但你是否注意到，它將會有新增的掛念，它也會保護自己的感官知覺及它們的每一個欲求，且若它加裝上任何肢體，它也會保護它們？因此在那些它一直擁有的事物上，它結合了之後所附加的事物，它所有的目的並不相同，但它希望依循那個它之後被附加上的本性而活。因此它的至善會與之前的相似，但儘管如此並不相同，因為它追求的不是植物的善，而是動物的善。但若它不僅被賦予感官知覺，也被賦予人的靈魂呢？它一定會保有原來的狀態，它們應受保護，且這些所附加的事物受到更多的關愛，且最受關愛的是靈魂最佳的部分，至善是存在於本性的滿全，心靈與理性是特別卓越，不是嗎？存在著一切欲望的最終點，而且它是受到一開始的自然的優點的引導，它向上提升了諸多層級，所以到達至善，這是出於身體的完整及心靈的完美理性的積疊。

[XV]（41）因此這是我所說明的自然的樣貌，如我一開始所言，若在出生的當下每一個人可認知及能夠判斷自然的整體及其

各別部分有何力量，立即知道我們所追求的是何物，我們追求的是一切事物的盡頭與終極，且在事情上不可能犯任何的錯誤。事實上從一開始自然就以不可思議的方式隱晦不顯，它既不可見，也不可知；然而年歲漸長，逐漸或更適切地說是緩慢地，我們好像認知到自己。因此那個一開始優點，我們的本性將其作用於我們身上，是不確定而且隱晦的，且靈魂原初的欲求有如此強烈的動作，所以我們能夠具有安全及完善。然而我們不僅開始區辨及感知我們為何物，以及我們與其他動物有何差異，而且我們開始追求那些屬於我們與生俱來的事物。（42）在野獸中我們注意到此相似性，牠們一開始不會離開自己的出生處所，然後受到自己的欲望的驅使；我們看到小蛇爬行，小鴨划水，黑鳥飛翔，牛隻使用犄角及蠍子使用毒螫，最後我們看見每一件事物的本性是其生活的領導者。這種相似性也出現在人類身上，因為剛出生的嬰兒這麼地躺著，就好像完全沒有意識；然而當他們有些力量後，他們使用心智及感官知覺，並努力使自己直立，使用雙手及認知那些養育他們的人。然後同儕令他們感到愉快而且他們喜歡與同儕相聚，且自己參與遊戲及在聽故事中受牽引，且從比同儕們更豐富的心靈中，他們希望令他人感到愉快，他們留心家中事務而且對其產生較多的質問，他們開始思考某事及學習他們所見之人的名字，他們不希望對此無知，在事情上與同儕有所競爭，若他們獲勝，他們令自己感到高興，若被擊敗，他們會變得懦弱與灰心喪志。我們應該認為這些事情的發生不是沒有原因的。（43）事實上自然是以如此的方式產生人的力量，所以它似乎是為了掌握一切的德性而做的，因為這個緣故，小孩子，在他們身上具有

德性的種子707，在未經學習的情況下受到德性的影像的影響，因為它們是自然最初的第一原理原則，當德性成長時就像花苞綻放一樣。由於我們生而如此而且如此地受造，所以在我們身上我們保有為了從事某事，愛某些人，表現慷慨大方及要回饋的第一原理原則，且我們擁有順應知識，明智及勇氣的靈魂，它們並不適合與這些事物對反之事，我提及在孩子身上那些與德性有關之事並非毫無根據，就像我們看到火花一樣，從這些火花中應該燃起哲學家的理性，所以藉追隨那個引導者，就如追隨神祇一般708，他將來到自然的最終點。如我經常所言，在脆弱的年代及孱弱的心靈中自然的力量就像是透過霧靄被識別；然而當靈魂發展得堅實後，它確實會知道自然的力量，但因此而知道它可能更大的發展空間，且它自身是如此地未臻完善。

　　[XVI]（44）因此我們應該洞察萬物的本質及徹底探究它所要求之事；否則我們其實無法瞭解我們自己。由於所要求之事似乎是比出於人的要求更偉大，因此它是神祇的指定。所以皮希亞的阿波羅命令我們瞭解自己709；然而這個關於我們的瞭解只有一種，我們瞭解身體及靈魂的〈力量〉，且跟隨這個充分享受諸事萬物的生活。

---

707 亞里斯多德認為我們在本質上具有接受德性的能力（pephukosi men hēmin deksasthai autas），參見《尼科馬哥倫理學》1103a20-28。

708 斯多葛學派（LS 54A）及亞里斯多德（《尼科馬哥倫理學》1177a16）皆有此觀點。Tsouni 2012: 133認為，皮叟跟隨的是後亞里斯多德的逍遙學派的思想，且在xx, 55特別強調，逍遙學派哲學家經常觀察搖籃裡的小孩，以瞭解自然的傾向。

709 在德爾菲（Delphi）的阿波羅神廟有gnothi seauton（知道自己）的格訓。

此外既然靈魂的欲求是出生即有，所以我說的那些事我們是以最完美的本性擁有，我們必須承認，當我們獲得所欲求之事時，自然會停駐於其上，就像停駐在終極之點上，且它是至善；它一定是普遍的，必然是自動地而且就其自身被追求，因為之前已揭示過，它的各個部分是應就其自身被追求。

（45）然而在細數完身體的好處後，若有任何人會認為我們忽略了快樂，且將這個問題推遲至另一個時間，因為快樂是否存在於我們說自然所遵循的原初特質，對我們所討論之事並不重要。事實上若，如我所見，快樂不會滿全自然的善[710]，它可被合理忽略；可是若快樂重要，因為有些人主張，這不會妨礙我們對至善的理解。事實上確立了自然的原初特質，若將快樂加諸於其中，所增加的是身體的另一個利益，且這並沒有改變我們對至善的狀態的說明。

[XVII]（46）到目前為止我們的理論有如此的進展，是由於自然的原初優點引導著一切事物。然而現在我們要追求另一種論證，我們不僅因為愛自己，而且因為自然的各個部分，在身體上及靈魂上，都有其自己的力量，因此在這些事上我們是自然而然地受到影響。那我從身體開始，你是否注意人們在肢體上有任何扭曲，失能及殘缺會將其遮蔽隱匿？他們甚至努力及不辭勞苦，若他們能夠達成身體上的缺陷不明顯或它的顯現是盡可能在最小的程度，且他們也由於治療的緣故承受了相當多的痛苦，若在未

---

710 不同的觀點，可見於亞里斯多德《尼科馬哥倫理學》第七及十卷。他在1173a29-b4反駁柏拉圖將快樂視為「過程」（《理想國篇》583b-587b），並主張快樂是一種不受阻礙的活動（1153a14-15），且使活動完滿（1174b32）。因此學院及逍遙學派的快樂觀似乎不如安提歐庫斯所想的融貫一致。

來肢體的功效不僅沒變更大，而是變得更小，儘管如此它們的樣貌會回歸於自然嗎？事實上，所有人都自然地認為自己應欲求自己的全部，不是為了它物，而是為了自己，每一部分也必然是就其自身被追求，因為整體是就其自身被追求。（47）為什麼？在身體的運動及靜止中自然會判斷無物值得關注嗎？一個人的步伐，坐姿，臉部的樣貌及表情，在這些事情上我們認為無物是相稱或不相稱於自由人嗎？難道我們不會認為，有許多人在某個動作與狀態上似乎是藐視自然的法則與限制，他們是值得憎恨之人？由於這些事是從身體上被撤離，為什麼我們不合理地認為美也應就其自身被追求？我們認為身體的扭曲及殘缺應就其自身被避免，為什麼我們不也就其自身追求，或許更有過之，形象的高貴？且若我們在身體的動與靜上要避免醜陋，為什麼我們不追求美麗？此外我們甚至追求健康，氣力及痛苦的缺乏，不僅是為了利益，也是為了它們自身。由於自然希望滿足它的每一部分，它追求身體的這個狀態自身，此狀態特別是服膺自然，自然的整體失序，若身體不適，痛苦或缺乏氣力[711]。

[XVIII]（48）讓我們看看靈魂的部分，它們的樣貌更光彩奪人；它們愈卓越，就愈賦予關於自然更清晰的證據。因此對於求知與知識的愛是我們與生俱來的重要特質，所以無人能懷疑，自然在沒有任何利益的吸引下會被人的那些事物給擄走。我們是否注意到小孩子對事物的觀察與探究不會受到鞭笞的制止？把他們趕走，又跑回來？知曉某事令他們感到高興？他們愛將此事對他

---

711 關於身體活動及我們行、住、坐及臥的姿勢與適切合宜行為的關連，亦可參見《論義務》I, xxvx, 126-xxxix, 140。

人敘述？他們受到遊行，遊戲及這類的表演的吸引，為了這事他
們忍受飢餓與口渴？還有呢？那些在高貴的研究及知識中感到愉
悅之人，難道我們沒注意他們對健康及家務沒有任何想法，且耐
心地承受一切，當他們沉浸在研究與知識之中，並以在學習中所
獲得的快樂來補償所耗費的極大的心力與辛勞？（49）我認為荷
馬在編織關於希壬[712]的歌詞中已看到某種這類的事。似乎並不是
因為祂們以甜美的聲音或某種新穎及多樣的唱法經常召喚那些航
行經過的人，而是因為祂們宣稱自己所知甚豐，所以人類由於學
習的慾望而接近祂們的岩石。祂們以此方式邀請尤里西斯[713]（我
翻譯荷馬某些片段中的一段如下）：

> 阿爾勾斯的榮耀，你將船轉向，尤里西斯，
> 所以你可以藉耳朵知道我們的歌曲！
> 無人曾經航行過這條深藍的航道，
> 之前有人佇立受到甜美聲音的擄獲，
> 之後以各式的音樂滿足貪婪的心
> 成為博學者以滑行的方式抵達祖國的海岸。
> 我們瞭解戰爭的慘烈競爭及滅亡，
> 希臘依據神聖意志攻打特洛伊，
> 且知道寬廣的大地上一切的足跡[714]。

---

712 Sirens，以歌聲惑人的女神。

713 尤里西斯是奧迪修斯（Odysseus）的拉丁名。

714《奧迪賽》（The *Odyssey*）12, 184-191。

荷馬知道這故事不可能被證成，若陷入如此誘人的歌曲中英雄無法自拔；祂們承諾知識，對智慧的欲求更勝於對祖國的愛，這並不奇特 715。此外知道所有的事，無論是任何事物，這是探究的欲求，真正受到對較重要的事物的冥想引導，而對知識有欲求的人應該被認為是最卓越的人之一。

[XIX]（50）你們想想在阿爾奇梅德斯 716 身上那份對研究的熱情，當他以較專注的態度在沙塵上畫某個圖形時，他沒意識到自己的國家〈其實〉已被攻陷！我們知道阿里斯投克森奴斯 717 將極大的天賦耗費在音樂上！我們認為阿里斯多芬尼斯 718 曾以多麼熱忱的態度將時間投注在文字上！關於畢達哥拉斯，柏拉圖或德謨克利圖斯我說什麼？由於求知欲的緣故我們知道他們旅行至大地的邊緣。不懂這些事的人所愛之事無一重要而且值得知道。

在此議題上有人說我所言的那些研究的追求是為了靈魂的快樂，因此他們不僅這些研究應就其自身被追求，因為就算拋卻任何的效益靈魂依然感到愉悅，且即使不會有任何利益，靈魂在知識自身中感到高興。（51）但對如此明確的事情進一步的探究有

---

715 值得一提的是，皮叟對尤里西斯返回綺色佳的描述，完全忽略他在回程承受的辛苦，反而視這段旅程為尤里西斯追求智慧，開眼界的過程。智者遊歷尋找智慧，參見 III, xxix, 87。

716 阿爾奇梅德斯（Archimedes of Syracuse，約 287-212/211 BC），著名的數學家與發明家，羅馬人入城時被殺。此人即為我們所熟知的阿基米德。

717 阿里斯投克森奴斯（Aristoxenus of Tarentum，約生於 370 BC），著名的音樂家及哲學家，從學於逍遙學派之前，曾是畢達哥拉斯學派的門人。

718 阿里斯多芬尼斯（Aristophanes of Byzantium，約 257-180 BC），於 194 BC 任亞歷山卓圖書館的館長，在語言學上有卓著的貢獻，著名文學評論者及傳記作家。

何重要性？其實讓我們自問，星星的運行，對天體的觀察及對受
自然的晦澀不明所遮蔽的那一切事物的認知是以什麼方式影響我
們，且歷史何以令人感到愉快，我們經常追尋歷史直到盡頭；我
們回到所遺漏之處，一旦開始就跟隨到底。事實上我知道存在於
歷史中的效益，不僅有快樂而已。（52）我們為什麼快樂地閱讀
杜撰的故事，當在其中無法汲引出任何的益處？為什麼我們希望
自己知道某些做了某事之人的名字，他們的名字，他們的父母，
國家，還有諸多不甚必要的事？為什麼最不幸的人們，在沒有任
何管理政事的希望下，還有工匠師都在歷史中感到愉悅？我們特
別注意到那些因年老體弱而遠離政事之人，希望聽到及閱讀政務
的管理。因此我們必須知道在我們所學所知的事中存在著諸多引
人入勝之事，它們促使我們學習與理解[719]。（53）古代哲學家[720]想
像在極樂之島上智者們未來生活的樣貌，他們免於一切的憂慮，
不用尋找生活上必需的衣物與器具，他們認為沒有其他的事要
做，除了將所有的時間投注於認識自然的探究與學習。此外我們
不僅看到幸福生命的喜悅，也看到不幸之人的慰藉；因此許多受
制於敵人或獨夫的權力之人，許多身陷囹圄之人，許多流放之人
在對知識的熱忱中緩減了他們的痛苦。（54）這個城邦的領袖法

---

719 皮叟強調，對智慧的追求是就其自身之故，因此它是獨立於政治及道德的領
　　域之外；亞里斯多德《形上學》（*Metaphysics*）亦有類似的觀念，追求知識
　　是為了瞭解，不是為了任何利益，且這樣的智慧開始被追求，當生活必要之
　　所需皆有準備及有閒暇之時。我們追求它不為別的利益，正如自由人為其自
　　身而不為他人存在（982b20-28）。
720「古代哲學家們」指的是逍遙學派。

雷倫的德梅特里烏斯[721]，當他被不正義地逐出國家後，他投效於托勒密[722]，亞歷山卓的國王。他在哲學上表現卓越，我鼓勵你閱讀他的作品，且他是塞歐弗拉斯圖斯的學生，他在那具災難性的閒暇日子裡寫了諸多出色的作品，不是為了他個人的利益，在那兒他是被褫奪公權的，而是為靈魂的修養，對他這就像是人性的糧食[723]。事實上從格奈烏斯·奧菲迪烏斯[724]那兒，他是位法務官，博學之士，失去雙眼，我經常聽到他說，對光的欲求比對利益的欲求對他產生的影響更大。接下來我們的睡眠，除非是給身體帶來休息及給勞動帶來某種藥品[725]，我們或許會認為它的產生是違背自然的，因為它帶走感官知覺及一切的行為。因此若根據

---

721 德梅特里烏斯（Demetrius of Phalerum，約350-283 BC），曾經統治雅典十年，在統治期間有相當豐富的立法。其立法受塞歐弗拉斯圖斯的影響，依循亞里斯多德的哲學思想。限縮鋪張浪費，成立法律監督委員會及規定為城邦服務之人的義務。當雅典於307 BC被馬其頓攻陷後，他逃至波艾歐提亞（Boeotia），之後輾轉至亞歷山卓城成為圖書館館長。著作甚豐，惜皆未傳世。西塞羅《論法律》稱他學問及實務皆優秀（III, vi, 14）。

722 托勒密（Ptolemy, 367-282 BC），又名拯救者（Soter），出身馬其頓的埃及國王，在亞歷山卓城成立博物館即是出於德梅特里烏斯的建議。

723 因此哲學是種心藥可治靈魂的病。西塞羅在自我放逐、政治失意及痛失愛女時，也依賴哲學療傷。這個概念應是得自塞歐弗拉斯圖斯，他認為人應依賴知識學問更勝於依靠金錢，因為有學問者無論身處何處，皆能無懼地蔑視生活上的逆境（TE 491）。

724 格奈烏斯·奧菲迪烏斯（Gnaeus Aufidius），於107 BC任法務官，曾著有希臘史，西塞羅《在圖斯庫倫的論辯》V, xxxviii, 112亦言及此人。

725 以睡眠及追求智慧對照凸顯後者具價值優先性的作法，亦可見於亞里斯多德《尼科馬哥倫理學》卷十。亞里斯多德強調幸福不是狀態（hexis），而是活動（energeia），且就其自身被追求；睡眠也不是狀態，是活動，但不是就其自身被追求，追求它是為了能持續沉思默觀的活動（1176a34-b6）。

自然不要尋求休息，或可能以其他某種方式追求之，我們或許會感到滿意，其實現在為了做及學某一事[726]，我們經常以近乎違背自然的方式徹夜不眠。

[XX]（55）再者自然有些清楚或相當明確，而且不須懷疑的訊息，在人身上特別顯著，但也表現在所有動物身上，靈魂總是欲求做某事，且在任何情況下它都不能忍受持續的休息。這在小孩稚嫩的年紀中容易辨識。雖然我擔心我似乎過於強調這類事物，但所有的古代哲學家，特別是我的學派，都走近搖籃，因為他們認為在孩童時期可能最容易知道自然的意願。因此我們知道小嬰兒其實不可能不動；當他們稍有成長，他們在遊戲中與勞作中感到高興，所以他們不可能受阻於鞭笞，且那個做事的慾望與年紀一起增加。因此若我們不認為我們會享受最甜美的睡眠，我們希望自己被給予安迪米翁[727]的睡眠，若這發生了，我們會認為自己幾近死亡。

（56）事實上即使最懶惰之人有著多麼令人不可思議的緩慢速度，但我們還是看到他們總是有身體及靈魂上的運動，當他們不受任何必要之事所阻時，他們要麼上賭桌，要麼找個遊戲，不然就找個人聊天，因為他們在學習上得不到高貴的愉悅感，他們追求某些同夥及小型的聚會。可是其實我們為了愉悅所圈養的動

---

726 'agendi aliquid discendique causa' 指出，安提歐庫斯的代言人使用 actio 一字時，將亞里斯多德的 praxis（行為）及 energeia（活動）融合併用。

727 安迪米翁（Endymion），由於月神愛上他，遂使他長眠於拉特穆斯山（Mt. Latmus），使祂能定期拜訪他。亞里斯多德《尼科馬哥倫理學》1178b18-20 亦舉相同的例子，說明諸神不是如安迪米翁靜止不動，而是活動著（zēn, energein）。

物，就算牠們比自由時有更豐富的食物餵養，牠們會容易感到自己被圈禁的苦，且尋找自然賦予牠們的運動及自由遊蕩[728]。（57）因此任何一位有最高貴的出生及成就之人，他完全不想活在這生活中，若他可以享受最即時的快樂，但被剝奪做事的機會[729]，因為他們不是較喜歡私下做某事，就是心志較高之人涉足政治以獲得公職與權力，不然就是完全投身於知識的研讀[730]。在此生活中他是離追求快樂相當遠，他們甚至以人最優秀的部分，在我們身上它是神聖的引導者[731]，徹頭徹尾地忍受憂慮，不安及無眠，他們享有心靈的天賦能力，所以既不追求能力也不逃避辛勞。他們不會中斷對古人所發現的那些事物的欽佩，也不會停止對新的事物的探究。由於他們在研究上不可能滿足，他們會忘記其他一切

---

728 皮叟轉述安提歐庫斯的思想，無論「搖籃論證」裡的小孩或動物的例子皆顯示，有生物具活動的本性。然而將 praxis 用於說明小孩及動物的活動，是對反於斯多葛學派的思想，因為他們認為 praxis 只能用來說明理性的存有。這是為什麼 praxis 與德性經常共現於斯多葛學派的思想，參見阿里烏斯·狄迪穆斯 5b8。

729 幸福不在愉悅享受中，亦可見於《尼科馬哥倫理學》1176b25-30：「有價值的事及快樂的事是對誠正者而言的諸如此類之事；每個人根據適合的狀態的活動是值得選擇的，且誠正者的活動的確依據理性。那幸福不在於遊戲中；因為這是件奇怪的事，目的是遊戲，且忙碌與受苦一生是為了玩。」

730 在這一節皮叟指出兩種生活型態：政治生活及哲學生活；亞里斯多德《政治學》1324a29-32 曾言：特別喜愛榮譽者主要會選擇政治生活或哲學生活。

731 ratio（理性）具神聖性，亦可見於《尼科馬哥倫理學》1177a12-17：「若幸福是依據德性的活動，合理的說法是依據最佳的；它是屬於最佳之物。當然它要麼是理解（nous），要麼是其他某物，它似乎是天生的統治者，領導者及對高尚之事與神聖之事有想法，要麼它是神聖之物就其自身，要麼是在我們之中最神聖的事物，它的活動是根據其合適的德性，這會是完滿的幸福。」

事物，不思考任何低下卑賤之事；在諸如此類的研究上有如此強大的力量，所以即使有人向他們提出其他的至善，它們指向利益或快樂，儘管如此我們會看到他們把時間用在探索事物及解釋自然上。

　　[XXI]（58）因此這其實是明顯的事，我們為活動而生。然而活動有許多種，在較重要的活動中較不重要的活動被棄置，但有些特別重要的活動，如我所認為而且如我現在在論述中所處理的哲學家們所認為[732]，首先關於天體及那些被自然所掩蔽不顯之事的思慮與思考，理性有能力探究，然後是關於公共事務的管理或與管理有關的知識，再來是與明智，節制，勇氣及正義有關的推敲及其他的德性與符合德性的行為，我們以一個字來含括這一切，即道德[733]；當我們變得強壯時帶頭的自然會領我們到與德性有關的知識與實踐上[734]，事實上一切事物的起點皆微小，但隨著

---

732 哲學分為物理學、政治學及倫理學，亦見於 IV, ii, 4。Woolf 2001: 137, n. 38 認為，這個區分似乎遺漏了對我們的終極的善的研究與默觀，若參考 xxiv, 69-72 的論述，此說法或許成立，但參考 ix, 26, xviii, 48 及 xx, 57-xxi, 58 可見，對終極的善的默觀研究，是以不顯著的方式被討論。

733 皮叟在哲學或研究的生活之後，依序提出政治及德性的生活，類似的概念也出現在《尼科馬哥倫理學》，例如在 1177b6-7：「關於德性的行為活動是在政治事務中。」在 1177b16-17：「若在依據德性的行為中，政治的行為及戰爭的行為在高尚及重要的特質上突出。」在 1178a34-b1：「對德性掌握較大的選擇或行為，因為它存於此兩者中，」選擇（proairesis）被推敲（ratio）取代。

734 德性的知識與實踐合一與亞里斯多德的思想若合符節，參見《尼科馬哥倫理學》1179a35-b3：「對行為探討的目的不是研究每一件事及知道它們，而較會是實踐它；知道德性當然是不夠的，而是應該試著擁有及使用它們。」實踐（usus）取代希臘文的使用（chrēsthai，名詞為 chrēsis）。

它們的進步它們的用處增大，且不是毫無理由，因為在初期有著某種虛弱及柔軟，所以人們不可能看到及從事最佳的事情。其實德性及幸福生命的光，這是我們應追求的兩件事[735]，較晚出現，甚至更晚才清楚知道它們有何特質。柏拉圖說得好：『這是發生在某人老年時的幸福之事，他能夠獲得智慧與真正的看法[736]！』由於關於自然的原初利益已有足夠的論述，因此現在讓我們注意接下來更重要的事。

（59）自然以如此的方式產生及形成人的身體，所以在出生之始有一部分已完善，有一些部分隨時間前進而成形，且自然不會特別使用外在及外部的幫助。此外自然在其他事情上使靈魂完美，就如它使身體完美一樣，它裝配適合感知事物的感官知覺，它不需要或需要非常小的協助以達成感官知覺的確立：然而它卻遺棄了在人身上最卓越及傑出的事。就算自然賦予我們這樣能夠接受一切德性的心靈，且它在不知的情況下植入對於極重要之事的些微概念，並好像設定了學習，且帶領心靈進入屬於德性的基

---

735 藉由皮叟我們得知安提歐庫斯主張，我們應過著一種混合式的生活，其中包含哲學及政治生活，此思想不僅在亞里斯多德《政治學》VII, 1-3可見，塞歐弗拉斯圖斯亦然，參見托名普路塔荷（Pseudo-Plutarch）的記載，亞里斯多德、塞歐弗拉斯圖斯及幾乎所有的逍遙學派哲學家以如下的方式區分哲學：「完美的人應該是默觀『是者』（tōn ontōn）及為所應為之事的人」（TE 479）。然而，西塞羅雖然贊同安提歐庫斯倡議的哲學/政治的生活，但哲學的追求，對羅馬人或至少對西塞羅而言，不可只為哲學故，而缺乏效益；特別是絕不可因追求哲學耽誤對公共事務的關心，參見《學院思想》II, ii, 6及《論義務》I, vi, 19；關於人性具有政治的特質，參見《論目的》V, xxxiii, 66。

736 參見《法律篇》653a9-11, 'phronēsin de alētheis doxa bebaious, eutuchēs hotō kai pros to gēras paregneto'。

本元素。可是它只促發德性[737]，僅此而已。（60）因此這是我們的特質（我說這是我們的，它是一種技藝上的特質）除了我們所接受的那些第一原理原則外，我們會探究從其而來的結果，直到那是我們想要的結論。事實上與感官知覺或我說的那些與身體有關的事比較這個結果是更具有價值而且更應就其自身被追求，理智的卓越完美是遠勝於這些事，所以思考它們的差異可能有困難。因此所有的榮譽，讚佩及熱忱都以德性及符合德性的行為為依歸，且所有在靈魂中是如此的事物或以如此方式產生的事物，皆以一個名稱稱呼之，即道德。我們待會兒將注意所有德性的概念為何，指涉它們的字詞的意義為何，以及德性的力量與本質為何；[XXII]（61）然而目前我只解釋我所說的道德，我們除了愛我們自己外，道德在本質上也應就其自身被追求。小孩子們提供了證據，在他們身上就像在鏡子中一樣，我們識別出自然。多麼熱中於分出勝負！多麼激烈的競爭！當勝出時他們感到高興，當失敗時感到羞恥！他們不希望自己受指責！他們多麼想要受讚美！什麼辛勞他們不會承受，為了使自己是同儕中的佼佼者！對有益於他們的人有多麼深刻的記憶，且有多麼強烈回報的慾望！這些事在最佳的性格上特別會表現出來，在其中我們理解的這些道德行為就像是由自然所勾勒出來的。（62）可是這是在小孩子身上的事，其實在生活穩定確立之人身上這些特質是明確的。有誰會那麼不像個人對卑劣的冒犯及道德的贊許不為所動？有誰不

---

737 一如亞里斯多德所言，人與生俱來擁有自然德性，使我們能有接受道德德性的能力，自然德性並非真正的德性，因後者具有實踐智慧，參見《尼科馬哥倫理學》1103a26-29 及 1107a1-2。

討厭色慾及粗暴無禮的年輕人？反之有誰不愛在那個年紀上有羞恥心及穩定的年輕人？就算他與此人並無關係？有誰不厭惡菲瑞格賴的普路斯・奴米投里烏斯[738]，一位叛國者，雖然他曾有利於我們的國家？有誰不會特別讚美〈這個〉城邦的維護者寇德魯斯[739]及艾瑞克塞烏斯[740]的女兒們？對圖布路斯[741]之名有不憎恨的嗎？有誰不愛已逝的亞里斯提德斯[742]？難道我們會忘記在聆聽與〈在〉閱讀之時，當我們知道一事是以虔敬，友愛及勇敢的方式為之，我們會受到多大的感動？（63）為什麼我言及我們的事，我們生來就準備接受讚美及榮譽，並接受相關教育？在劇場上無知群眾的喧囂聲被激起，當這些台詞說出時[743]：

> 我是歐瑞斯特斯
> 另一個人反駁，
> 反而當然我是，我說，歐瑞斯特斯！

---

738 普路斯・奴米投里烏斯（Pullus Numitorius, C2 BC），菲瑞格賴城（Fregellae）於 125 BC 反抗羅馬統治，但普路斯背叛自己的同胞，出賣城邦。

739 寇德魯斯（Codrus, C11 BC），雅典國王，在與多利安人（Dorians）戰爭時，多利安人從神諭中得知，要獲得勝利必須不讓寇德魯斯死；寇德魯斯得知此訊息後便喬裝成砍木工，蓄意挑釁多利安軍人，終遭殺害，但卻挽救了雅典。

740 艾瑞克塞烏斯（Erectheus），雅典人祭拜的神祇，形式上等同於海神普塞頓（Poseidon）；他也常被認為是雅典早期的國王，為了拯救雅典依據神諭的指示將最小的女兒祭獻給神祇，參見 Woolf 2001: 138, n. 41。

741 參見 II, xvi, 54。

742 參見 II, xxxv, 116。

743 出於帕庫維烏斯的劇作《歐瑞斯特斯》（Orestes），關於此人，參見 I, ii, 4；關於劇作內容，參見 II, xxiv, 79。

當他們各自對混亂及困惑的國王提出
解決之道

　　殺了我們兩人，懇求你，

——此幕經常演出，在任何時候都獲得極高的讚賞？因此沒有人不會贊同及讚美這個靈魂的感受，它不僅不追求任何的利益，而且忠誠的維繫是違背利益。（64）不僅在虛構的故事中充滿了這類的例子，在歷史故事中也是特別是我們的歷史故事，因為我選擇最卓越之人來接受來自依達山的聖物[744]，我們為王子們派遣保護者[745]，我們的將軍為了國家安全拋頭顱[746]，我們的執政官以下毒來警告最具敵意的國王，當他接近城牆時要小心[747]，在我們的國家我們發現〔陸克瑞緹雅〕以自殺來彌補強加在他身上的恥辱，且有人手刃其女為使她不感羞恥[748]。事實上在這一切的例子及其他無數的例子上，有誰不懂他們的作為是受到價值的榮光的指引，且忘卻自身的利益，當我們讚美這些事例時，我們不受其他任何的事，除了道德的引領嗎？

---

744 普博利烏斯・寇爾內利烏斯・史奇皮歐・納希卡（Publius Cornelius Scipio Nasica）於204 BC獲選擔任恭迎賽貝雷女神像（Cybele）之人。

745 馬庫斯・艾米利烏斯・雷皮都斯（Marcus Aemilius Lepidus）在埃及國王艾皮法內斯（Epiphanes）於181 BC去世時曾擔任其子的保護人。

746 參見II, xix, 60。

747 蓋伊烏斯・法博里奇烏斯（Gaius Fabricius）及昆圖斯・艾米利烏斯・帕皮烏斯（Quintus Aemilius Papius）於278 BC警告皮魯斯（Pyrrhus），他的醫生曾對他下毒。

748 這兩則故事，參見II, xx, 66。

[XXIII] 以簡短的方式說明這些事（事實上我沒有盡可能地完整描述，因為在此議題上並無疑慮），但從這些事可得確定的結論，出於它們及固著於它們之內的一切德性與道德皆就其自身值得追求。(65) 此外在我們一切關於道德的談論中，無物是如此的明亮，且無物會比人與人之間的連繫有更寬廣的擴延，就如利益的聯盟與分授及人類的愛。這是出生時所形成的，新生兒受其父母所愛而且整個家族是婚姻及家庭的結合，它逐漸向外擴展，首先是親戚，然後是姻親，再來是朋友，之後是鄰居，然後是公民同胞及那些在公領域上是夥伴及朋友的人，然後包含全人類[749]。靈魂的感受分配給每一位人應有之物，且以慷慨及公平的方式保護這個我稱為與人的結合有關的聯盟，這被稱為正義[750]，

---

749 安提歐庫斯並未如斯多葛學派區分發展對自我認知的概念，理性存有，及發展對他人是值得關切的認知，他認為後者是前者的延續，參見 Woolf 2001: 139, n. 46。

750 這個關於正義的論述，顯然是受到斯多葛學派 oikeiōsis（視為己有的影響，參見 III, xix, 62-63 及《論義務》I, iv, 11-v, 15）；然而值得注意的是，安提歐庫斯認為友愛（philia）與正義有密切關係，但斯多葛學派，根據阿里烏斯·狄迪穆斯，正義與友愛似無關係，例如他們對正義的定義是，分配給每個人應得之物（5b2 及 LS 61H）。安提歐庫斯的思想應是受亞里斯多德影響，參考《尤迪莫斯倫理學》可見，「整個正義一般說來是與朋友有關（holōs to dikaion hapan pros philon），因為正義之事關乎於某些夥伴關係，朋友是夥伴，要麼是家中的，要麼是生命的。」（1242a19-21）。相關討論，參見 Schofield 2012: 177，特別是 n. 9 及 V, vii, 18 的詮釋。此外「以慷慨及公平的方式」對待人與人的結合，呼應 III, xix, 63「人應視人為人，因此人不是陌生人」，在《論義務》I, vii, 20 西塞羅（或帕奈提烏斯）說，「與此關係相近的是仁慈，它也可被稱為寬大及慷慨。」再者，安提歐庫斯的代言人皮叟將正義理解為「靈魂的感受」，但斯多葛學派，如帕奈提烏斯，將之視為理

藉由它虔敬，仁慈，慷慨，寬大，和藹及那些相同種類的事皆有
所連繫。這些事是以如此方式成為正義所具有的特質，以致於其
他的德性皆共同分享。（66）人性是以此方式產生，所以它具有
某種所謂的天生的公民及國家的特質，希臘人稱此為政治，任何
德性做任何的事都不會與社群及我已說明的人的愛與結盟不一
致，正義，一如它自己延伸進其他的德性，因此依序追求它們。
除非是有勇氣之人，除非是智者，正義無法被維護[751]。因此這一
切我提及的德性的和諧及共識的特質，即是道德自身，因為道德
是德性自身或德性行為；符合這些事物及相稱德性的生命可被認
為是正確，有德，與自然一致和諧的生命。

（67）然而關於德性的結合及融合，可藉由一個哲學的理論
來區分。由於它們是如此地結合與連繫，所以每一個德性都是一
切德性的參與者，且一個德性不可能與另一個德性分離，然而它

---

性，《論義務》I, iv, 12 有言：「同一個自然也藉由理性的力量將人與人結合
在一起」在《圖斯庫倫的論證》II, xviii, 43 有相同的表述：「所有的靈魂的正
確的感受都被稱為德性。」（omnes rectae animi adfectiones appellentur）（亦
可見 V, xiv, 41）。然而《論發明》（De Inventione）對德性理解為，「與理性
及自然秩序若合符節的靈魂的習慣（habitus animi）」（II, liii, 159）。顯然
《論發明》的定義有斯多葛學派的色彩，但皮叟的說法則與之不同。此「不
同」不應被視為，安提歐庫斯否認正義含有理性，而應理解成，這個德性最
重要的意涵是，人與人之間民胞物與的感受。安提歐庫斯的立場似乎受亞里
斯多德的影響，後者主張德性是一種穩定的性格狀態，且伴隨著實踐智慧
（1106b35-1107a1）；此外，德性是關乎行為及情緒（1169b23），情緒的過與
不及皆非德性的標誌。因此正義對安提歐庫斯而言，不只是理性判斷誰值得
或應得一切，也是對被分配者的一種適當的情緒表達。

751 西塞羅論正義的核心價值，參見《論義務》I, xix, 63。

們有各自的特質及義務[752]，如勇氣在辛勞及危險中被識出[753]，節制在忽略快樂中被認出[754]，明智在善與惡的事物的選擇上被識別[755]，正義在分配給每個人應有的事物上被察知[756]。因此在所有的德性中皆存在著某種關心，好像是向外看，接近及擁抱他人[757]，這產生了：朋友，兄弟，近親，鄰居，公民及最後所有的人（因為我們希望單一個人的社會存在）皆就其自身被追求。然而這些關係中無一是屬於善的事物的目的及終極。（68）因此結果是，我們發現有兩種事物是就其自身值得追求，一種是在事物身上包含著終極，它們是屬於靈魂或身體的事物；此外是這些來自於外的事物，亦即是既不存在於靈魂，也不存於身體之中的事物，如朋

---

752 這句話似乎指出安提歐庫斯認為德性是一整體，但在實際應用上各個德性有其各自的領域。阿弗狄希亞斯的亞歷山大（Alexander of Aphrodisias）記載，塞歐弗拉斯圖斯認為，由於實踐智慧關切所有實踐之事（panta ta prakta）而且因此隨身帶來所有的德性，所以所有的德性皆伴隨著實踐智慧，它們有不同的名稱是根據主要之事（kata to pleiston），及運用於何種情境裡（TE 460）。

753 參見《論義務》I, xix, 62。

754 《論發明》II, liv, 164，節制是理智對慾望及心靈不適切衝動的克制。

755 同樣的說法，參見《論發明》II, liii, 160。

756 參見《論發明》II, liii, 160，惟特別強調這是一種靈魂的習慣。

757 亦即德性具有關心他人（other-regarding）的特質，因此德性有一種社會導向的特質，這種特質與人天生是社會的動物的概念一致，這或許亦凸顯出，安提歐庫斯與亞里斯多德相似，主張政治學優先於倫理學，參見《尼科馬哥倫理學》1094b7-11。德性具社會導向亦見於斯多葛學派的思想，參見LS 61H1。此外，德性有「向外看」、「關心」及「擁抱與接近他人」的特質，似乎建議，勇氣，節制及明智等德性的實踐，都是為了成全正義，所以正義相較於其他諸德具有優先性，《論義務》曾言：正義是諸德性的女王（III, vi, 28）。

友，父母，小孩，親戚，國家，它們確實都自然而然地成為我們所愛之事，但它們與前者不屬同一種事物。事實上任何人不可能擁有至善，若所有的外在事物，雖然它們值得追求，皆被包含在至善之中[758]。

[XXIV]（69）因此，你會問，這何以為真：一切事物以至善為依歸，若友誼，親戚，其他外在事物不被包含在至善之中？顯然是根據這個理由，因為我們是依據出於各種德性的義務來維護外在事物。例如對朋友及父親的關心是一個人履行義務，他會在此行為中獲益，因為如此履行義務是屬於正確的行為，正確的行為是出〈自〉於德性。事實上智者〔使用〕追求德性依據〔所謂的〕自然的引導；然而不完美之人，儘管具有卓越的能力，經常受榮耀的驅使，榮耀擁有道德的樣貌及外觀。但若他們可通透地看到道德是徹底完美與滿全，它是一切事物中唯一最傑出之事，而且特別值得美讚，他們會以多麼高興的心情擁抱它，當他們在關於它的輪廓的看法上感到如此愉悅時？（70）我們認為任何一位熱中快樂之人，在擁有快樂的慾求上受情緒的激發，他急

758 參考 V, xii, 37 可知，安提歐庫斯認為，只有與靈魂和身體有關的德性才會對幸福生命有「最重大的影響」，亦即只有擁有這些相關的德性，才能使我們擁有最幸福的生活。然而「朋友，父母，小孩，親戚，國家」皆被視為與具社會導向的德性有關，安提歐庫斯認為它們是外在美善事物，有這些事物可使我們過得幸福，但不是過得最幸福，因為它們不穩定，例如《尼科馬哥倫理學》卷一言及的特洛伊國王普里阿莫斯（Priamos）便是一顯著的例子，他的兒子赫克投爾（Hector）被阿奇里斯所弒，使得他的幸福被剝奪（1100a8-9）。因此，雖然擁有外在美善事物，如朋友及家庭，一般人認為能使人性更臻完美，但安提歐庫斯認為這些值得追求之物，無益於人性完美，因為它們不是最幸福生命的組成分子。

切地慾求快樂，他所充滿的愉悅感會和卓越的阿菲里康奴斯[759]的喜悅，當漢尼拔戰敗時，或他的後人所有的喜悅[760]，當迦太基敗亡時，一樣大嗎？我們認為有誰在那節慶之日航行於台伯河中會感到和陸奇烏斯·保路斯[761]一樣強烈的喜悅，當他帶著被俘的國王沛爾塞斯，航行在同一條河上？

（71）來現在，我們的陸奇烏斯，在靈魂中建立德性的高度及優越性：你將不會懷疑，擁有德性，以崇高而且正直心靈生活之人總會是幸福之人，他們瞭解運氣的一舉一動，事態及時間的改變將會是無足輕重及微不足道的事，若它與德性競爭的話。我們將與身體有關的善的事物之滿足算成是最幸福的生命，但沒有它們幸福生命也可能存在，因為它們對善的事物的增加是如此地微薄稀少，就像星星在太陽光下，因此在德性的光輝中它們其實無法被識別[762]。

（72）這是正確的說法，那些與身體利益有關之事對活得幸福的影響很小，在此情況下說它們完全沒影響是過於急躁，我認為那些駁斥我的人忘了是他們自己假設了自然的第一原理原則。因此要賦予這些事情某些重要性，只要你瞭解賦予其重要性的份

---

759　參見II, xvii, 56。

760　即小阿菲里康奴斯，參見I, iii, 7。

761　陸奇烏斯·保路斯（Lucius Aemilius Paullus Macedonicus, 228-160 BC），分別於182及168 BC任執政官，並於168 BC結束第三次馬其頓戰役，並俘虜國王沛爾塞斯（Perses）。

762　換言之，德性雖足以獲致幸福（斯多葛學派的立場），但最幸福的生命需要與身體有關的外在美善事物（亞里斯多德及逍遙學派的立場），這段論述將兩學派的思想結合。西塞羅對此的批判，參見77-86。

量大小。具有追求真理更勝於誇示的特質的哲學家不會認為,那些誇示之人承認是依循自然的那些事為無價值之物,且看到德性的力量如此之大,及,如我所言,道德有如此大的權威[763],所以其他事物其實不是毫無價值,但它們的價值如此微小,以致於它們似乎是不具任何價值。這不是鄙視一切事物——除了德性——的人的語言,是以屬於德性的讚美來詳述德性自身的人的語言;最後這是關於至善徹底完全而且完美的說明。

其他的哲學家企圖從此理論掌握一小部分,每個人都希望被認為是提出個人的看法。[XXV](73)關於事物的知識經常就其自身受到亞里斯多德及塞歐弗拉斯圖斯以令人讚嘆的方式讚美;受到此觀點的迷惑,艾里路斯為知識是至善辯護,而且沒有其他的事物值得就其自身被追求。古人說了諸多關於貶抑及輕視世俗事務的事;亞里斯投保留其一:除了惡與德性外他否認有任何事應避免或追求。我的學派還提出在這些依循自然之事中有不痛苦;這伊艾洛尼穆斯說是至善。事實上卡利佛及他之後的狄歐都魯斯,雖然一個喜愛快樂,另一個喜愛痛苦的真空,他們都不能缺少道德,它是我們極為讚揚之事。(74)這些享樂主義者甚至尋求各種手段而且終日在嘴上擁有德性,並說快樂僅是一開始的追求,然後會形成如另一個本性的習慣,人們受其驅使從事諸

---

763 關於「力量」(vis)及「權威」(auctoritas),Iwin 2012: 158 有段精闢的說明:「權威」指的是,在論辯裡一個人的話語具有的份量。若一位語帶份量的言說者為言贊同一特別的提議,他的話就其自身成為有影響力的看法,就算有其他人也出言支持。同理,德性就其自身足以獲得幸福,即使它不是唯一能使人獲致幸福的事。此外《在圖斯庫倫的論證》V, viii, 22-23 指出,德性具有凌駕其他的美善事物的特質,是安提歐庫斯的觀點。

事，但不追求任何的快樂。他們保有斯多葛學派哲學家的身分。他們不是將我們哲學的這個或那個〈部分〉轉移至他們的思想，而是我們哲學的全部。其他的竊賊會改變他們所取之物的標誌，所以斯多葛學派，為了使用我們的觀點如他們自己的，他們改變觀念的名稱，就像改變事物的標誌一樣。因此只剩下這個系統是適合文學的學生，適合飽學之士，適合卓越之士，適合王公貴族及適合國王。」

（75）當他做此陳述後他停頓了一會兒，「然後呢？」他說；「你們認為我依據我的權威在你們耳中有充分的評述嗎？」

我說：「你確實，」我說「皮叟，一如經常在其他的時候，今天你似乎對這些事是有相當的知識，若你的權威可更常發生在我們身上，我認為許多事不用懇求希臘人。事實上我格外贊成你的論述，因為我記得拿波里的史塔塞阿斯 764，他是你的老師，相當著名的逍遙學派哲學家，他經常說些多少不同的觀點，他贊同那些將諸事置於順境或逆境中 765，置於好或壞的身體中。」

「這是如你所言，」他說；「但安提歐庫斯，我們的朋友，的論述比史塔塞阿斯的論述更卓越而且更強而有力。雖然我沒有追求你對我的贊同，但我追求我們這位西塞羅 766 的贊同，我想從你這兒帶走你的學生。」

[XXVI]（76）然後陸奇烏斯說：「我真的非常贊同那些看法，我認為我的堂兄弟也是。」

---

764　參見 V, iii, 8。

765　原意是好運及厄運。

766　即陸奇烏斯・西塞羅。

然後皮叟對我說：「然後呢？」他說；「你給予這個年輕人許可了嗎？或你寧願他學那些相當通透時還一無所知的理論？」

「我當然同意他。」我說「難道你不記得我可以贊同你的論述嗎？因為有誰能夠不贊同那些他認為具可能性的理論 767？」

「或事實上」他說「有誰能夠贊成他沒有理解，掌握及知識的事？」

「沒有重大的歧見，」我說「皮叟。事實上只有一件事我認為無物可被感知，即斯多葛學派以如此的方式定義感官知覺的能力，以致於他們否認任何事物可被感知，除了如此真實的性質不可能是假的外 768。因此這是與斯多葛學派的歧見，與逍遙學派則完全沒有異議。可是讓我們忽略這些事，因為它們有相當冗長及非常具爭議的討論。（77）我認為你的論述，所有的智者總是幸福，過於匆促。你的論述不知怎地倏忽而過。除此它被證明是如此，塞歐弗拉斯圖斯關於運氣，痛苦及身體折磨的陳述，當生命與這些事結合時，他認為它不可能是快樂的 769，我擔心這是真理。因為這是極具衝突的事，幸福生命及受制於諸多惡事的生命。它們如何和諧共處我不全然理解。」

---

767 西塞羅展現出新學院思想的氣質，強調可能性（probabile）。

768 關於斯多葛學派對感覺印象（phantasia）的說明，參見 LS 39B：印象是感官知覺對靈魂產生的影響，當我看到白色物體，白色物體的視覺影像會作用於靈魂，此作用使我能說有白色物體存在。

769 根據西元後四世紀的安博羅希烏斯（Ambrosius）的記載，逍遙學派認為幸福在於德性，也在於外在美善事物；'Aristoteles autem vel Theophrastus et caeteri Peripatetici in virtutem quidem, hoc est honestate, vitam beatam esse, sed compleri eius beatitudinem etiam corporis atque externis bonis asseruerunt'（TE 480B）。

「那哪一個令你不滿意？」他說「德性有如此大的力量，所以它自身滿足過得幸福，或，若你贊同此事，這可能發生，你否認那些享有德性之人，當他們受制於某些惡事，依然活得幸福？」

我當然希望在德性中的力量是盡可能最大；可是它有多大是另外的問題，現在的問題是，它的力量能有如此之大，是否任何外在於德性的事物被視為善的一員[770]。」

（78）「然而」他說「若你承認斯多葛學派，德性獨自，若它現身，完成幸福生命，你也同意逍遙學派。事實上斯多葛學派不敢稱為惡的事，儘管他們承認這些是不順遂、不方便，應揚棄及違背自然之事，我們稱此為惡，但是小惡及幾乎不是惡。因此若有人在不順遂及應揚棄的事物中能夠是幸福之人，在小惡之中的人也可能是幸福之人。」

我說：「皮叟，」我說「若有任何人在訴訟案件上經常精準地洞悉其利害關係為何，此人當然就是你。因此注意我的問題。到目前為止，這或許是我的錯，你尚未理解我的問題。」

「我在這兒」他說「而且我在等待你對我所問的問題所做的答覆。」

[XXVII]（79）「我將回答，此時」我說「我不是問德性能完成何事，而是問關於它的陳述的一致性，以及自相矛盾。」

「此話」他說「怎講？」

「因為當芝諾」我說「以莊嚴的態度，就像出於神諭一樣，

---

770 Kristeller 1993: 102認為西塞羅對斯多葛學派主張「德性自身足以獲得幸福」有所質疑，乃受其師菲隆（Philon of Larissa）的影響。

說出此話，『德性自身足以過得幸福』，『為什麼？』他說：他回答，『因為除了道德外無其他事物為善。』我現在不是問這是否為真：我說，他卓越的陳述是相互和諧一致。（80）伊比鳩魯有過相同的論述，智者一直是幸福之人（對比他其實經常有華而不實的言論），事實上他說過智者受極大的痛苦折磨，他會說：『這是多麼甜美之事啊！我是多麼地無動於衷啊！』我不與人相爭，為什麼他對善的本質有如此的看法：我要強調的是，他不懂他自己的論述，因為他說過痛苦是至惡[771]。現在我的同一個說詞是反對你的。你對善與惡的說法其實與那些不曾見過，如傳言，哲學家的肖像之人完全一樣，健康、氣力、身高、體型及全身上下完好無恙皆為〈善〉；殘缺、疾病及失能為惡。（81）你避開外在事物，但由於與身體有關的事物是善，你當然會將有助於完成這些事的事物算為善，朋友、子嗣、親戚、財富、榮譽及權力。注意我無言反對此說，〈我說此事〉，若智者能夠陷入那些惡之中，有智慧是不足以過得幸福[772]。」

「不」他說「這確實不足以過得最幸福，但足以過得幸福。」

「我注意到」我說「你在不久前以此方式提出論述[773]，且我從我們的安提歐庫斯那兒得知他經常這麼說；可是有什麼說法會比

---

771 參見 II, xxvii, 88 的注釋。

772 西塞羅指出皮叟在（78）的論述自相矛盾。因為斯多葛學派主張，除了德性之外無物為善，所以只有德性可獲得幸福；逍遙學派則強調，外在美善事物的得失關係到幸福有無。同時持有這兩個理論，是自相矛盾的立場。然而，西塞羅的「我無言反對此說」，不是在質疑論證或立場真假的問題，而是不同的理論相容及一致的問題。

773 參見 V, xxiv, 71。

某人幸福但不是充分地幸福更不受贊同？反之，滿全之物，在其上加諸任何事皆多餘[774]；沒有人是過度[774]幸福；因此沒有人比幸福更幸福[775]。」

（82）「因此」他說「對你而言昆圖斯・梅特路斯[776]，他看到三個兒子任執政官，他們之中有一位甚至任監察官而且有凱旋勝利的儀式，第四個兒子任法務官，他留給他們平安而且三個女兒皆出嫁，他自己曾任執政官、監察官、占卜師及有凱旋勝利的儀式，所以他是位智者，他不比瑞古路斯[777]，也是位智者，在敵人的控制中他因睡眠被剝奪及飢餓至死，更幸福嗎？」

[XXVIII]（83）「你為什麼問我這事？」我說。「問斯多葛學派去。」

「因此」他說「你認為他們會怎麼回答？」

「梅特路斯不比瑞古路斯更幸福。」

「因此」他說「我們應從這兒開始。」

「然而」我說「我們離題了，因為我不是問什麼為真，而是他們各自說了什麼。但願斯多葛學派真的說一個人比另一個人更幸福！不久你會看到他們的理論徹底瓦解，因為他們將善僅置於

---

774 「多餘」及「過度」皆是對 'nimius' 的中譯，將後一個nimius譯為「過度」，是因為「幸福有餘」不適切。

775 若幸福是人生命中所追求的終點（teleiōtaton），就不應有比此更終極的狀態，而且幸福是不缺乏任何事物，任何加於其上之物皆是多餘，參見亞里斯多德《尼科馬哥倫理學》1097b14-21。

776 昆圖斯・梅特路斯（Quintus Caecilius Metellus Macedonicus，卒於115 BC），於143 BC任執政官，131 BC任監察官，在146 BC撲滅希臘聯盟的反叛而獲得凱旋勝利遊行的殊榮。

777 參見II, xx, 65。

德性與道德中，在任何時候德性與道德，如他們同意，皆不會增加，且擁有這唯一的善的人必然是幸福之人，由於善不可能被增加而且它是唯一被視為幸福之事，有誰可以比其他人幸福？你看到這些觀點的一致性嗎？以赫丘雷斯之名為誓（因為我應該表達我的看法），在他們的理論觀點的連繫性是令人驚嘆。結論符合前提，中間的論述符合前提與結論，一切的觀點皆相符合；他們知道接下來是什麼，什麼是不一致的。就如在幾何學中，若你認可前提，你認可了一切。承認無物為善除了道德外：應該承認幸福生命〈是〉被置於德性之中。再一次倒過來看：承認後者即承認前者。你們有不同的觀點。（84）『善有三種』：這個說法輕鬆跑過。它到達終點；它陷入崎嶇不平的路中，因為它想說無物能有幸福生命，當智慧不見時。這是道德的語言，也是蘇格拉底及柏拉圖的語言。『我敢這麼說，』他說。你卻不能，除非你闡明那些論述。若貧窮是個惡，沒有一位乞丐可能是幸福的，就算他是智者。然而芝諾不僅敢說此人幸福，而且富有。痛苦是惡：在折磨中受苦之人不可能是幸福的。小孩是好事：無子嗣悲哀；國家好：流放悲慘。若智慧能舒緩減輕個別的悲哀之事，它如何一起承擔它們？因為一個人既瞎且殘缺，身染最重大的疾病，放逐，無子嗣，有需求及受拷問的折磨：你稱他是什麼，芝諾？『幸福之人。』他說。甚至是最幸福之人嗎？『當然，』他說『因為我教過幸福與在它之中也擁有幸福的德性皆不具等級。』（85）對你而言這是不可思議的事，這是最幸福的事：為什麼？你的觀點也是不可思議嗎？若你傳喚我到群眾面前，你將無法證明一個有如此處境之人是幸福之人；若到明智之人面前，他們或許會懷疑，在德性中有如此強大的力量，擁有他的人就算在法拉里

斯[778]的牛之中也會是幸福之人，另一方面他們不會懷疑，斯多葛學派所言自成體系，而你們的論述自相矛盾。」

「因此你同意」他說「塞歐弗拉斯圖斯那本《論幸福》的著作嗎？」

「然而我們偏離了主題，不要說太多，簡而言之，」我說「皮叟，若那些事是惡的話，我同意塞歐弗拉斯圖斯。」

（86）「因此難道」他說「你不認為它們是惡嗎？」

「你問的問題」我說「無論我的答案是哪一個，都必定會令你在其中處處感到困擾。」

「怎麼會呢？」他說。

「因為，若它們是惡的話，處於惡之中的人不會是幸福之人；若它們不是惡的話，逍遙學派所有的理論都會崩解。」

他笑著說：「我知道你在做什麼；」他說「你擔心我帶走你的學生[779]。」

「你真的可以帶走他，」我說「若他跟隨的話；其實他會和我一起若他與你在一起的話。」

[XXIX]「因此聽好，」他說「陸奇烏斯，我必須教你說話。哲學一切的價值，如塞歐弗拉斯圖斯說，在於幸福生命的獲得，因為我們都受到想要過得幸福的慾望的激勵。（87）在這件事上我和你的堂兄弟有共識。因此應該想想這個說法，哲學家的理論是否有可能賦予我們這種生活。它承諾一定會。若它不履行承

---

778 參見 IV, xxiii, 64。
779 身為律師的皮叟開始展現顧左右而言他的功力。

諾，為什麼柏拉圖曾到埃及旅行[780]，為了學習來自外國的祭祀的
數目及天體？為什麼之後他到塔倫邨拜訪阿爾奇塔斯[781]？為什麼
拜訪其他的畢達哥拉斯學派哲學家，艾赫克拉特斯[782]，提邁烏
斯[783]及阿里翁[784]，在婁克羅斯，為了在描繪蘇格拉底時，他可附
加畢達哥拉斯學派的學說及學習那些蘇格拉底反對的理論[785]？為
什麼畢達哥拉斯本人曾遊歷埃及拜訪波斯的重要人物？為什麼他
徒步走過如此廣袤的外國區域，渡過諸多海洋？為什麼德謨克利
圖斯從事一樣的事？（我們不探就此說之真假）據說他剝奪了他
的眼睛；的確，為了盡可能不使理性從思想那兒被帶走，他忽視
祖產，棄置田地不耕種，他追求的是什麼事，除了幸福生命外？
即使他將幸福生命置於與事物有關的知識中，但從那些對自然的
探究他希望獲得所謂的愉悅感。他其實稱至善為euthumia而且經
常稱athambia，亦即免於恐懼的心靈[786]。（88）雖然這是個卓越的

---

780 Riginos 1976：64認為這段敘述與《論共和國》I, x, 16是柏拉圖曾遊歷埃及
的最早文獻記載。

781 參見II, xiv, 45。

782 艾赫克拉特斯（Echecrates, C4 BC），來自菲利烏斯（Phlius）的畢達哥拉斯
學派哲學家，是阿爾奇塔斯的學生，柏拉圖及阿里斯投克森奴斯（V, xix,
50）的朋友，在柏拉圖《費多篇》擔任訴說蘇格拉底死亡當日作息及哲學討
論的內容的工作。

783 提邁烏斯（Timaeus），若真有其人，他與蘇格拉底是同時代的人，畢達哥
拉斯的追隨者。他是柏拉圖《提邁歐斯篇》（The Timaeus）主要對話者。

784 阿里翁（Arion），畢達哥拉斯學派哲學家。

785 傳統上認為老學院奉畢達哥拉斯為師，因柏拉圖受其影響甚大；新學院則奉
蘇格拉底為師。

786 參見V, ix, 23。

主張，但尚不夠精緻，因為他在此主張中甚少言及德性[787]，且對它有模糊不清的談論。之後德性在雅典[788]首先是由蘇格拉底開始探究，然後它們被帶至這個地方，無庸置疑所有活得好及幸福的希望都繫於德性。當芝諾從我們這兒學得這些觀念，如在訴訟案中經常有的要求，「關於同樣的事以不同的方式〔來做〕」。你現在為他證明此原則。顯然藉由改變觀念的詞彙他避免了關於前後矛盾的指控，我們卻無法避免啊！他否認梅特路斯的生命比瑞古路斯的更幸福，儘管如此前者的生命是較受人喜歡，不是較值得追求，而是較值得採用的生活；此外，若有選擇的話，應選擇梅特路斯的生活，應擯棄瑞古路斯的生活；我稱他認為較喜歡及較值得選擇的生活是較幸福的生活，我沒有比斯多葛學派賦予此生活任何一絲更高的重要性。（89）這有何差異，除了我以熟悉的詞彙說出熟識的觀念，他們找尋新名稱來陳述相同的觀念？因此就像有人總是在元老院中要求翻譯者[789]，我們也應借助翻譯者來聆聽斯多葛學派哲學家的論述。我稱任何依循自然之事為善，它是對反於惡，不僅是我，還有你，克呂希普斯，在廣場及在家中；在學校中你卻停止這種主張。為什麼？你認為人們應該說一回事，哲學家應該說另一回事？關於任何事物的價值，有學問之

---

787 這應是西塞羅對德謨克利圖斯倫理學思想的誤解，後者確實主張愉悅是至善，但獲得至善的方式是節制（DK 68B191），且節制能使快樂加倍（B210）；此外德謨克利圖斯亦言及，愉悅者是正義之人（B174），且是能戰勝快樂的勇者（B214）；再者，理智是在靈魂中，思考高尚之事會令其快樂（B112及146）。

788 'in hac urbe' 原意是在這個城邦中。

789 當元老院有來自希臘的大使發表演說時，通常需要翻譯人員即席口譯。

人與無知之人看法互異，但當關於任何事物的價值在有學問之人中有共識——若他們是人，他們會以一般的方式說話——只要他們保持觀念不動，他們可依自己的判斷發明語彙。

[XXX]（90）我說說前後矛盾的指控，免得你經常說我岔題；你將前後矛盾置於語言中，我認為它是在觀念上。若這可被充分地掌握，在其中我們有最佳的助手，斯多葛學派哲學家，德性的力量如此之大，所以若有出於其他部分的一切事物其實皆不可見，當他們確實說是有利的一切事物是值得採用，選擇及較令人喜愛的事物（他們以此方式定義這些事，所以它們應有相當高的評價），因此當我面對斯多葛學派以諸多名詞所稱呼的觀念時，有些是新穎及想像的語彙，如『較好的事物』及『揚棄之物[790]』，有些是在意義上相同（因為這有何不同，你追求或你選擇？其實我認為這甚至更華麗，被選擇之物及對該物所使用的選擇）可是，當我說那些事物為善時，這句話的重要性在於我說它們是何等珍貴之物，當我說它們值得追求，重點是它們有多麼值得追求。然而若我稱為值得追求之物與你稱為值得選擇之物並無不同，且我認為那些是善的事物與你稱為較好的事物並無二致，這一切事物必然會變得晦暗不明及肉眼難見，當它們跑進德性的光芒，就如進入太陽的光芒中一樣。（91）可是其實在生命中有任何的惡，它都不可能是幸福的。因此事實上沒有作物會有飽滿肥碩的穗子，若你在任何地方看到雜草，沒有賺錢的買賣，若在極大的獲利中遭致些許利益的損失。還是這個看法適用於任何地方的任何一件事，但在生命的例子上則有所不同？難道你不從生

---

790　reducta 即斯多葛學派所用的 apoproēgmena，參見 III, iv, 15。

命的絕大部分來判斷其整體嗎[791]？或者這會是令人疑惑之事，德
性在人事中擁有如此重要的部分，所以它湮滅了其他的事嗎？因
此我將勇於稱其他順應自然之事為善而且不以其舊名欺騙它們，
反而是為它們尋訪新意，然而我將碩大的德性置於天秤的另一個
秤盤上。（92）相信我，那個秤盤會重過大地與海洋，因為包含
絕大部分及擴延最廣的事物總是被稱為整體的事物。我們說某人
活得愉快；因此，若一旦他有較悲傷的感受，愉快的生活就不見
了嗎？可是這在那位馬庫斯・克拉蘇斯[792]的例子上並無任何影
響，陸奇利烏斯[793]說此人在生命中笑過一次，所以因此，如陸奇
利烏斯之言，他不會被稱為不笑者（agelastos）。人們稱薩莫斯
的波利克拉特斯[794]是幸運者。沒有任何他所不希望之事發生在他
身上，除了他將心愛的戒指丟入海中。因此他因一次的苦惱成為
不幸之人，當那枚戒指在魚肚子中找到時，他又是幸運之人嗎？
他真的不曾是幸福之人，若他是無知之人（他一定是，因為他是

791 皮叟嘗試回應西塞羅的批判，某些外在美善之物的失去，雖是惡，但是小
　　惡，瑕不掩瑜，不影響幸福的獲得；然而若外在美善之物是真正的善，那德
　　性足以得到幸福之說會被撼動，假設幸福具有完整無缺的特質。

792 馬庫斯・克拉蘇斯（Marcus Licinius Crassus），可能是 II, xviii, 57 的那位克
　　拉蘇斯之子。

793 參見 I, iii, 7。

794 波利克拉特斯（Polycrates），薩莫斯的獨夫，約於 535 BC 奪得權力，他使
　　得薩莫斯成為海上霸權；他在 522 BC 受歐羅艾特斯（Oroetes）的煽動進軍
　　小亞細亞，兵敗而遭酷刑，參見希羅多德《歷史》III, 120 ff.。接下來提到的
　　戒指故事是如此：波利克拉特斯擔心他的好運會令諸神不悅，遂將一枚戒指
　　丟入海中，但一位漁夫在捕獲的魚肚子裡找到戒指，並將它還給波利克拉特
　　斯，參見《歷史》III, 40 ff.。皮叟藉此揭示，失去一枚戒指不會影響一個人
　　的好運氣。

獨夫）；若他是位智者，那他其實不會是不幸之人，當他被歐羅艾特斯，大流士的總督[795]，以酷刑迫害。『但他承受諸多的惡事。』有誰會否認？可是德性的偉大湮沒了那些惡。

[XXXI]（93）還是你甚至不認可逍遙學派，他們說所有的好人，即綴飾著一切德性的智者，他們的生活大部分一直擁有較多的好事，勝於惡事？是誰提出這個說法？顯然是斯多葛學派。一點都不；而是那些以快樂及痛苦來衡量一切的哲學家，難道他們不大聲疾呼每次出現在智者身上之事他想要的比不想要的更多。因此當那些坦誠不會為了德性翻動他們的手的人在德性中放置了重要性，除非它產生快樂，我們應該做什麼，我們會說，即使是靈魂最小的卓越都優先於身體一切的善，所以後者其實不在視力範圍之內嗎？事實上有誰敢說這適合智者，若可能發生的話他永遠擯棄德性為了免於一切痛苦？我們之中有誰會說（我們對稱斯多葛學派說是艱辛之事為惡並不感羞恥）帶著快樂做羞恥之事比帶著痛苦做有德之事更佳？（94）我們認為那位赫拉克雷亞的狄歐尼希烏斯[796]以不名譽的方式離開斯多葛學派，因為眼睛疼痛的緣故。就好像他是從芝諾那兒學得此事，當他痛苦時不感痛苦！他所聽到的是，雖然他沒學會，痛苦不是惡，因為它不卑劣，且人應承受它。若他是位逍遙學派哲學家，他會維持他的看法不變，我相信，逍遙學派哲學家說痛苦是惡，然而關於勇敢地承擔個人的困境，他們與斯多葛學派有相同的教導。此外其實你

---

795　praetor 的中譯是依據 Rackham 1999: 497 的英譯 satrap。

796　狄歐尼希烏斯（Dionysius of Heraclea，約 328-248 BC），原為芝諾的學生，因晚年眼疾所帶來的痛苦，使他放棄斯多葛學派的思想，因此有「叛徒」之名。

的阿爾克希拉斯，就算他在論辯中是較固執，但他還是我們之中一員，因為他是波雷莫[797]的學生。當阿爾克希拉斯受痛風所苦時，他的摯友卡爾米德斯[798]，一位伊比鳩魯學派哲學家，來拜訪他而且走時愁容滿面，『留下來，我要求，』他說『我的卡爾米德斯；沒有痛苦會從那兒到這兒』——他指著自己的腳及胸膛。儘管如此他寧願沒有痛苦。

[XXXII]（95）因此這是我們的理論，你認為它前後不一，因為由於德性的某種榮耀的神聖性及相當傑出的特質，所以它在的地方，偉大及最值得讚美之事由它所產生，在它所在之處不可能有悲慘及困境，然而可能有辛勞，麻煩，無庸置疑地說每一位智者時時刻刻皆為幸福之人，但這是可能發生之事：一個人比另一個人更幸福。」

「儘管如此你的這個議題，皮叟，須一再地被確定，」我說；「若你可維持這個主張，你將可以帶走的不僅是我的西塞羅，而且還有我自己。」

（96）然後昆圖斯說：「我其實認為」他說「這個主張已充分地確立了，且我對這個哲學感到高興，我給予它所有的傢俱比其他學派所有的東西更高的評價（我認為它是如此的豐富，所以我可從它那兒尋求任何在我們的研究中我所欲求之事），因此我對它也被發現比其他理論嚴謹感到高興，有些人說這是它所缺乏的特質。」

---

797 波雷莫是位有學說立場的學院哲學家（a dogmatist），但阿爾克希拉斯是位懷疑主義者。

798 卡爾米德斯（Charmides），生平不詳。

「事實上不如我們的理論嚴謹，」彭波尼烏斯語帶玩笑地說：「但天啊！你的說法令我感到相當愉快，因為我不認為這些事可以拉丁文陳述，你以適切的語言陳述它們，且和以希臘人的陳述一樣清楚[799]。然而是該走的時候，若你願意的話；直接到我那兒。」

當他說完此話而且看來也有充分的討論，我們都去彭波尼烏斯在城中的宅邸。

---

799 阿提庫斯曾言，雖然他不敢稱安提歐庫斯是他的老師，但他差點被安提歐庫斯的論述說服而離開伊比鳩魯學派，參見《論法律》I, xxi, 54。此外關於安提歐庫斯重視修辭學，參見《學院思想》I, viii, 32。

# 參考書目

已列於「縮寫」裡的書籍在此不再重複。

## 1）拉丁文本，注釋本及譯本

Bentley, Th. (ed.) (2010 rep.). *M. Tulli Ciceronis De Finibus Bonorum et Malorum Libri Quinque*, Whitefish: Kessinger Publishing.

Madvig, J. N. (ed.) (2010 rep.). *Cicero, De Finibus Bonorum et Malorum* 2 vols., Cambridge: Cambridge University Press.

Rackham, H. (ed. and trans.) (1999). *Cicero: On Ends*, Cambridge Mass.: Harvard University Press.

Rackham, H. (ed. and trans.) (2000). *Cicero: Nature of the Gods, Academics*, Cambridge Mass.: Harvard University Press.

Reid, J. S. (ed.) (1925). *M. Tulli Ciceronis De Finibus Bonorum et Malorum Libri I, II*, Cambridge: Cambridge University Press.

Reynolds, L. D. (ed.) (1998). *M. Tulli Ciceronis De Finibus Bonorum et Malorum Libri Quinque*, Oxford: Oxford University Press.

Woolf, R. (trans.), *Cicero: On Moral Ends*, Cambridge: Cambridge University Press, 2001.

Wright, M. R. (ed. and trans.) (1991). *On Stoic Good and Evil: De Finibus 3 and Paradoxa Stoicorum*, Warminster: Aris & Phillips Ltd.

## 2）詮釋

Algra, K., Barnes, J., Mansfeld, J., and Schofield, M. (eds.) (2005). *The Cambridge History of Hellenistic Philosophy*, Cambridge: Cambridge University Press.

Annas, J. (1995). *The Morality of Happiness*, Oxford: Oxford University Press.

Annas, J. (1997). 'Cicero on Stoic Moral Philosophy and Private Property', *Philosophia Togata* I, (eds.) M. Griffin and J. Barnes, Oxford: Clarendon Press, pp. 151-173.

Barnes, J. (1997). 'Antiochus of Ascalon', *Philosophia Togata* I, (eds.) M. Griffin and J. Barnes, Oxford: Clarendon Press, pp. 51-96.

Barrow, R. H. (1987). *The Romans*, London: Penguin Books.

Brennan, T. (2007). *The Stoic Life: Emotions, Duties, and Fate*, Oxford: Oxford University Press.

Corbeill, A. (2013). 'Cicero and the Intellectual Milieu of the Late Republic', *The Cambridge Companion to Cicero*, (ed.) C. Steel, Cambridge: Cambridge University Press, pp. 9-24.

Dillon, J. (1996). *The Middle Platonists 80 B.C. to A.D. 220*, Ithaca: Cornell University Press.

Dillon, J. (2005). *The Heirs of Plato: A Study of the Old Academy* (347-274 BC), Oxford: Oxford University Press.

Earl, D. (1984). *The Moral and Political Tradition of Rome*, Ithaca: Cornell University Press.

Erskine, A. (1990). *The Hellenistic Stoa: Political Thought and Action*, Ithaca: Cornell University Press.

Gill, C. (1990). 'The Human Being as an Ethical Norm', *The Person and The Human Mind: Issues in Ancient and Modern Philosophy*, (ed.) C. Gill, Oxford: Clarendon University, pp. 137-161.

Gill, C. (1995). *Greek Thought*, Oxford: Oxford University Press.

Gill, C. (2006). *The Structured Self in Hellenistic and Roman Thought*, Oxford: Oxford University Press.

Glucker, J. (1978). *Antiochus and the Late Academy*, Gottigen: Vandenhoeck & Ruprecht.

Hsu, Hsei-Yung (徐學庸) (2013). 'The Notion of Justice in the Early Greek Philosophy', *Proceedings of the 1st Annual International Conference on Philosophy: Yesterday, Today & Tomorrow*, pp. 1-11.

Inwood, B. and Donini, P. (2005). 'Stoic Ethics', *The Cambridge History of Hellenistic Philosophy*, (eds.) K. Algra, J. Barnes, J. Mansfeld, and M. Schofield, Cambridge: Cambridge University Press, pp. 675-738.

Irwin, T. H. (2012). 'Antiochus, Aristotle and the Stoic on Degrees of Happiness', *The Philosophy of Antiochus*, (ed.) D. Sedley, Oxford: Oxford University Press, pp. 151-176.

Kidd, I. G. (1955). 'The Relation of Stoic Intermediates to the Summum Bonum, with Reference to Change in the Stoa', *The Classical Quarterly* 5: 3/4, pp. 181-194.

Nussbaum, M. (1998). 'Eros and The Wise: The Stoic Response to a Culture Dilemma', *The Emotions in Hellenistic Philosophy*, (eds.) J. Sihvola and T. Engberg-Pedersen, Dordrecht: Kluwer Academic Publishers, pp. 271-304.

Pomeroy, A. J. (1999). *Arius Didymus: Epitome of Stoic Ethics*, Atlanta: Society of Biblical Literature.

Powell, J. G. F. (2002). *Cicero: The Philosophy*, Oxford: Clarendon Press.

Reesor, M. E. (1951). 'The "Indifferents" in the Old and Middle Stoa', *Transactions and Proceedings of the American Philological Association* 82, pp. 102-110.

Reydams-Schils, G. (2008). 'The Structured Self in Hellenistic and Roman Philosophy', *Classical Philology* 103: 2, pp. 189-195.

Riginos, A. S. (1976). *Platonica: The Anecdotes Concerning the Life and Writings of Plato*, Leiden: Brill.

Rist, J. M. (1977). *Epicurus: An Introduction*, Cambridge: Cambridge University Press.

Schofield, M. (2012). 'Antiochus on Social Virtue', *The Philosophy on Antiochus*, (ed.) D. Sedley, Oxford; Oxford University Press, pp. 173-187.

Schofield, M. (2013). 'Writing Philosophy', *The Cambridge Companion to Cicero*, (ed.) C. Steel, Cambridge: Cambridge University Press, pp. 73-87.

Sedley, D. (1981). 'The End of the Academy', *Phronesis* 26, pp. 67-75.

Sedley, D. (2012). *The Philosophy on Antiochus*, Oxford: Oxford University Press.

Steel, C. (2013). *The Cambridge Companion to Cicero*, Cambridge: Cambridge University Press.

Stokes, M. C. (2002). 'Cicero on Epicurean Pleasure', *Cicero: The Philosopher*, (ed.) J. G. F. Powell, Oxford: Clarendon Press, pp. 145-170.

Tsouni, G. (2012). 'Antiochus on Contemplation and the Happy Life', *The Philosophy of Antiochus*, (ed.) D. Sedley, Oxford: Oxford University Press, pp. 131-150.

Wright, M. R. (2002). 'Cicero on Self-Love and Love of Humanity in *De Finibus* 3', *Cicero: The Philosopher*, (ed.) J. G. F. Powell, Oxford: Clarendon Press, pp. 171-195.

丁福寧（2013）。〈斯多噶學派視為己有（oikeiōsis）〉，《國立臺灣大學哲學論評》46，頁1-52。

徐學庸（2007）。《論友誼》，台北：聯經出版公司。

徐學庸（2009）。〈伊比鳩魯論「正義」〉，《道德與合理：西洋古代倫理議題研究》，徐學庸，台北市：唐山出版社。

徐學庸（2014）。《論義務》，台北：聯經出版公司。

# 人／神名索引

**Q**

# 名詞索引

67; xxiv, 72; xxv, 74, 75; xxvii, 80;
xxix, 87, 89, xxx, 90; xxxi, 93, 94, 96

差異性　III, xv, 50

悟性　IV, v, 12

效益　I, iii, 8; x, 34; xiii, 42; xx, 69; xxi,
72; II, xvi, 53; xviii, 59; xxiv, 78; xxvi,
82; III, v, 17; xi, 37; xvii, 57; V, xii,
35; xix, 50, 51

時機　III, xiv, 45, 46, 47; xviii, 61; V, iv,
11

國家　I, iii, 10; vii, 23; xiii, 43; xv, 49;
II, xiv, 45; xix, 60; xx, 63; xxiii, 76;
xxxii, 106; III, iii, 11; ix, 32; xiii, 42;
xix, 64; x, 68; IV, iii, 5; ix, 22; xxii,
61; xxiv, 65, 66; xxv, 68; V, iii, 7; iv,
11; xix, 50, 52; xxii, 62, 64; xxiii, 66,
68; xxviii, 84

情誼　III, xx, 65

推論　II, i, 3; III, vi, 21; x, 33; IV, iv,
10; V, iv, 9; xiii, 38

教授　I, iii, 10; xix, 64; II, iii, 9; vi, 18;
xxx, 80; III, xii, 40; IV, vii, 17; xvii,
46; V, i, 2; iv, 11

理性　I, x, 32; II, iv, 13; vi, 18; xii, 37,
38; xiii, 39, 41; xiv, 45, 46; xix, 60;
xxv, 80; xxviii, 91; III, x, 33; xvii, 58;
xxi, 72; xxii,75; IV, iv, 9; V, 11, 12; vii,
18; xiii, 35, 37, 38, 39; xv, 41; xxi, 58;
V, xii, 34; xiii, 38, 40; xv, 43; xxi, 58;
xxix, 87

理智　I, ix, 31; xiv, 47; xx, 66; II, ii, 6;
v, 16; xviii, 58; xxxiv, 115; V, xiii, 36;
xxi, 60

理解　I, vi, 17; ix, 31; xi, 37; xiii, 42;
xvii, 56; xix, 63, 64; xxi, 71; II, i, 2; ii,
6; iii, 8, 10; xiii, 42; xiv, 45; xv, 50;
xxi, 69; III, ii, 5; v, 16; vi, 20; viii, 28,
29; xi, 39; xv, 49, 51; xvi, 54; xix, 62;
xx, 65; xxii, 73; IV, ix, 21; xiv, 36, 38;
xxii, 61; xxiii, 62; xxvii, 76; V, ix, 26;
x, 28, 30; xi, 31, 33; xii, 35; xvi, 45;
xix, 52; xxii, 61; xxvi, 76, 78

理論　I, vii, 26; xix, 64; II, xx, 64, 65;
xxiii, 76; xxv, 80; xxvi, 84; xxx, 98;
III, iii, 11; iv, 15; v, 16; vii, 26; xi, 39;
xx, 65, 68; xxii, 74; IV, ii, 3; iv, 8, 9,
10; vii, 17, xix, 53; xxv, 70; V, iv, 9;
vii, 19; viii, 22; xvii, 46; xxiii, 67;
xxiv, 72; xxvi, 76; xxviii, 83, 86, xxix,
87; xxxii, 95, 96

第一原理原則　III, v, 17; vi, 20, 22; vii,
23; IV, vi, 15; vii, 17, 18; xi, 26; xiii,
34; xvi, 45; xvii, 46, 47, 48; V, vii, 19;
xv, 43; xxi, 60; xxiv, 72

規則　I, ii, 6; IV, iv, 10

連繫　II, v, 16; xiii, 39; xiv, 45; xix, 63;
III, xxi, 71; IV, xv, 40; xviii, 50; xxvi,
72; V, v, 14; viii, 22; xxiii, 65, 67;
xxviii, 83

善　I, iv, 12; ix, 29, 31; xii, 40, 42; xiii,

聯經經典

# 論目的

2016年12月初版　　　　　　　　　　　　　　　　定價：新臺幣550元
有著作權‧翻印必究
Printed in Taiwan.

| | | | |
|---|---|---|---|
| 著　　　者 | 西 | 塞 | 羅 |
| 譯　　　者 | 徐 | 學 | 庸 |
| 總　編　輯 | 胡 | 金 | 倫 |
| 總　經　理 | 羅 | 國 | 俊 |
| 發　行　人 | 林 | 載 | 爵 |

| | |
|---|---|
| 出　版　者 | 聯經出版事業股份有限公司 |
| 地　　　址 | 台北市基隆路一段180號4樓 |
| 編輯部地址 | 台北市基隆路一段180號4樓 |
| 叢書主編電話 | ( 0 2 ) 8 7 8 7 6 2 4 2 轉 2 7 0 |
| 台北聯經書房 | 台北市新生南路三段94號 |
| 電　　　話 | ( 0 2 ) 2 3 6 2 0 3 0 8 |
| 台中分公司 | 台中市北區崇德路一段198號 |
| 暨門市電話 | ( 0 4 ) 2 2 3 1 2 0 2 3 |
| 台中電子信箱 | e - m a i l : linking2@ms42.hinet.net |
| 郵政劃撥帳戶第 | 0 1 0 0 5 5 9 - 3 號 |
| 郵撥電話 | ( 0 2 ) 2 3 6 2 0 3 0 8 |
| 印　刷　者 | 世和印製企業有限公司 |
| 總　經　銷 | 聯合發行股份有限公司 |
| 發　行　所 | 新北市新店區寶橋路235巷6弄6號2樓 |
| 電　　　話 | ( 0 2 ) 2 9 1 7 8 0 2 2 |

| | | | |
|---|---|---|---|
| 叢書編輯 | 張 | | 擎 |
| 封面設計 | 陳 | 文 | 德 |

行政院新聞局出版事業登記證局版臺業字第0130號

國家圖書館出版品預行編目資料

**論目的**/西塞羅著．徐學庸譯．初版．臺北市．聯經．
2016年12月（民105年）．352面．14.8×21公分
（聯經經典）
譯自：De finibus bonorum et malorum
ISBN　978-957-08-4838-0（精裝）

1.倫理學　2.古希臘哲學

190.94　　　　　　　　　　　　　　　　105021865